本书为国家社会科学基金规划课题“新型城镇化进程中农民利益诉求与媒介话语表达的互动研究”（项目编号14BXW012）的最终成果

新型城镇化

农民与媒介话语表达的互动

New Urbanization

Interaction of Discourses Between China's Peasants and Mass Media

陈旭鑫◎著

知识产权出版社
全国百佳图书出版单位
—北京—

图书在版编目（CIP）数据

新型城镇化：农民与媒介话语表达的互动 / 陈旭鑫著 .—北京：知识产权出版社，2020.12

ISBN 978-7-5130-7346-2

Ⅰ.①新… Ⅱ.①陈… Ⅲ.①城市化—研究—中国 Ⅳ.① F299.21

中国版本图书馆 CIP 数据核字（2020）第 255034 号

内容提要

本书围绕党和国家提出的新型城镇化和乡村振兴战略，结合新闻传播学、社会学、城市地理学、公共管理学等学科理论，运用问卷调查、深度访谈、内容分析、话语分析和数据挖掘等方法，以我国新型城镇化进程中农民与媒介话语表达的互动为研究对象和重点，探讨了我国新型城镇化进程中农民与媒介话语表达互动的理论和现实进路，旨在发挥新闻媒体在助推我国新型城镇化和乡村振兴进程中的积极作用。

责任编辑：高 源　　　　**责任印制：**孙婷婷

新型城镇化——农民与媒介话语表达的互动

XINXING CHENGZHENHUA——NONGMIN YU MEIJIE HUAYU BIAODA DE HUDONG

陈旭鑫 著

出版发行：	知识产权出版社有限责任公司	**网　　址：**	http：//www. ipph. cn
电　　话：	010-82004826		http：//www. laichushu. com
社　　址：	北京市海淀区气象路 50 号院	**邮　　编：**	100081
责编电话：	010-82000860 转 8701	**责编邮箱：**	laichushu@cnipr.com
发行电话：	010-82000860 转 8101	**发行传真：**	010-82000893
印　　刷：	北京中献拓方科技发展有限公司	**经　　销：**	各大网上书店、新华书店及相关专业书店
开　　本：	720mm × 1000mm　1/16	**印　　张：**	19.75
版　　次：	2020 年 12 月第 1 版	**印　　次：**	2020 年 12 月第 1 次印刷
字　　数：	288 千字	**定　　价：**	78.00 元

ISBN 978-7-5130-7346-2

目录

CONTENTS

1 绪 论

农业、农村、农民（简称“三农”）现代化是国家整体现代化的重要组成部分。中华人民共和国成立后，党和政府带领全国人民为此进行了长期努力，成效卓著。改革开放后，特别是进入21世纪以来，新型城镇化、新农村建设使我国城乡面貌发生了历史性巨变。同时，经济社会转型加速又使我国社会总体结构失衡的风险明显增大。发挥新闻媒体在新型城镇化和乡村振兴进程中的建设性作用、助力我国新型城镇化，是本书的出发点和目标所在，也是本书研究的基本动因。

1.1 研究背景

“三农”在我国经济社会发展中长期居于重要基础地位。中华人民共和国成立后党和国家十分重视“三农”发展。2004—2018年连续15年，中共中央发布的“中央一号文件”均以“三农”为主题；2012年，党的十八大报告中提出“坚持走中国特色新型工业化、信息化、城镇化、农业现代化道路”（简称“新四化”），强调“推动信息化和工业化深度融合、工业化和城镇化良性互动、城镇化和农业现代化相互协调，促进工业化、信息化、城镇化、农业现代化同步发展”[1]；2017年，党的十九大提出了“乡村振兴”战略，强调“建立健全城乡融合发展体制机制和政策体系，加快推进农业农村现代化”[2]。

---

❶ 胡锦涛 . 在中国共产党第十八次全国代表大会上的报告 [EB/OL].（2012-11-17）[2017-11-01]. http://www.xinhuanet.com/18cpcnc/2012-11/17/c_113711665.htm.

❷ 习近平 . 决胜全面建成小康社会 夺取新时代中国特色社会主义伟大胜利——在中国共产党第十九次全国代表大会上的报告 [EB/OL].（2017-10-27）[2017-10-28]. http://www.xinhuanet.com/politics/19cpcnc/2017-10/27/c_1121867529.htm.

新型城镇化和乡村振兴，是党和国家结合近年来我国“三农”发展的新情况、新问题，为实现“新四化”总体目标提出的宏伟战略。“新四化”与新型城镇化、乡村振兴之间，是纲与目的关系——“新四化”是纲，新型城镇化和乡村振兴为目；“新四化”的推进与实施，能为新型城镇化和乡村振兴提供良好的环境和制度保障，新型城镇化和乡村振兴则是我国实现“新四化”和全面建成小康社会的必由之路。

新型城镇化是个系统工程，涉及包括农民在内的各个方面的利益。马克思曾深刻指出，“人们奋斗所争取的一切，都同他们的利益有关”[1]。

改革开放以来，我国的“三农”格局发生了深刻变化，我国农民的社会结构分化和利益需要分化之势日益明显，特别是“利益主体多元化、贫富差距扩大化、不同社会阶层和群体的利益矛盾与冲突日益凸现，已成为我国利益关系格局调整过程中必然出现的现象和显著特征”[2]。同时，我国的新闻传媒业也发生了深刻变化，表现为媒介技术发展迅速、媒介品种日益丰富、管理体制由单一制走向双轨制（由事业单位的单一管理体制转向“事业单位、企业化管理”双轨式管理体制），等等。但是，我国新闻媒体的基本社会角色和功能定位没有变，报道新闻、传递信息、保证国家主流意识形态安全和信息安全，依旧是国内新闻媒体履行其社会职责的前提和基础。

在现实生活中，话语是利益的公开表达；公民的利益表达与新闻媒体密切相关，并受到规范性很高却十分隐蔽的权力的“规训”[3]。

基于此，本书以党的十八大之后的新型城镇化建设为背景，以新型城镇化与我国现代化间的关系之理论阐释为切入点，采用实证调查法（问卷调查和深度访谈）考察新型城镇化进程中的农民话语，采用个案研究法和话语分析法探究国内主流媒体（含传统与新兴媒体）所呈现的新型城镇化和农民话语，进而考察农民与媒介话语表达互动关系的规制与形塑。

---

❶ 中共中央马克思恩格斯列宁斯大林著作编译局．马克思恩格斯全集：第1卷［M］．北京：人民出版社，1956：82.

❷ 郭彦森．变革时代利益矛盾与社会和谐［M］．北京：知识出版社，2008：56.

❸ 陈旭鑫．我国农业电视新闻中的农民话语表达研究——基于公共服务的视角［D］．武汉：华中科技大学，2013：16.

1.2 概念界定

城镇（市）化、农民、媒介（体）、话语表达，构成了本书的关键词。为方便后续研究，本节将对上述概念进行必要梳理，然后作出自己的界定。

1.2.1 城市（镇）化

“城镇化”是国内学者基于我国的特殊情况而提出的一个概念，国外多使用“城市”和“城市化”，国内则较多使用“城镇”和“城镇化”[1]。本书将“城市”等同于“城镇”，“城市化”等同于“城镇化”，在涉及或引用国外相关成果时使用“城市”“城市化”，在引用国内的相关成果时使用“城镇”“城镇化”。

城市（镇）化，是指分散的农村人口向城市（镇）集中的过程［城市（镇）化］和导致的结果［城市（镇）化］，主要体现为城市（镇）数量增多，居住在城市（镇）的人口规模扩大，人们的生活水平、思维方式、行为习惯和管理模式发生改变，等等。

新型城镇化，是我国基于国内外传统城市（镇）化的经验教训，结合当前我国国情和发展需要而提出的城镇化发展战略，是对传统城市（镇）化的扬弃，是强调以人为本、城乡一体化和政治、经济、社会、文化、生态“五位一体”协调可持续发展的城镇化。

1.2.2 农民

中外关于农民的界定和阐述甚多。美国学者埃弗里特·M. 罗杰斯（Everett M.Rogers）曾对西方学术研究中的“农民”（peasant）进行了必要梳理后，认为在西方发达国家和地区，农民是指居住在传统的农村社区、直接从事农业生产的劳动者或与农业连为一体的职业，并无身份特征。[2]

---

[1] 王千，赵俊俊．城镇化理论的演进及新型化的内涵［J］．洛阳师范学院学报，2013（6）：98-101.

[2] EVERETT M ROGERS. Modernization Among Peasants：the Impact of Communication［M］. NewYork：Holt，Rinehart and Winston，Inc.，1969：20

在我国，农民一般是指具有农业户籍（口）的农村居民，具有身份特征（常称为“传统农民”）。2014年下半年起，我国实行了新的户籍登记和管理政策——具有农业户籍的部分农村居民将其户籍由“农业”改成了“非农业”（称为“新市民”），但其居住地域、土地、职业、收入来源、身份特征、教育医疗等关系并未发生根本改变。因此，本书中的“农民”，既包括至今为止仍拥有农业户籍的传统农民，也包括2014年户籍改革之后的“新市民”。

在实地调研时，本书将“农民”的操作定义，限定为年龄在18 ~ 65周岁、在当地居住（工作）一年以上的传统农民和“新市民”，但不包括超过年龄限制的人员和常年在外求学的大中专院校学生。

1.2.3 话语

话语，是人们借助特定的传播介质直接或间接地表达出来的利益需要或期待，即利益的公开表达，通常指希望得到但尚未实现的利益需要或期待。

根据所涉内容主题，本书将话语划分为政治、经济、社会民生、文化教育与体育卫生（简称“科教文卫体”）和生态环保五大向度。根据表现方式，话语可分为显性、隐性两个基本向度。

1.2.4 媒介（体）

媒介与媒体，对应的英文单词都是medium或media。前者是单数，后者为复数。本书中的“媒介”指复数（泛指）。从学理层面上讲，媒介是指传播新闻、信息的介质或中介，强调其物质属性；媒体，是指从事新闻、信息传播的专业机构或组织（organization）及其从业人员，强调其社会属性。

多数情况下，特别在现实生活中，人们并未将“媒体”与“媒介”作严格区分，而是常用“媒介、传播媒介”来指称“媒体、大众传媒（mass media）、新闻媒体、新闻传媒”等类似的物质形态和组织机构。因此，本书将“媒介”“媒体”视为同一概念，不作严格区分。

1.3 文献述评

本节主要围绕国内外关于城镇化和新型城镇化、城镇化进程中农民利益保障、城镇化进程中大众传媒社会功用等方面的内容展开相关文献述评，以便为后续研究奠定基础。

1.3.1 关于城镇化和新型城镇化的研究

中外经济社会发展的实践和历史表明，城市（镇）化是经济社会现代化发展的必然要求和客观规律。城市或都市（city）是人类社会发展进步的必然结果，也是人类社会由传统走向现代的重要表征和物质载体；城镇（town）则是人类从农村向城市的过渡。

我国的城市（镇）化大致经历了工业化初期、人民公社时期和改革开放至今这三大时期；20 世纪 80 年代前后，我国提出并积极推行“小城镇大战略”，特别是 2000 年 10 月党的十五届五中全会把积极稳妥地推进城镇化列为当年和“十五”期间必须着重研究解决的战略问题后，我国的城镇化迈入一个新的发展阶段。[1]新型城镇化是我国全面实现现代化和全面建成小康社会的必由之路。张占斌认为，新型城镇化是我国扩大内需的长期动力之所在，是我国全面建成小康社会和从经济大国向经济强国迈进的“王牌”引擎。[2]

中外城市（镇）化实践历史悠久，但系统的理论研究则始于 19 世纪并以德国学者约翰·海因里希·冯·杜能（John H.von Thünen）在 1826 年提出的“农业区位论”为标志。与国内的城市化研究相比，国外的相关研究具有起步较早、涵盖面较广、成果较丰富等特点，已形成“区位、城乡结构转换、非均衡发发展、协调发展”四大理论范式且人本意识日益浓厚——从强调城市的经济效益和空间聚集功能转向关注城市的社会效益、

❶ 姜爱林. 中国城镇化理论研究回顾与述评 [J]. 城市规划汇刊，2002（3）：44-49，80.

❷ 张占斌. 新型城镇化的战略意义和改革难题 [J]. 国家行政学院学报，2013（1）：48-54.

环境效益、人与城市的协调与可持续性发展。

国外的某些理论，有些已时过境迁、无法适应或满足我国当代社会的发展要求，如杜能的“农业区位论”（代表作为《孤立国同农业和国民经济的关系》或译为《孤立国》，1826）、阿尔弗雷德·韦伯（Alfred Weber）的“工业区位论”（代表作为《工业区位论》或译为《纯粹区域理论》）、帕兰德的“设施区位论”等。❶有些仍对我国当前城市（镇）化建设具有积极启示意义和借鉴价值，如关注人与自然的和谐发展（E. 霍华德）❷、人的心理城市化（K. P. 施威瑞安，J. W. 普瑞恩）❸、城乡融合中的人口迁移（H. 钱纳里、M. 赛尔昆）❹、过度城市化出现“环境污染、交通拥挤以及治安混乱”等城市病导致的“逆城市化”理论（贝利）❺等。

国内同类研究起步较晚，中华人民共和国成立后，经历了工业化初期、人民公社和改革开放至今三大时期，并在第三个时期发展迅速，但在21世纪前的研究范畴较窄、成果较少。❻进入21世纪后，研究范围更广、成果日丰、直指要害。❼王伟、王瑛等认为，我国的城市化稳定发展始于1978年改革开放之后，在20世纪90年代进入快速发展阶段，城市化研究从1998年开始兴起；此后的相关研究主题，主要集中在探讨城镇化发展出现的问题、关注城镇化的公共政策和思考实现新型城镇化的最优方式三

❶ 参见潘孝军．城市化理论研究综述［J］．广西经济管理干部学院学报，2006（1）：36–40；张鸿雁．城市化理论重构与城市化战略研究［M］．北京：经济科学出版社，2012：15.

❷ 英国学者霍华德在《明日，一条通向真正改革的和平道路》中认为应该建设一种兼有城市和乡村优点的理想城市，他称为“田园城市”。田园城市实质上是以人为本、城乡结合、整体化运作、一体化发展、适宜人居的区域综合体，也就是城市系统。（郁鸿胜．城市化研究国际理论前沿［M］．上海：上海社会科学出版社，2017：39.）

❸ KENT P SCHWIRIAN，JOHN W PREHN. An Axiomatic Theory of Urbanization［J］. American Sociological Review，1962，27（6）：812–825.

❹ 钱纳里，塞尔昆．发展的型式［M］．李新华，等译．北京：经济科学出版社，1988：68–69.

❺ BRIAN J L BERRY. Urbanization and Counterurbanization in the United States［J］. Annals of the American Academy of Political & Social，1976（11）：34.

❻ 姜爱林．中国城镇化理论研究回顾与述评［J］．城市规划汇刊，2002（3）：44–49，80.

❼ 阿苏勒．中国城镇化：理论与现实［J］．文化纵横，2013（8）：10–11.

类；但与世界发达国家相比，我国的总体城市化率处于较低水平[1]，特别是中西部地区还有很大的发展空间。

囿于研究主题和篇幅，本书仅从现代化及其与我国“三农”现代化发展的关系的角度审视、梳理和评述城市（镇）化的相关文献。

笔者通过文献梳理发现，政治学、经济学、社会学、地理学和文化学等诸多学科均对城市（镇）化进行了研究，已有研究成果具有明显的学科特色。随着国家对城市（镇）化的重视，国内学术界的相关研究也不断增多，成果日益丰富。王维锋、高佩义梳理了国外城市化理论研究的概况，介绍了国外涉及城市和城市化的概念、一般前提、发展阶段、测量评价和政府政策等方面的研究成果[2]，阿苏勒着重梳理和总结了我国城镇化的理论与现实情况[3]。

笔者通过中国知网（CNKI）在篇名中输入“新型城镇化”进行文献检索后发现，截至 2019 年 3 月 2 日，相关文献达 13640 篇。国内最早对“新型城镇化”展开系统研究的学者是胡际权。他从理论与实践两大层面梳理了中外城市（镇）化的发展情况，探讨了我国新型城镇化的理论内涵和发展路径，认为中国必须走新型城镇化发展道路，新型城镇化道路的核心在于“协调”。[4]该文内容涉及面较广，但未对农民利益展开深入阐述，更未涉及新闻媒体。

仇保兴强调新型城镇化是质量提高型的与社会和谐的城镇化[5]，单卓然、黄亚平剖析了“新型城镇化”的概念内涵、目标、规划策略及认知误区[6]。

罗松华重点阐述了农民市民化的进程问题，建议利用大众传媒来引导农民加强社会公德意识、平等意识、合法维权意识及综合素质[7]，但对农民

[1] 王伟，王瑛，等 . 1998—2015 年我国城市化理论研究演进的特征与趋势——基于 CiteSpace 的文本计量分析 [J]. 城乡规划，2017（2）：60–71.

[2] 王维锋 . 国外城市化理论简介 [J]. 城市问题，1989（1）：21–24；高佩义 . 国外关于城市化理论研究的概况 [J]. 北京社会科学，1990（4）：143–148.

[3] 阿苏勒 . 中国城镇化：理论与现实 [J]. 文化纵横，2013（8）：10–11.

[4] 胡际权 . 中国新型城镇化发展研究 [D]. 重庆：西南农业大学，2005：1.

[5] 仇保兴 . 新型城镇化：从概念到行动 [J]. 行政管理改革，2012（11）：11–18.

[6] 单卓然，黄亚平 . “新型城镇化”的概念内涵、目标、规划策略及认知误区 [J]. 城市规划学刊，2013（2）：16–22.

[7] 罗松华 . 基于以人为本的中国新型城镇化道路研究 [D]. 武汉：武汉大学，2014：150–152.

的文化认同和大众传媒在其中的作用与路径阐述不够深入。

现有的现代化理论认为，现代化是传统社会转向现代社会、农业社会转向工业社会、农业文明转向工业文明的必然过程与结果，并将城市化、工业化作为衡量现代化的基本变量，强调人的现代性（modernity）在社会现代化进程中的地位和作用，强调城市文明对“三农”现代化具有决定性的意义和影响。

恩格斯较早敏锐察觉到城市文明对农村现代化的决定性影响和意义。[1]美国人类学家罗伯特·芮德菲尔德（Robert Redfield）提出了城市与乡村之间互动交流的“大传统”与“小传统”模式，认为城市的、精英的文化是“大传统”，乡村的、底层（主要是农民）的文化是“小传统”，且“大传统是在学堂或庙堂之内培育出来的，而小传统则是自发地萌发出来，然后在它诞生的乡村社区的无知群众的生活里摸爬滚打挣扎着持续下去”[2]。我国学者吾淳指出了罗伯特·芮德菲尔德理论的不足之处，认为在许多情况下国家与地方之间、精英与大众之间未必是对立的，它们完全可能是一致的或统一的。[3]

中外学者普遍认为，在现代化进程中，城市作为现代文明的主要产物，对农村、农业和农民具有主导性影响。丹尼尔·勒纳（Daniel Lerner）在考察了中东六国的现代化状况后指出，城市化的本质就是现代化；尽管现代化的过程中困难重重，但没有一个国家能抵抗现代化的诱惑，并提出了“人的现代化”的测量指标。[4]大卫·霍顿·斯密思（David Horton Smith）和阿历克斯·英克尔斯（Alex Inkeles）对“现代化”作出了定义，并提出了人的现代化的指标体系，列出了人的现代素质清单。[5]我国台湾学者金耀基将“现代化”视为“世界化”，并将“都市化、工业化、大众

❶ 中共中央马克思恩格斯列宁斯大林著作编译局.马克思恩格斯全集：第5卷[M].北京：人民出版社，1958：570.

❷ 芮德菲尔德.农民社会与文化：人类学对文明的一种诠释[M].王莹，译.北京：中国社会科学出版社，2013：95.

❸ 吾淳.重新审视芮德菲尔德的“大传统”与“小传统”理论[J].上海师范大学学报（哲学社会科学版），2017（1）：27-34.

❹ DANIEL LERNER D. The Passing of Traditional Society：Modernizing the Middle East[M]. New York：the Free Press，1958：63.

❺ SMITH D H，INKELES A. The OM Scale：A Comparative Socio-Psychological Measure of Individual Modernity [J].Sociomety，1966，29（4）：353-377.

传媒、大众的政治参与”等归入现代化的特性（现代性）之中。[1]

与西方学者对现代化的单向、线性认知模式迥异的是，我国学者基于国情提出了更符合中国实际的现代化转型之路。例如，中国现代化战略研究课题组、中国科学院中国现代化研究中心发布的《2006 中国现代化报告》提出了 21 世纪我国社会现代化路径图。[2]

现有研究普遍认为，现代化是个充满挑战与冲突的过程，必须结合各国国情进行。美国学者罗杰斯和伯德格指出，“现代化不同于‘欧化’或‘西化’……在不同的环境中有不同的形式。……与现代化并行的也有痛苦、冲突和相对的损失”[3]。勒纳、罗杰斯和伯德格等均强调农民的现代化在整个国家和社会现代化进程中的重要地位与作用，并提出了农民的移情能力和适应社会变迁能力低对现代化产生的阻碍作用。英国学者吉登斯（Anthony Giddens）强调现代与传统的“断裂”。[4] 鉴于城市化对我国“三农”现代化的影响力越来越大，我国学者陈力丹等指出，要改变农村的面貌，农村和农民现代性的增长因素必须与工业化、现代城市文明尽可能密切接触。[5]

1.3.2 关于城镇化进程中保障农民利益的研究

中外城市化和现代化进程表明，农民是城市化和现代化的重要主体。刘培功指出，农民始终是推动城镇化的主体动力，自由流动的农村劳动力是实现城镇化健康持续发展的基础。[6]

在传统城镇化进程中，各国因农民利益受损导致的群体性事件时有发生并成为学界研究的热点。我国农民利益和农民维权方面的研究，已成为 21 世纪前后国内外政界和学界普遍关注的热点问题，也是我国新型城

---

[1] 金耀基 . 从传统到现代 [M]. 北京：中国人民大学出版社，1999：93-103.

[2] 中国现代化战略研究课题组，中国科学院中国现代化研究中心 . 2006 中国现代化报告 [EB/OL].（2006-02-08）[2014-10-2].http://www.china.com.cn/zhuanti2005/txt/2006-02/08/content_6116170.htm.

[3] 罗杰斯，伯德格 . 乡村社会变迁 [M]. 王晓毅，王地宁，译 . 杭州：浙江人民出版社，1988：309.

[4] 吉登斯 . 现代性的后果 [M]. 田禾，译 . 南京：译林出版社，2011：4-6.

[5] 陈力丹，陈俊妮 . 论传媒在“新农村”建设中的作用 [J]. 当代传播，2006（3）：4-7.

[6] 刘培功 . 农民在新型城镇化进程中的主体地位 [D]. 无锡：江南大学，2014：22.

镇化建设中必须正视和着力解决的重要课题。与国外城市（镇）化研究的人本意识日益浓厚相呼应，近年来国内的相关研究除了关注城市化进程中的硬件建设之外，就城镇化对农民利益产生的影响和作用的关注也日益增多。

笔者在中国知网博硕士论文库中，以主题、篇名和关键词三种方式检索涉及“农民利益”的硕博士论文，具体论文数量如表 1.1 所示。统计结果显示，国内关于农民利益的研究在 2001—2011 年总体呈上升之势，2011 年达到峰值后呈下降之势。

表 1.1　中国知网涉及“农民利益”的博硕士论文检索情况　　（单位：篇）

年份	主题	篇名	关键词	年份	主题	篇名	关键词	年份	主题	篇名	关键词
1996	1	0	0	2004	121	6	5	2012	411	29	9
1997	0	0	0	2005	217	14	10	2013	369	18	8
1998	1	0	0	2006	225	9	2	2014	351	16	7
1999	1	0	0	2007	239	15	5	2015	375	14	5
2000	6	0	0	2008	256	8	4	2016	299	13	4
2001	18	2	2	2009	241	12	5	2017	167	7	3
2002	34	1	0	2010	371	10	7	2018	38	1	0
2003	64	1	4	2011	444	27	8	合计	4249	203	88

注：数据来源于中国知网，截止日期为 2018 年 9 月 25 日。

城镇化是经济社会由传统向现代演进的必由之路，会引起利益冲突；新型城镇化，应以城乡统筹、保障农民利益为前提。[1] 近年来，不少学者开始研究新型城镇化进程中农民及进城务工农民市民化问题。囿于研究主题和篇幅，笔者重点就学术界关于我国农民利益、农民维权方面的研究进行简要回顾。

[1] 毛晓刚．城乡一体化要以保障农民利益为核心 [J]．理论参考，2010（12）：42；董淑莉．我国城市化进程中的农民利益研究 [D]．杭州：浙江大学，2011：12；盛广耀．新型城镇化理论初探 [J]．学习与实践，2013（2）：13–18.

在我国城市（镇）化进程中存在的城乡利益矛盾与冲突，以及农民维护自身利益意识日益增强、形式和手段日益多元的现实，促使学者们展开学术探索和争鸣。现有研究普遍认为，乡村社会中“权力—利益的结构之网”是农民利益表达难以健康和体制化成长的深层次社会结构原因。[1]有学者还提出城市化进程中农民维护自身利益的理论模式，如依政策抗争、依法抗争[2]、以法抗争[3]、悲情抗争[4]、理法抗争[5]等。

不少学者结合研究提出了自己的对策建议，如加强社区文化建设，促进农民向市民转变[6]，成立监督委员会开辟民众话语通道[7]等；新型城镇化进程中，要落实失地农民的参与权、知情权、监督权和救济权[8]。有学者探讨了新型城镇化进程中农民的进城意愿与话语，分析其影响因素并提出建议；[9]有的学者考察了影响农民利益表达能力的主要因素，提出提升农民利益表达能力的若干建议。[10]然而，上述文献多数未提及大众传媒或农民如何通过大众传媒表达话语，也未提及如何发挥新闻媒体在新型城镇化进程中的功用。

❶ 吴毅．“权力—利益的结构之网”与农民群体性利益的表达困境——对一起石场纠纷案例的分析 [J]. 社会学研究，2007（9）：21–45，243.

❷ LI LIANJIANG，KEVIN J O’BRIEN. Villagers and Popular Resistance in Contemporary China[J]. Modern China，1996（1）：28–61.

❸ 于建嵘．当代农民维权抗争活动的一个解释框架 [J]. 社会学研究，2004（2）：49–55.

❹ 王金红，黄振辉．中国弱势群体的悲情抗争及其理论解释 [J]. 中山大学学报（社会科学版），2012（1）：152–164 .

❺ 覃琮．农民维权活动的理法抗争及其理论解释——两起征地案例的启示 [J]. 社会，2013（6）：93–121.

❻ 雷寰．北京市郊区城市化进程中失地农民利益研究 [D]. 北京：中国农业大学，2005：91–92.

❼ 张远索，仲济香．新型城镇化背景下的农民利益保护 [J]. 云南农业大学学报，2014（1）：7–10.

❽ 苏玉娥．新型城镇化背景下我国失地农民利益诉求研究 [J]. 山东农业大学学报（社会科学版），2015（3）：22–25.

❾ 王新志，王亮．新型城镇化进程中农民的进城意愿与利益诉求 [J]. 经济动态与评论，2016（2）：24–47.

❿ 吴彬，黎吉秀．当代农民的利益表达能力实证研究 [J]. 信阳师范学院学报（哲学社会科学版），2018（4）：47–54.

1.3.3 关于城镇化进程中大众传媒社会功用的研究

中外学者将利益和表达视为政府民主决策、社会公平正义的起点，普遍认为大众传媒在维护公众利益方面具有积极作用。鉴于20世纪90年代后，城市（镇）化和新型城镇化进程中失地农民利益及其利益表达机制成为国内研究的重点，结合研究主题需要，本书从新闻传播学和其他学科两个基本向度对已有研究作简要评述。总体来说，关于农民利益及其利益表达的系统研究，国外早于国内，其他学科早于新闻传播学科。

1.3.3.1 新闻传播学科领域的研究

新闻传播学研究表明，新闻媒体在维护公众利益、引导舆论和推动国家现代化进程中具有积极作用。沃尔特·李普曼（Walter Lippmann）的拟态环境理论[1]，被认为是揭示新闻媒体及其社会影响机制的重要理论，对后续研究产生了重要影响。受其影响，日本学者藤竹晓提出了“拟态环境的环境化”理论[2]。

此后的研究者基本承继了上述二人的观点，并结合各自特定的研究主题和发现提出了一些新结论。例如，结合美国社会变迁的研究成果，罗吉斯、伯德格在20世纪60年代出版的《乡村社会变迁》中指出，大众传播具有改变农民“地方局限的世界观”的作用，可以推广农业新技术、普及知识、扫除文盲、实施正规教育，传播现代道德、开阔农民视野、说服农民接受变迁。[3]

国内学者的相关研究，是在积极吸收借鉴国外研究成果且结合我国实际的基础上进行的。方晓红指出，大众传媒的广泛使用是促进我国农民现代性和主体参与性增长的重要因素；借助大众传媒，农民不仅能表达自身利益要求，而且可以追求自身利益要求。[4]针对国内大众传媒城市化、娱乐化倾向明显的现象，有学者指出城镇才是涉农传媒的生命线，国内新闻

---

❶ LIPPMANN W. Public Opinion[M]. New York : Hacourt, Brace & Co., Inc., 1922 : 15.

❷ 藤竹晓 . 现代大众传播理论 [M]. 东京：日本放送出版社，1968 : 5-15.

❸ 罗杰斯，伯德格 . 乡村社会变迁 [M]. 王晓毅，王地宁，译 . 杭州：浙江人民出版社，1988 : 333.

❹ 方晓红 . 大众传媒与农村 [M]. 北京：中华书局，2002 : 112, 115.

传媒尤其是涉农传媒必须深刻思考，应对城镇化带来的媒介生态之变。[1]在新农村建设中，媒体业应从单纯的反映功能转到建设性作用上。[2]农村城镇化过程中，大众传媒对农村的政治、经济、文化教育等方面均产生重要的影响和作用[3]，但在城镇化过程中媒体角色存在失衡现象[4]。也有学者指出，新媒体有助于增强农民的社会认同，实现“人的城镇化”。[5]此外，国内学者还研究了新媒介在新型城镇化进程中的社会功能，指出手机等新兴媒体可加强对新型城镇化建设的引导、宣传和政策解读，最终推动新型城镇化建设[6]，但存在平台建设落后等方面的不足[7]，农民利用互联网表达利益时存在着“形式化赋权与实质性缺失”现象[8]，等等。国内学者还指出，我国农民的利益表达意识逐渐形成，但大众传媒在农民利益表达中却存在缺位现象；[9]农业电视新闻在保障农民权益方面尚存较大改进空间；[10]有必要增强农民在“三农”报道中的主体地位，并在新闻单位内部和外部营造有利于落实农民主体地位、保障农民权益的体制机制。[11]

概言之，新闻传播学科领域涉及“三农”的研究具有两大不足：一是总量偏少，二是深入研究且有一定理论深度的成果较少。已有的部

❶ 童兵 . 城镇化：涉农传媒必须面对的潮流 [J]. 新闻爱好者，2003（3）：13–15.

❷ 陈力丹，陈俊妮 . 论传媒在“新农村”建设中的作用 [J]. 当代传播，2006（3）：4–7.

❸ 陈莹，邓家鑫 . 大众传媒在农村城镇化过程中的影响作用探究 [J]. 哈尔滨师范大学社会科学学报，2012（5）：132–134.

❹ 贾雯，夏长勇 . 媒体在城镇化过程中的角色和传播策略 [J]. 青年记者，2013（8 / 中）：21–22.

❺ 路璐 . 人的城镇化：新媒体使用与农民社会认同 [J]. 传媒观察，2013（11）：26–28.

❻ 黄绍丽，徐旭开 . 新媒体议程设置功能在新型城镇化建设中的运用 [J]. 青岛行政学院学报，2017（1）：119–121.

❼ 黄琳 . 手机媒体助推新型城镇化的作用与发展方向 [J]. 传媒，2015（5）：54–56.

❽ 宋思邈，王平 . 农民网络利益表达的有效性问题探析 [J]. 青年记者，2017（2）：23–24.

❾ 张蓉，等 . 试论农民利益表达渠道中大众媒介的缺位 [J]. 新闻知识，2007（4）：34–36.

❿ 陈旭鑫 . 我国农业电视新闻中的农民话语表达研究——基于公共服务的视角 [D]. 武汉：华中科技大学，2013.

⓫ 李仕权 .“三农”报道中农民主体地位的考察与分析（2004—2009 年）[D]. 北京：中国社会科学院，2010.

分研究，或停留在理论推演的应然层面，或停留在简单的业务总结层面，急需遵循“理论—实践—理论”“实然—应然—实然”的路径予以提升。

1.3.3.2　其他学科领域的相关研究

美国学者加布里埃尔·A. 阿尔蒙德（Gabriel A.Almond）和小 G. 宾厄姆·鲍威尔（G.Bingham Powell Jr.）将“利益表达”视为提出政治要求的过程。[1]但在发展中国家，人们的利益表达未必如此。詹姆斯·C. 斯科特（James C. Scott）认为，农民日常话语表达中“隐藏的文本”是农民利用了规范性话语的弹性来表达他们自身、他们的权利主张和利益诉求的方式[2]，斯科特称之为“弱者的武器”。

在我国现代化和城市化进程中，城乡差距和农民利益诉求的现状、原因与对策是学者们长期关注的话题。社会学者认为，我国城乡一度存在明显“断裂”[3]，原因在于缺乏真正意义上的农民利益表达机制[4]；非制度化的利益表达方式必然威胁社会稳定，而农民与政府之间沟通渠道阻塞是导致农民选择非制度化利益表达方式的主因。[5]

从现有文献来看，近年来国内关于城市化进程中的农民利益及其表达的研究日增，主要来自政治学、经济学、社会学和文化学领域。受学科视域之限，论及新闻媒体表达农民、维护农民利益的文献总体不多。同时，虽有部分文献提及或认同新闻媒体在表达农民利益、维护农民利益方面具有一定优势和积极作用且对本书不无启发，但相关论述尚待深化。

❶ 阿尔蒙德，鲍威尔 . 比较政治学：体系、过程和政策 [M]. 曹沛霖，等译 . 北京：东方出版社，2007：179.

❷ 斯科特 . 弱者的武器 [M]. 郑广怀，张敏，何江穗，译 . 南京：译林出版社，2011：376.

❸ 孙立平 . 断裂：20 世纪 90 年代以来的中国社会 [M]. 北京：社会科学文献出版社，2003.

❹ 于建嵘 . 岳村政治：转型期中国乡村政治结构的变迁 [M]. 北京：商务印书馆，2001.

❺ 杨正喜，唐鸣 . 农民非制度化利益表达原因探微 [J]. 兰州学刊，2006（3）：188-190.

现有研究认为，大众媒体的介入是弥补农民自身能力不足的有效渠道；[1]大众传媒在农民利益表达中具有独特优势；[2]有必要搭建农村舆论平台、增强媒体的涉农关注度；[3]增强大众传媒的相对独立性和社会责任感。[4]当前，我国农民表达自身话语的意愿明显增强，新媒体平台拓展了农民利益表达行为的空间，应通过政治制度建设完善农民利益表达的通道[5]，实现农民利益表达从非制度化向制度化表达的转向。[6]

总体而言，上述研究成果对本研究有较强理论指导意义，但在涉及新闻媒体维护和表达农民利益时也存在不足，主要表现为研究者受所在学科背景和研究的主题、重点所限，或是对我国新闻媒体的管理体制、内部管理和运营机制涉足较少，致使相关阐述缺乏一定深度。

1.3.4 文献述评小结

综上所述，已有研究成果较多且已涉及新型城镇化与“三农”发展的诸多方面，很多成果可供本书借鉴参考。特别是已有研究理论和方法，为本书奠定了良好基础。

但我们也看到，已有研究尚待拓展深化，主要体现在以下两大方面：第一，研究主体。现有研究人员中，来自政治学、经济学和社会学等学科领域的人员较多，来自新闻传播界的人士较少，致使现有研究成果对新闻媒介虽有涉及但不系统、不深入，因此亟须新闻传播界人士加入，以拓展研究深度，增强研究针对性。第二，研究客体。受研究主体学科属性、研究主题等方面的局限，现有研究成果在研究视角、内容和媒介选择上有待

---

❶ 杨正喜，唐鸣 . 论新时期农民利益表达机制的建构 [J]. 政治学研究 ，2006（2）：61-68.

❷ 王勇 . 城市化进程中失地农民的利益表达 [D]. 武汉：华中师范大学，2007：65，99-102.

❸ 杨友国 . 农民利益表达：寻求国家与乡村的有效衔接 [D]. 南京：南京农业大学，2010：210.

❹ 郑涛 . 城镇化进程中失地农民利益诉求问题研究 [D]. 武汉：华中师范大学，2013：319-320.

❺ 王燕 . 农民利益表达现状及意蕴研究 [J]. 齐齐哈尔大学学报（哲学社会科学版），2015（11）：42-44.

❻ 汪小红 . 共识与分歧：转型期我国失地农民利益表达研究综述 [J]. 中南林业科技大学学报（社科版），2014（4）：43-48.

拓展。特别是对新型城镇化进程中农民的话语、农民利益的形成机制、农民利益与媒介互动机制等重要而紧迫的现实问题，缺乏深入的实证研究。这些都为本书留下了巨大空间。

1.4 研究设计

本书在前人已有研究成果的基础上，开展力所能及的探索和研究。具体来说，本书包括以下几方面的内容。

1.4.1 研究框架

本书从“输入”角度考察新型城镇化进程中农民话语对媒介话语表达的影响，从“输出”角度考察媒介对农民话语及其表达的影响效果，以理论梳理与建模为起点，以问题为导向，以实证研究为路径，以体制机制建构为归宿。本书大致包括以下内容。

第一，新型城镇化进程中农民利益与媒介互动的理论框架。本部分结合城镇化、社会转型、社会分层、利益相关、公共服务和分析等理论，从历时和共时两大维度进行文献梳理和理论整合，旨在构建本书的基本理论框架，为后续研究提供理论依据。

第二，新闻媒介对新型城镇化及其进程中农民话语的呈现。本部分结合媒介镜像理论，通过对若干国内典型传统媒体（报纸和电视）、新兴媒体（互联网）进行内容分析和话语分析，勾勒我国媒介呈现新型城镇化和农民话语的基本图景，为后续研究提供现实依据。

第三，新型城镇化进程中农民话语及其对新闻媒介的选择。本部分结合政治学、社会学等理论，从现实层面探讨新型城镇化进程中的农民话语及其对新闻媒介的选择，并为后续研究提供现实依据。

第四，新型城镇化进程中农民话语与媒介话语表达的互动机制。本部分是本书的落脚点，研究我国媒介和农民话语表达二者间双向良性互动机制的构建，旨在为创新我国宏观媒介管理体制和微观媒介内部运营机制提供决策参考。

1.4.2 研究方法

本书采取定性与定量相结合、逻辑论证与实证分析相结合的方法，具体方法与路径如下。

第一，定性研究法，主要包括文献检索和深度访谈。文献检索，贯穿本书的全过程——厘清并回顾与本书相关的已有研究成果，确定本书的研究空间、理论框架、研究方案、技术路径、主体内容、访谈提纲和定量研究的指标体系等；深度访谈，运用社会分层理论，采取随机和立意相结合的方法，对农民、新闻从业者及其主管人员（170 例）进行了深度访谈，以获取相关政策、报告、文件等一手资料。

定性研究意在掌握新型城镇化进程中影响农民利益与媒介话语表达的深层因素与作用机制，拟用于完成的任务为：①新型城镇化进程中农民利益与媒介互动的理论框架；②新型城镇化进程中农民利益与媒介的互动机制研究。

第二，定量研究法，意在掌握新型城镇化进程中农民的基本话语和形成机制、媒介话语表达的基本现状及二者的互动机理。拟用于完成的任务为：①新型城镇化进程中的农民话语及其形成机制；②新型城镇化进程中的媒介话语及其表达机制；③新型城镇化进程中农民话语与媒介话语表达的互动机制。

本书遵循“提出假设—建模检验—得出结论与启示”的研究路径，采取抽样问卷调查法和模型分析法进行研究。抽样问卷调查以江西、湖北等中部省份为主，兼顾东西部省区，运用社会分层理论采用随机、系统和立意相结合的方法确定调查对象，以农村居民为对象发放问卷 1000 份，同时采取以面访为主的方式进行实地调查。调查数据采用 SPSS 16.0 和 AMOS 7.0 进行量化统计分析，分析路径以回归模型为主，兼顾描述统计和因子分析。

第三，个案研究法，主要采取内容分析法和话语分析法。内容分析具有定性和定量的特点，话语分析则属定性研究之列。本书运用个案研究法，意在通过分析若干典型传统媒体（报纸和电视）、新兴媒体（互联网）的新闻报道，完成两方面的任务：一是揭示我国新闻媒介对新型城镇化的呈现；二是揭示我国新闻媒介对新型城镇化进程中农民利益的呈现。

具体实施方案由以下三大基本步骤组成：①选择《人民日报》《农民日报》《新闻联播》《聚焦三农》等传统媒体和以《问政江西》为代表的新兴媒体，用复合构建周方法确定研究样本；②分析研究，具体包括内容分析、话语分析和数据挖掘；③逻辑演绎遵循“个别到一般”方法，对我国新闻媒介宏观管理体制和微观机制改革创新提出建议。

2　新型城镇化：我国现代化的必由之路

新型城镇化与新型工业化、信息化、农业现代化一起被称为我国的“新四化”战略。新型城镇化是对传统城镇化的扬弃，中外城镇化的理论与实践为我国新型城镇化建设提供了有益启示。本章主要从现代化的视角，从历史和理论维度，探讨城市（镇）化与现代化、农民利益表达、大众传媒三者之间的关系，旨在为后续研究提供理论框架。

2.1　城市与城市化：缘起与意涵

城市与城镇，是两个相互关联又不尽相同的概念。国外多使用“城市”，国内则多使用“城镇”。如无特殊说明，本书将“城市”等同于“城镇”，“城市化”等同于“城镇化”。本节主要从词源和语义演变的维度，阐述中外城市（镇）的渊源和内涵演变。

2.1.1　我国古代意义上的城、镇与市

在我国古籍中，“城市”“城镇”等词早已有之，但其内涵与今却不尽相同。“城”的含义主要有二：一为城郭，内称城，外称郭；二指古代王朝的领地、诸侯的封地、卿大夫的采邑，它们都以有城垣的都邑为中心，皆称城。[1]“市”的含义也有二：一为聚集货物，进行买卖；二为贸易的场所。[2]

费孝通先生对我国的“城、镇、市”进行认真考察后认为，我国的

---

❶ 广东、广西、湖南、河南辞源修订组 . 辞源（合订本）[M]. 北京：商务印书馆，1988：326.

❷ 同❶523.

“城、镇、市”是具有层次的。从最初意义上讲，“镇”指的是“集镇”，“市”指的是“集市”。“集市”是农产品贸易较为普遍的形式和生产者之间进行定期定地交换的场所（如街、圩等）；“集镇”，是随着经济的发展、农村生产商品化程度提高，以贸易为专业的商人因为聚居在集市开店营业而形成的永久性社区；“城”，是军事要点与统治一地区的政治中心，是因须筑城墙为防而形成的。❶

后来，费孝通又指出，集市（即“市”）是农民临时贸易的场所，“镇”则是一个人口较为众多的，以商业为主、较为永久性的社区。因为人口密集的商业社区需要行政上的管理，镇也就成了政府官员驻守的据点。为了自卫，古代政府的据点又常用城墙包围起来防御外敌入侵，这就是“城”。如此一来，“城”与“镇”就联结在一起形成了“城镇”。❷

由此可知，在中国古代，“市”“镇”“城”三者的功能既有区别又有联系。“市”主要承载临时性的经济交往和物品交换的功能；“镇”则是在经济贸易发展之后形成的，主要承载的是永久性的商业贸易和居住功能；“城”主要是作为政治和军事中心而存在的，主要承载的是政治管理功能。“城”与“镇”又具有共通之处——二者均具有一定的政治和军事管理功能，即“防御、镇守”之责；正常情况下（战争等特殊时期除外），“城”“镇”与“市”是有机联系的，三者有机联系起来才能形成一种完整、充满活力的社会系统。缺乏防御和管理（“城”），“市”“镇”不可能有序存在、维持和发展；缺乏产品交换（“市”和“镇”），“城”必然毫无生机和活力。

以上，从社会学角度来探讨“城”“镇”“市”三者的意涵与关系，既能阐释我国古代经济社会发展的状况，也比较适合我国幅员广阔、人口众多的基本国情，对推进我国新型城镇化建设不无启示。

2.1.2 中外近现代意义上的城市与城镇

近现代以来，随着经济社会发展，城市、集镇和集市又变成了三种不同层次的非农业聚居的社区。近现代意义上我国使用的“城市”“城镇”，与我国古代词汇中的意义已大不相同，发生了巨大变化。

❶ 费孝通．小城镇的发展在中国的社会意义[J]．瞭望周刊，1984（32）：8-10.

❷ 费孝通．论中国小城镇的发展[J]．中国农村经济，1996（3）：3-5，10.

从词源角度看，今天我们作为专业术语所用的“城市”“城镇”“城市化”“城镇化”是由境外传入的。[1]现在，“集市”主要指那种定期开办或临时性形成的贸易市场；“集镇”主要是指若干农村的政治、经济、文化和交通的中心；“城市”则是由若干集镇组成的以某一大集镇为中心，具有一定人口规模、经济规模和辐射能力的区域。现在的“城镇”“城市”，是指居民较多、第二和第三产业占主流的区域。

我国现行的关于城市、城镇、城市规模的划分标准，主要是以城区常住人口为统计口径。中华人民共和国成立以来，我国多次对城市规模划分标准进行调整。1955 年，国家规定人口在 2000 人以上、居民 50% 以上是非农业户籍人口的行政区域可设建制镇；1963 年，国家又规定人口 3000 人以上，非农业户籍居民 70% 以上的行政区域可设建制镇。[2]对于城市的设定，1955 年，国家建设委员会提出“五十万人口以上为大城市，五十万人以下、二十万人以上为中等城市，二十万人口以下的为小城市”。1980 年，国家建设委员会又对上述标准进行了调整。《国家新型城镇化规划（2014—2020 年）》《国务院关于进一步推进户籍制度改革的意见》等一系列文件，是我国对城镇和城市发展的最新执行标准。

在英文中，与“城市”对应的词汇，有表示物质实体的词“urban area”和表示管理制度和价值取向的词“municipality”，且西方社会和西方文化中的“城市”一词自中世纪以来就一直包含了上述两个层面的内容。比利时知名城市史学家亨利·皮雷纳（Henri Pirenne）指出，西方中世纪的城市从 12 世纪起就是一个受到筑有防御工事的城墙保护、依靠工商业维持生存的公社，是一个享有特别法律、行政和司法特权的集体法人。[3]英文中的“urban area”，包含“城市”（city）与“城镇”（town）；“urban area ”中的核心词“urban”一词又源于拉丁语“Urbs”（城市）。

据考证，“urban”一词最早于 1867 年由西班牙巴塞罗那城市规划师、建筑师兼工程师依勒德丰索·塞尔达（Ildefonso Cerda）提出，并正式出现在其出版的《城市化概论》（又名《城市化原理》《城市化基本理论》）一书中；1900 年以后，“城市化”一词才逐渐传播到法语、英语、德语、

[1] 胡玉鸿．城镇化研究成果综述与评析［M］．苏州：苏州大学出版社，2016：1.

[2] 费孝通．小城镇的发展在中国的社会意义［J］．瞭望周刊，1984（32）：8–10.

[3] 皮雷纳．中世纪的城市［M］．陈国樑，译．北京：商务印书馆，1985：130.

俄语等语言中。[1]“城市化”“城镇化”对应的英文词汇为“urbanize”和“urbanization”。前者是动词，强调城市化或城镇化的过程；后者是名词，强调城市化或城镇化的结果或状态。urbanize 和 urbanization 出现的时间也略有不同。“urbanize”一词最早出现于 1884 年，“urbanization”一词最早出现于 1888 年。[2]“城镇”和“城镇化”，最早出现于《马来西亚的阶级斗争和种族冲突》[3]一文中，中国学者将文中的相应内容译为“乡村城镇化”。

英文中，与“城市”对应的另一个词“municipality”指西方中世纪以来形成的城市自治制度。该自治制度，源于欧洲古希腊的城邦制国家中基于自由人（居民或市民）通过自由结合和一定民主程序而建立的自治体。这种自治体拥有一定的自治权力和国家赋予的安全和法律等方面的必要保障。

在西方文化中，城市被视作是具有高度异质性的人造物。罗伯特·埃兹拉·帕克（Robert Ezra Park）在《城市：对于开展城市环境中人类行为研究的几点意见》中指出，城市并非简单的物质现象、简单的人工构筑物，而是与其居民的各种重要活动密切联系在一起的人类属性的产物。[4]路易斯·沃斯（Louis Wirth）在《作为生活方式的城市性》（*Urbanism as a Way of Life*）中认为，城市是“由具有城市异质性的个人所组成的规模较大、人员较密集较高的永久性聚落（settlement）”[5]，并将城市中人的规模（size）、密度（density）和异质性（heterogeneity）视为城市的三个核心特征，将异质性（heterogeneity）视作城市的本质属性。刘易斯·福芒德在《城市发展史——起源、演变与前景》中认为，城市起源于人类的实际生活需要，除具备各种优良的自然条件外，还具有一些精神的或超自然的威力。[6]总的来看，西方学者倾向于将城市看作流传人类文明成果的构

[1] 陈光庭．再论汉译马克思著作中的“城市化”一词系误译 [J]. 城市问题，1998（5）：10–13

[2] 胡玉鸿．城镇化研究成果综述与评析 [M]. 苏州：苏州大学出版社，2016：1.

[3] B N 詹，钱文宝．马来西亚的阶级斗争和种族冲突 [J]. 南洋资料译丛，1976（4）：47–56.

[4] 李蕾．城市社会学芝加哥学派主要理论述评 [J]. 天津职业院校联合学报，2009（4）：144–147.

[5] WIRTH L. Urbanism as A Way of Life [J]. The American Journal of Sociology，1938（1）：1–24.

[6] 福芒德．城市发展史——起源、演变与前景 [M]. 倪文彦，宋俊岭，译．北京：中国建筑工业出版社，1989：6.

造——致密而紧凑，足以用最小的空间容纳最多的设施；又能扩大自身的结构，以适应不断变化的需求和社会发展更加繁复的形式，从而保存不断积累起来的社会遗产。❶

由此可知，西方语境中的“城市”和“城市化”，与我国古代的“城”与“市”的内涵不尽相同。在物质实体层面，中外关于“城市（镇）”的理解具有相通之处。但在管理制度和价值取向上，中外因政治制度、文化传统差异而引发的理解差异十分明显，西方与我国在“城”与“市”词源上的理解明显不同。

从历史与现实来看，城市与乡村相互依存、互为条件，城市是人类在乡村基础上经过现代化发展进化而成的，是在居民定居点（settlement）不断由低级向高级、由小到大发展而来的，至今仍留存有路店（roadside）、小村（hamlet）、村庄（village）、镇（town）、城市（city）、大都市（metropolis）和城市群（conurbantion）几种不同的表现形式。❷

从本质上看，城市是一种与传统乡村相对的人类现代聚居形式。对于“城市”的理解，我们必须从两个基本层面进行把握：一是具象的物理层面，即客观的物理空间实体层面，将它视为与乡村有别的高端聚落；二是抽象的精神层面，即抽象的组织管理和精神文化层面，将它视为与传统落后有别的现代化聚落。这两个层面存在着内在的、互为表里的必然联系。据此，城市化包括两个层面的基本意涵：一是物质实体层面的城市化，包括人口、土地、房屋、道路交通、经济活动等具体有形的城市化；二是管理和精神层面的城市化，包括社会管理制度、价值理念、行为方式、文化习俗等抽象的城市化。这两个层面之间也存在着内在的、互为表里的必然联系。

2.2 中外城市化理论演变

城市是特定区域经济社会发展到一定阶段的现代化产物。中外各国经济社会发展水平和历史文化传统存在差异，各国关于城市化理论的探讨

❶ 福芒德．城市发展史——起源、演变与前景［M］．倪文彦，宋俊岭，译．北京：中国建筑工业出版社，1989：22–23.

❷ 周一星．城市地理学［M］．北京：商务印书馆，1995：60–64.

既有不同也有相通之处。本节主要对中外城市（镇）化的理论作一简要梳理。

2.2.1 国外城市化理论演变

国外关于城市化的理论研究，主要有政治理论学派、田园城市流派、经济学流派、产业分工流派、空间布局流派、社会学流派和生态学流派七个主要流派。下面，笔者重点梳理上述七大流派的代表性人物、代表作及其基本理论观点，并简述各派理论对我国城市研究的影响。

其一，政治理论学派。该学派以马克思、恩格斯、列宁为代表，从生产力与生产关系的内在联系出发，重点从政治角度探讨城市的功能与作用。该学派并无专门研究城市的著作，比较有代表性的阐述主要体现在马克思的《政治经济学批判》《资本论》等著作之中。

尽管政治理论学派并无专门研究城市的著作，但马克思、恩格斯和列宁等共产主义早期领袖的思想对中华人民共和国成立后执政党的执政理念和制度设计等诸多方面产生了深刻而持久的影响，并直接或间接地体现在我国的城市化进程之中。

其二，田园城市流派。“田园城市”的概念，最早由罗伯特·欧文（Robert Owen）于1820年提出。19世纪末，英国社会活动家霍华德在《明日，一条通向真正改革的和平道路》中，提出了关于田园城市规划的设想——一种兼有城市和乡村优点的理想城市（“田园城市”）。田园城市的实质，是以人为本、城乡结合、整体化运作、一体化发展、适宜人居的区域综合体，即“城市系统”。

20世纪90年代中后期，特别是进入21世纪之后，我国传统城市化理念指导下的城市化矛盾日益凸显。因该流派的理论观点契合了中国传统文化“天人合一”的理念且具有较强的可行性和必要性，该流派与后来的生态学流派的城市化理论，对我国城市规划设计的理念和实践操作所产生的影响日益显现。

其三，经济学流派。该流派研究成果较为丰富，主要研究城市与乡村所表现出来的互相对立的经济利益。德国经济学家杜能在《孤立国同农业和国民经济的关系》（以下简称《孤立国》）第一卷中阐述了“农业区位论”。德国学者韦伯出版了《工业区位论：区位的纯理论》（又名《纯粹区域理论》，以下简称《工业区位论》），提出了“工业区位论”。美国学者弗

兰克·费特（Frank Fetter）发表了《市场区域的经济规律》、威尔帕·汤普森（Wilbur Thompton）出版了《城市经济学导言》，标志着城市经济问题已成为区域经济学中相对独立又十分重要的内容。

20世纪70年代至今，有关城市经济的教科书、专著和文集大量出版，学术交流广泛开展。1979年以来，我国经济理论界、经济地理学界十分重视城市经济问题及其发展规律的研究。

其四，产业分工流派。该流派属于经济学派的分支，其理论基础是城市规模效应和集聚效应。该流派认为，城市内部、城市之间及城市群之间存在资源禀赋和经济社会发展阶段的差异，产业分工的目的就是通过专业化生产提高经济效益，实现经济生产和效率的最大化。

产业分工流派中的理论较多，主要有：①成本学说。亚当·斯密（Adam Smith）在《国家财富的性质和原因的研究》中提出了绝对成本学说，大卫·李嘉图（David Ricardo）在《政治经济学及赋税原理》中提出了比较成本学说。②要素禀赋学说。伊·菲·赫克歇尔（Eli F.Heckscher）和贝蒂·俄林（Bertil Ohlin）先后提出了有关论点。特别是俄林在《区际贸易与国际贸易》中较全面提出了要素禀赋学说，主张在自由贸易的条件下，各区域根据各自要素禀赋条件进行分工，开展贸易以提高各区域或各国的经济发展水平。③新贸易理论。20世纪80年代初以来，以保罗·克鲁格曼（Paul Krugman）为主要代表的经济学家提出了国际贸易及最优贸易政策的思想和观点。该理论起初旨在解释贸易格局、填补传统贸易理论的逻辑空白，后来又发展成了以规模经济和非完全竞争市场为支柱的完整的经济理论体系。④产业集群理论。该理论在20世纪90年代由美国学者麦克尔·波特（Michacle Porter）创立，主张在特定区域内的特别领域，通过区域集聚形成有效市场竞争，构建出专业化生产要素优化集聚洼地，进而形成区域集聚效应、规模效应、外部效应和竞争力。

其五，空间布局流派。该流派从城市空间布局的研究起步，后来逐步扩展到城市群空间布局的研究。该流派的研究，大体经历了以下三个阶段。

（1）个体城市空间研究阶段。此阶段的研究始于英国学者埃比尼泽·霍华德（Ebenezer Howard）提出的“田园城市模式”，雷蒙德·恩温（Raymond Unwire），将其发展成“卫星城”理论。英国生态学家帕特里克·盖迪斯（Patrick Geddes）在《进化中的城市》中提出了新的城镇群体

形态的概念，但尚未形成城镇体系的概念。

（2）城镇体系空间布局研究阶段。此阶段的研究理论主要有农业区位论、工业区位论、城市区位论等。农业区位论的代表作是德国经济学家杜能的《孤立国》，工业区位论的代表作是德国经济学家韦伯的《工业区位论》，城市区位论的代表作有德国经济学家沃尔特·克里斯塔勒（Walter Christaller）的《德国南部中心地原理》和奥古斯特·勒施（August Losch）的《经济空间秩序》。

“城镇体系”（urban system）概念，首现于美国地理学家奥提斯·邓肯（Otis D.Duncan）的《大都市与区域》一书。美国经济学家理查德·维宁（Richard Vining）等从理论上论证了城镇体系的合理性。在我国学界，学者顾朝林在《中国城镇体系——历史·现状·展望》一书中，全面系统地论述了中国城镇体系的形成、发展、现状及未来，又在《新时期城镇体系规划理论与方法》中用全球视野审视了城市化过程和城市体系结构。

（3）城市群空间布局研究阶段。随着区域一体化和全球经济一体化进程的加快，国外学者的研究视野从城市的城镇体系布局逐步扩大到了城市群。例如，法国地理学家简·戈特曼（Jean Gottmann）在其论文《大都市带：东北海岸的城市化》中提出了包括长江三角洲在内的世界六大城市群，认为城市群必然成为21世纪人类文明的标志。1990年以来，戈特曼对城市带的相关研究中加入了社会、文化、生态的内容，为城市群城镇体系空间布局提供了重要理论依据。

随着发达国家大都市和城市群的出现，城市群城镇体系空间布局的理论相继出现，如法国弗朗索瓦·佩鲁（Francois Perroux）的增长理论和点轴发展理论、美国爱德华·乌尔曼（Edward Ullman，又译爱德华·厄尔曼）的空间相互作用理论、约翰·弗里德曼（John Friedmann）的“核心—边缘模式”及其城市群体运作过程理论，等等。此时期，英国学者保罗·霍尔（Paul Hall）对英格兰城市群、法国学者库默斯（Kormoss）对西北欧城市群展开了实证研究。此后，各国学者又从不同的角度使城镇体系理论不断丰富和完善。

在我国，20世纪80年代初，丁洪俊、宁越敏等学者引入了戈特曼的大都市带理论。周一星教授针对中西方城市化的差异，提出了“都市连绵区”等有中国特色的城镇群体空间结构概念。1992年，崔功豪结合长江三

角洲城市群的实证研究，将城镇群体结构划分为“城市区域”“城市群组”和“巨大都市带”三类。姚士谋的《中国城市群》是国内第一部以城市群为研究对象的专著，着重介绍了长江三角洲、珠江三角洲、辽中南等国内大城市群。张京祥的《城镇群体空间组合》一书，主要阐述了城镇空间的演变、如何应对群体空间，并从“圈域”和“区域”层面对城镇群体空间进行了深入研究与剖析。周牧之在《托起中国的大城市群》一书中，系统探讨了中国城市群在全球经济一体化、信息化革命和新的制造业发展模式下的大城市群的发展模式。吴良镛提出了将城市群发展与城乡体系规划结合起来的整体设计思想。[1]

其六，社会学流派。美国城市社会学家路易斯·沃斯（Louis Wirth）在其论文《作为一种生活方式的都市生活》中提出从城市的物质结构（含人口、技术和生态秩序）、社会组织结构（含社会制度和社会关系）及个性结构（含态度、概念和典型的集体行动）三个结构维度进行研究[2]，从社会学角度建立了城市研究的里程碑。

我国学者于 20 世纪 90 年代开始积极借鉴了该学派的观点。有学者指出，城市建设要重点强调城市人口的量的规定性，包括人口密度和数量两方面的内容；[3]在一定意义上，城市化的核心就是人口城市化、人的城镇化；[4]我国的城市化发展应该以人为本，实现城乡共同发展及城乡居民社会福利共同提高。为此，必须实施以户籍制度为基础的二元社会体制的根本性改革。[5]

其七，生态学流派。该学派的城市理论，主要针对严重的城市问题（如工业污染、人口拥挤、住房紧张、生态破坏等），强调城市作为一个生态系统，城市本身又是人类整体生态大系统中的一个子系统。美国芝加哥学派创始人罗伯特·帕克（Robert Park）发表了《城市：关于城市环境中

[1] 吴良镛 . 求解“城乡规划”[EB/OL].（2016-07-14）[2017-07-15].https://mp.weixin.qq.com/s?__biz=MjM5Nzc3MjYwMQ%3D%3D&idx=1&mid=2650640658&sn=80fe18b4fe0994b84c0019ea741c636c.

[2] WIRTH L. Urbanism as A Way of Life[J]. The American Journal of Sociology，1938（1）：1-24.

[3] 高佩义 . 国外关于城市化理论研究的概况 [J]. 北京社会科学，1990（4）：143-148.

[4] 王桂新 . 城市化基本理论与中国城市化的问题及对策 [J]. 人口研究，2013（6）：43-51.

[5] 王桂新 . 我国城市化发展的几点思考 [J]. 人口研究，2012（2）：37-44.

人类行为研究的几点意见》一文，将生物群落学的原理和观点用于研究城市社会并取得可喜的成果，奠定了城市生态学的理论基础；罗德里克·麦肯齐（Roderick McKenzie）认为，应将城市视为以人为中心的人工生态系统。

此后，该学派应用生物优势和有形群体等理论解释城市的发展和人的居住区分布。伯吉斯（Burgess）提出了城市“同心圆增长理论”，认为城市的自然发展将形成5 ~ 6个同心圆，这些同心圆是竞争优势及城市演进的结果。霍华德·赫特（Howard Hoyt）提出了“扇形理论”，认为城市总体上形成了从中心向外的各种扇形辐射区，各扇形向外扩展时仍保持了居住区特点，这种扇形区是城市发展的最重要因素。

进入21世纪后，如何实现城市化与生态环境的协调发展是世界经济社会发展的核心议题，也是近年来国内研究的热点，有学者认为城市化与生态环境之间客观上存在着交互胁迫的时空动态耦合规律。❶

2.2.2 我国的城镇（市）化理论演变

“城市化”一词，对应的英文词汇是urbanization，意指乡村向城区（urban area）转化。城区（urban area）包括城市（city）和城镇（town）；城市化，在有形层面而言，就是人口由乡村向城区集中。国外特别是欧洲国家的镇区人口规模较小甚至没有成建制的镇（town），其城市化在有形层面就主要表现为人口向城市（city）集中而非向城镇（town）集中。

我国与国外情况不同，其中最明显的区别在于人口众多，经济社会发展和人口分布都存在明显的区域特征，一些人口密集的城镇人口甚至超过了国外一些中小型城市的人口规模。为此，国内主要运用“城镇化”一词来代替国外常用的“城市化”，将urbanization译成“城镇化”。❷

改革开放前，我国城市化进程十分缓慢，国内关于城市（镇）化的理论研究长期滞后。改革开放后，国内城市化步伐加快，国内关于城市（镇）化方面的理论研究日益丰富。总体而言，我国的城市化理论，在结合国情基础上充分吸纳了国外相关理论成果，具有与时俱进的特点。

---

❶ 王少剑，等.京津地区城市化与生态环境交互耦合关系定量测度[J].生态学报，2014（7）：2244-2254.

❷ 辜胜阻.非农化及城镇化理论与实践[M].武汉：武汉大学出版社，1999：6.

目前，国内关于我国城市化道路的理论主要有六种：①大城市论。该理论认为大城市对于带动区域经济发展有重要作用，以此带动城市化进程，进而解决“三农”问题。②中等城市论。该理论认为我国大城市已过度膨胀，中等城市已有一定基础并开始扩张，具有较强的吸引力，且其对消化农村过剩劳动力、缓解大城市压力有很大潜力。③小城市论或城镇化论。该理论认为我国现有城市无力接纳为数众多的农村剩余劳动力和人口，大力发展小城镇符合经济现实。④大中小城市并举论。该理论认为孤立发展哪一个层次的城市都不可取，应形成以特大城市为依托，大中小城市和小城镇并举，层次递进、结构合理、功能互补的网络式，以及金字塔型的城市结构体系。⑤郊区城市化论。该理论认为城市的发展应该向分散化、郊区化方向发展。⑥多元模式论。该理论认为城市化的途径和方法应是多元化、多层次、多途径的，不能一刀切，各地区应根据当地的经济、社会、自然、人文实际制定切实可行的方针和措施。[1]

在上述六种理论模式中，小城市或城镇化理论在我国占主流，并以著名社会学家费孝通先生为代表。费孝通先生对我国小城镇和城镇化的研究，深入而持久且呈现出与时俱进的学术品质，对我国城市化理论的研究和实践探讨产生了深远影响。1984 年，费孝通先生提出发展小城镇消除城乡差异，实现农民“离土不离乡”和“以工补农、以工养农”[2]；1998 年，提出我国城市化应该“走大、中、小城市和村镇同时并举、遍地开花的道路”[3]；2000 年，指出要以城市为中心，发展城市，提高城市的辐射力，同时扩大对外开放、增强信息往来。[4]针对 21 世纪以来我国城市化进程中出现的新情况新问题，国内学者指出，要防止出现“空心城镇”和“空心农村”，就必须消除城乡二元结构时代遗留下来的制度性障碍。[5]

据此可知，我国之所以使用“城镇化”而不使用“城市化”，至少有以下两个层面的意涵。

---

❶ 孟祥林．城市化进程研究 [D]．北京：北京师范大学，2006：200.

❷ 费孝通．小城镇的发展在中国的社会意义 [J]．瞭望周刊，1984（32）：8–10.

❸ 费孝通．我看到的中国农村工业化和城市化道路 [J]．浙江社会科学，1998（4）：3–6.

❹ 费孝通．城镇化与 21 世纪中国农村发展 [J]．中国城市经济，2000（1）：7–9.

❺ 徐勇．中国发展道路：从“以农立国”到“统筹城乡发展”[J]．华中师范大学学报（哲学社会科学版），2010（4）：1–5.

第一，基于我国经济社会发展和城市化进程的实际。此层面包含两方面的内容：一方面，我国的城市与农村、市民与农民、工业与农业之间，有着天然的、强烈的内在联系。工农混合的乡土经济、乡土工业的存在和发展对于维系中国农村的和谐发展具有十分重要的意义。另一方面，我国与西方国家的城市化模式有很大差异。完成了工业革命的西方国家，其城市化早期经历了明显的“双核驱动模式”，即城市经济和庄园经济构成的“双核驱动”，主要表现为城市工商业和农村的庄园手工业并行发展模式。我国因长期处于传统农业社会，城市工商业发展十分缓慢，生产资料和产业形态对农业的依赖度很高，由此产生的城市必然与传统农村存在千丝万缕的联系，不存在“与传统乡村‘剪断脐带’的城市化”[1]。

第二，基于我国坚持的城乡互补、协调发展的路径。此层面基于我国自身的发展实际和文化传统，发挥小城镇发展的聚集力量和示范效应——通过中心城镇为农村发展提供服务，进而带动广大农村地区的经济社会发展，传承地方文脉、形成地方特色，避免城市繁华农村凋敝的“两极化”现象。简言之，用“城镇化”而非“城市化”，体现了我国渐进式改革的思想和操作，更体现了我国“城乡一体化”的发展理念。

“城镇化”一词正式进入我国官方文件，是2000年10月党的十五届四中全会通过的《中共中央关于制定国民经济和社会发展第十个五年计划的建议》。从此，“城镇化”通过学界和大众传媒的推介为社会大众所熟知。20世纪90年代中后期，特别是21世纪之后，随着我国城市进程的明显加速，传统城市（镇）化理念指导下的城市（镇）化实践的弊端与风险日益显现，国内关于我国城市化道路的理论研究视角日益多元。国外城市化不同理论流派的观点纷纷引入国内并对我国的城市化实践产生了影响。

2012年，党的十八大报告首次提出新型城镇化战略。新型城镇化，是全方位、协同推进的城镇化，其核心在于坚持以人为本、实现人的城镇化，其目标在于统筹和协调城乡发展，实现城乡一体化，切实提升人民群众的获得感和幸福感。这标志着我国的城镇化发展在理念、设计与执行等方面，与传统城镇化有本质差别。

---

❶ 张鸿雁.城市化理论重构与城市化战略研究［M］.北京：经济科学出版社，2012：14.

2.2.3 新型城镇化与传统城镇化

新型城镇化道路就是新型城市化道路，是对传统城市化理论与实践的扬弃和超越。城市具有三大功能，即社会政治功能（行政管理）、经济功能（经济拉动与辐射）、文化功能（科学、教育、文化传统、生活方式、价值观等的生成与影响）。城市化包括三个方面的基本内涵，即人口、土地和产业的城市化。城市化最基本的社会效能，在于以集聚财富、信息、资本、人才等为核心，通过形成集聚效应并持续向外散发能量，以外向式的辐射方式带动周边发展，形成辐射效应。

城市化是各国现代化进程中的必然趋势。我国之所以使用“城镇化”而非“城市化”一词，意在表明我国“对保持小城镇的高度警觉”[1]，但城市化与城镇化二者并无本质区别。使用“城镇化”一词，意在彰显我国借助小城镇发展拉动农村经济、为农村社会发展提供服务的初衷。另外，城镇化与城市化二者在本质、目标上是一致的，即城市化和市民化，二者在生活方式变革、作为商品经济的载体和具有“适应性开放功能体”三大方面具有本质上的同一性。[2]

从理论上看，传统城市化主要有三个特点：一是强调工业化是推动城市化发展的动力、城市化是工业化和现代化的必然结果；二是强调城市化是非农产业和从事非农产业人口的聚焦过程，是人口从第一产业（农业）向第二、第三产业（工业、服务业）转移的过程；三是强调城市是从事非农产业人口的聚焦和居住地、农村是农业人口的聚焦和居住地。

从实践上看，传统城镇（市）化主要表现为人口、资金、市场由分散向集中、由农村向城市聚集，以及城镇数量不断增加和城镇规模日益扩张等一系列变化过程。其最核心和最突出的表现，是农村人口、经济中心、产业布局、基础设施、公共服务等有意识、单方面地向城镇（市）转移或倾斜，导致城镇（市）与农村、市民与农民的差距日益明显，甚至形成了人为设置的城乡二元体制，如城乡户籍制度等体制性障碍。

从城镇化与经济社会发展水平、经济体制之间的关系来看，各国传统的城镇化大体有四种情形，即同步城镇化、过度城镇化、滞后城镇化和

[1] 胡玉鸿. 城镇化研究成果综述与评析［M］. 苏州：苏州大学出版社，2016：17.

[2] 张鸿雁. 中国新型城镇化理论与实践创新［J］. 社会学研究，2013（1）：1–4.

逆城镇化。同步城镇化，是城镇化进程与经济社会发展实际相适应的、良性的城镇化。过度或滞后的城镇化，是城镇化发展与经济社会发展不相适应的城镇化。逆城镇化，是城镇化发展到一定阶段的悖论，也是对城市化发展的反拨，主要表现为在发达国家或地区，由于交通设施的便利和城市化发展负效应的日益显现（如城市的人口密度大、交通拥挤、发展空间受限、空气质量下降等），城市人口特别是富裕阶层，逐渐远离城市转向郊区、农村地区，谋求发展或定居生活的过程。

国外传统城市化的四种情形，在我国城镇化进程中也不同程度地存在过，有的现在依然存在。20 世纪八九十年代，我国东部地区的同步城镇化进程较快（如江苏的华西村、浙江的义乌、广东的中山等地），中西部地区的滞后城镇化较突出。进入 21 世纪之后，我国东部地区特别是部分大城市出现了较明显的逆城镇化现象，中西部地区则出现了过度城镇化现象，对经济社会发展带来许多负面影响，如城乡差距扩大、社会矛盾冲突频发、资源浪费严重、产业结构和布局不合理、社会公共服务和资源配置不合理，等等。

传统城市化理念与实践的不足，主要在于强烈的单向性和区隔性。具体来说，主要有三点：①将工业化与城市化的关系视为单向的因果关系。在各国特别是欧洲现代化和城市化阶段，这种因果关系有其内在的必然性和现实性。但随着各国工业化和城市化的深化，二者之间双向互动关系日益显现。进入信息社会以来，随着媒介化社会的日益成形，工业化与城市化之间的因果关系变得更加复杂，传播媒介正日益成为影响工业化和城市化的重要变量。②片面强调农业和农村人口向城市迁移，忽视了二者之间双向流动的客观现实，特别是在城市化水平较高的西方发达国家和我国部分经济发达地区，已经出现“逆城市化”现象。③规划设计的理念和实践操作层面，片面强调城乡区隔，忽视了二者一体化发展的历史传统与现实趋势。单向性和区隔性色彩强烈的传统城市化，带来了较明显的负面影响，累积了诸多社会矛盾与风险。例如，西方发达国家和印度、拉美等发展中国家的城市中，普遍存在着的“贫民窟”现象。在我国，则主要表现为城乡差距日益扩大、公共服务不均衡等现象。

从本质上看，传统的城市化是导致各种“城市病”“农村病”和社会

不和谐的“社会病”并存生发的城市化。[1]因此，有必要探索出一条顺应时代发展、适合国情的新型城镇化道路。

为克服传统城市化理论和实践带来的诸多弊端，中外各国开展了积极探讨与实践。20世纪60年代以来，西方发达国家一直在积极探索新型城市化的发展之路，重新设计城镇化的规划和管理模式，体现出以法治规范的“精深管理”模式。[2]例如，美国在1968年通过了《新城镇开发法》，明确规定了城镇的建设规模、环境特点、容积率和文化休闲空间、绿地空间等诸多方面。1980年后，美国政府又开始引导城镇文化再造和乡村原生态文化建设。日本从国家战略层面提出了“田园式小城镇”的发展理念，形成了一批城乡一体化特色明显、产业布局和资源配置合理的城镇群。1994年，英国在继《1976新城法》之后提出了《城镇和乡村质量规划法》和相关规划指南。[3]澳大利亚则建立起了“总理城市设计任务团队”（Prime Minister's urban task force），针对该国的新型城镇化建设，提出了包含社区建设优先在内的29项建议。

在我国，2012年党的十八大报告正式提出新型城镇化发展战略。新型城镇化，是较之传统城镇化和国外城市化而言的。新型城镇化中的“新”，主要体现在以科学发展观为引领，强调走“集约化、生态化”的城镇化发展道路，注重发挥城镇的多元化功能以构建新型城镇体系，最终实现城镇一体化和城乡一体化发展。换言之，新型城镇化是以人为本而非简单以物为本的城镇化，是强调可持续、城乡统筹和城乡一体化发展的城镇化。新型城镇化的实现，要坚持以人为本和全面、协调、可持续的科学发展理念，以发展集约型经济与构建和谐社会为目标，以市场经济为主导体制；在实际操作中，要注重大中小城市规模适度、布局合理、结构协调、网络体系完善，并与新型工业化、信息化和农业现代化有机互动，在产业支撑能力强、就业机会充分、生态环境优美、人员素质提升的基础上，最终实现城乡统筹、城乡一体化发展。

新型城镇化与传统城镇化二者之间，既有不同也存在共性。传统城

[1] 王桂新.城市化基本理论与中国城市化的问题与对策[J].人口研究，2013（6）：43-51.

[2] 张鸿雁.中国新型城镇化理论与实践创新[J].社会学研究，2013（3）：1-4.

[3] 彭特.美国城市设计指南——西海岸五城市设计政策与指导[M].庞玥，译.北京：建筑工业出版社，2006：5.

镇化，更多的是从人口数量、产业结构、经济活力、基础设施、生活方式等有形物质层面来衡量。上述衡量标准，特别是基础设施、产业结构和经济活力，在新型城镇化进程中仍然是不可忽视的重要指标。较之传统城镇化，新型城镇化更强调城乡一体化和人口素质的现代化，特别是农村人口在价值观念、伦理道德意识、文明法治意识、教育程度、行为方式、生活习惯和综合素质等方面的现代化。

概言之，我国新型城镇化的核心是人的城镇化和现代化，其根本目标是要消除城乡隔阂，实现公共服务在城市与乡村之间的平等化和均衡化，在实现城乡统筹、城乡一体化发展基础上彰显和维护社会公平正义。另外，必须强调的是，新型城镇化绝不是“盲动”式和“运动”式的城镇化，不能无序进行、缺乏约束。

2.3 城市化、现代化与大众传媒

现代化是传统社会向现代社会转变、农业社会向工业社会和后工业社会转变、传统农业文明向现代工业文明转变的必经阶段。城市化、现代化与大众传媒三者之间存在着内在的紧密联系，城市和大众传媒是现代化的重要产物与表征，又是现代化的助推器。在城市化和现代化进程中，大众传媒能发挥积极的推动作用。

2.3.1 城市化与现代化

前文已对城市化的相关理论进行了简要梳理，此处着重就城市化与现代化的关系作简要阐述。“现代化”（modernization）来源于拉丁文“modo”，意为“现在”。迄今为止，中外学者对“现代化”的界定不尽相同但有共通之处。

丹尼尔·勒纳（Daniel Lerner）认为，现代化是从农业社会、农业文明向现代工业社会和工业文明转变的单向线性过程，并将“现代化”界定为“一种单向的长期趋势——从传统生活方式到参与式生活方式”[1]。阿历

---

[1] LERNER D. The Passing of Traditional Society：Modernizing the Middlle East[M]. New York：the Free Press，1958：89

克斯·英克尔斯（Alex Inkeles）将“现代化”定义为“一系列的态度、观念和行为，特别是高度的城市化、工业化和社会教育环境对上述态度、观念和行为的塑造”[1]，并提出了衡量人的现代化的指标体系，列出了人的现代素质清单。

罗杰斯（Rogers）认为，“现代化”是个多维概念（multidimensional concept）[2]，其实质是“变迁”（change），包含社会系统和个人两个层次——社会系统层次的变迁是“发展”（development），尽管发展包含政治、经济和社会等诸多方面，但罗杰斯主要是从经济方面界定“发展”，认为“发展”是“当代社会通过日益增多的复杂的社会组织应用不断提升的主管技术来强化其对环境实施控制的过程”；个人层次的变迁就是“现代化”（modernization），即个体改变传统生活方式的过程——从传统生活方式，进入一个更复杂、技术更先进、变化更快的生活方式的过程。[3] 在罗杰斯看来，社会层次“发展”的目的，是通过更多现代的生产方式和改进后的社会机构来提高单位资本的收益和人民生活水平；个人层次的“现代化”，并不直接等同于欧洲化或西方化，也并非对所有社会成员都能带来好处，在实践中不存在单一衡量的变量或尺度。

尽管人们对“现代化”的理解千差万别，但均是从发展变化的视角、从物质和精神两大维度进行考察，并将“传统”作为“现代”的参照系。这样，城市化与现代化就有了天然的内在关联。

从历史发展和实践维度看，城市化与现代化之间也确实存在同频共振关系。特别是自第一次工业革命之后，随着人类现代化步伐明显加快，现代化与城市化二者之间同频共振关系日益凸显，城市化和现代化从以物为中心转向以人为中心的趋势日益显现。以物为中心的阶段，主要表现为关注城市和现代化所涉及的地理区域、物质技术、经济状况、道路交通、人口规模、生活水平等有形的物质层面，即物质保障层面；以人为中心的阶段，主要表现为关注城市和现代化所涉及的人所生存的社会制度、社会结构、生态和生活环境给人带来的精神和心理感受，即心理感受层面。这

❶ SMITH D H, INKELES A. The OM Scale : A Comparative Socio-Psychological Measure of Individual Modernity [J].Sociomety, 1966, 29 (4): 353-377.

❷ ROGERS E M. Modernization Among Peasants : the Impact of Communication[M]. New York : Holt , Rinehart & Winston, Inc., 1969 : 15.

❸ 同❷9, 14, 18.

种转向，给人们展示了世界各国从“前现代化”（pre-modernization）向着“现代化”（modernization）和“后现代化”（post-modernization）阶段性发展的基本图景。

城市，是人类生产力水平和经济社会发展到一定阶段之后的必然产物。城市化是现代化的基本义项，二者之间难分先后。特别是在第一次工业革命之后，二者之间更呈现出一种同频共振、彼此难分的关系。从人类社会的发展规律来看，实现“现代化”的过程就是“从农业社会过渡到现代社会”的过程。[1] 在很大程度上，城市和城市化的发展已经成为衡量现代化的尺度，因为城市是“新兴经济活动、新兴阶级、新式文化和教育的场所”，而这一切都是乡村所没有的，也使城市和乡村有着“本质的区别”。[2] 从这个意义上说，城市化的过程，就是以乡村为代表的传统性向以城市为代表的现代性空间转化和再造的过程，这种转化和再造是传统农业社会所无法提供和自然完成的。因此，在农业社会向现代社会迁移的过程中必然要有外物的介入。这个外物，就是城市和城市化。城市在空间上具有强大的集聚能力，能提供“共享的专业劳动力市场”，使“知识和信息传递更容易”，进而营造出“协同创新的环境”。[3]

值得强调的是，城市与城市化给人类带来的改变，不仅仅停留在物质层面，更有思想意识、思维和生活方式等方面的深层次改变。马克思、恩格斯曾深刻指出，城市人在商品交换的过程中形成了相互全面依赖的生活体系，并确立了主体间的平等。[4] 城市是应物品交易和政治管理的需要而产生的。

第一次工业革命之后，各国城市化的发展进程明显加快。从这个意义上说，城市化是现代化发展的必然结果与表征。同时，城市自形成之后，因其在交通、信息、人才等方面具有的优势，又往往成为特定区域的中心，对周边地域发挥出较强的辐射带动效应。从这个意义上说，城市又是现代化发展的原动力和助推器。特别是现代大众传媒、教育机构、生产研发、时尚消费等充满现代气息的构造往往集中在城市，契约、理性、效

---

[1] 赫茨勒．世界人口的危机［M］．何新，译．北京：商务印书馆，1963：49.

[2] 亨廷顿．变化社会中的政治秩序［M］．王冠华，刘为，等译．上海：三联书店，1989：66.

[3] 马歇尔．经济学原理［M］．朱志泰，译．北京：商务印书馆，1997：281-286.

[4] 中共中央马克思恩格斯列宁斯大林著作编译局．马克思恩格斯全集：第46卷（上）［M］．北京：人民出版社，1957：104，197.

率、法治等现代观念也基本从城市产生。因此，城市本身就成了一所大型的“现代性学校”[1]。1964 年，法国学者亨利·孟德拉斯（Henri Mendras）提出了“农民终结”，在 1984 年被法国社会发展事实证实。[2] 因此，我国新型城镇化的发展也可能导致“传统农民的终结”[3]，催生现代新型农业、农村和农民。

城市化与现代化既能给人类带来发展，也充满着风险与不确定性。德国社会学家乌尔里希·贝克（Ulrich Beck）的《风险社会》和英国社会学家安东尼·吉登斯（Anthony Giddens）的《现代性的后果》是代表作。

贝克笔下的“风险”指“由现代化自身引发的危险和不安”，是现代化的威胁力量和全球化所引发的后果。这种风险在政治上具有自反性，在制造痛苦的同时，又与其起源地脱离了联系并很可能超越地域限制，“使这个星球上的所有生命形态都处在危险之中”[4]。当然，他们的研究更多是站在“后现代化”的角度解读经典现代化产生的一系列社会问题，突出了现代化导致的社会“断裂性”（discontinuty）风险，如社会秩序的脱轨、城市与乡村的断裂[5]等。这种经典现代化的主要风险，形成了工业化时代的“风险社会”，人们应“平衡现代性内部的连续性和断裂性这对矛盾”[6]。

与西方发达国家现代化进程的内生性和漫长性不同，我国的现代化进程具有明显的外部性和短促性特征。

1840 年鸦片战争之后，为改变国家积贫积弱、长期遭受外敌凌辱的民族苦难，中国社会各界为谋求实现国家现代化和民族复兴开展了诸多实践探索，但均归于失败。只有在中华人民共和国成立后，我国才真正找到了一条适合自己国情的现代化道路。1954 年 9 月召开的第一届全国人民代表大会，首次明确提出要实现工业、农业、交通运输业和国防的“四个现代化”（简称“四化”）的任务。1956 年，党的八大通过的《中国共产党章

❶ 英克尔斯，史密斯 . 从传统人到现代人——六个发展中国家中的个人变化［M］. 顾昕，译 . 北京：中国人民大学出版社，1992：319.

❷ 孟德拉斯 . 农民的终结［M］. 李培林，译 . 北京：社会科学文献出版社，2005：268–271.

❸ 张鸿雁 . 中国新型城镇化理论与实践创新［J］. 社会学研究，2013（3）：1–14.

❹ 贝克 . 风险社会［M］. 张文杰，何博闻，译 . 南京：译林出版社，2018：7.

❺ 吉登斯 . 现代性的后果［M］. 田禾，译 . 南京：译林出版社，2011：4–6.

❻ 同❹2.

程》又把该任务列入其中。1964 年 12 月，周恩来在政府工作报告中正式提出“四个现代化”，并将其内涵界定为“农业、工业、国防和科学技术的现代化”。自此，“四个现代化”成为我国凝聚社会共识、推动社会发展的基本动力和总体战略目标。

党的十一届三中全会以后，党和国家在深刻总结和吸收中华人民共和国成立以来正反两方面经验教训的基础上，果断而坚决地实行了改革开放，中国经济社会发展取得了举世瞩目的伟大成就，但快速转型发展中的问题与不足也日益显现。因此，2012 年 11 月党的十八大提出了“坚持走中国特色新型工业化、信息化、城镇化、农业现代化道路，推动信息化和工业化深度融合、工业化和城镇化良性互动、城镇化和农业现代化相互协调，促进工业化、信息化、城镇化、农业现代化同步发展”[1]。新型工业化、信息化、城镇化、农业现代化，被认为是党和国家提出的“新四化”。此后，在 2013 年 11 月召开的党的第十八届三中全会上，习近平总书记将全面深化改革总目标设定为“推进国家治理体系和治理能力现代化”，其被认为是我国力图实现的“第五个现代化”。从上述内容可知，我国党和政府视野中的现代化，主要是指宏观层面的社会发展，其内涵和外延有着明显的中国特色和时代气息。然而，我国现代化发展在路径上还存在一定局限性，这种局限在 20 世纪末、21 世纪初已日益显现，顶层制度设计、人员素质和发展理念等方面的改革紧迫性日益凸显。

传统与现代不可分割，但又明显区隔。现代化包括工业化、都市化、普遍参与、世俗化、高度的结构分殊性和高度的“普遍的成就取向”[2]。现代化包括器物技能、制度和思想行为三个层次，本质上是文化与社会的变迁，人的现代化则是最关键和根本的现代化。人的现代化主要是心理态度、价值观和生活方式的改变，是个人与现代社会相适应的认知态度、思想观念、价值取向、行为模式等基本素质的改变，包括观念、态度和行为三个环节。传媒对这三个环节都可以产生影响，特别是对前两个环节，经过一定中介因素，作用更为明显。[3]我国的具体国情使我国在 21 世纪有可

---

❶ 胡锦涛．在中国共产党第十八次全国代表大会上的报告［EB/OL］，(2012-11-18)［2017-11-01］.http://cpc.people.com.cn/n/2012/1118/c64094-19612151-4.html.

❷ 金耀基．从传统到现代［M］. 北京：中国人民大学出版社，1999：98-104.

❸ 李斯颐．传播与人的现代化研究：源流、认识与评价［J］. 新闻与传播研究，2004 (1)：71-80.

能要实现“两次社会转型、两个现代化”，“第一次，是从农业社会向工业社会、从乡村社会向城市社会转型；第二次，是从工业社会向知识社会、从城市社会向城乡动态平衡社会转型”。❶

至此，本书认为，现代化与城市化之间存在着一种互嵌共生的关系——现代化是城市化的内驱动力，城市化是现代化的必然结果和外在表征；除器物和技能等物质层面的衡量标准之外，社会制度、人的思维方式、价值观念和行为方式的现代化和城市化，正日益成为衡量中外现代化与城市化成效的核心要素。

2.3.2 城镇化、农民与大众传媒

城镇化是伴随工业化发展，非农产业在城镇集聚、农村人口向城镇集中的自然历史过程，是人类社会发展的客观趋势和国家现代化的重要标志。城镇化、农民和大众传媒是现代化必然涉及的三大基本要素，农民由分散居住走向集中居住为实现城镇化提供了人口基础，农业发展和农产品交易为实现城镇化提供了经济基础，大众传媒的兴起与发展是推动城镇化和现代化的“倍增器”。

我国与西方国家城市化和现代化的道路不尽相同。西方国家的城市化和现代化是以牺牲农村发展和农民的利益为代价的；我国的城市化和现代化是在“积极发展农业和维护农民利益”的基础上进行的。❷但在20世纪90年代之后，随着我国城市化的兴起，农村空心化、老龄化的现象逐渐出现。农业、农村和农民的现代化，尤其是农民的现代化，正成为我国学界研究的重要课题。

农民的现代化是关系城市化和农村现代化成败的核心因素。E. 罗杰斯和L. 伯德格强调农民的态度、价值观和行为的变迁在推动乡村社会变迁中的重要作用。❸新型城镇化是对传统城镇化的扬弃，在此进程中，应充分发挥大众传媒维护农民正当权益、推动新型城镇化建设的积极作用。

人的现代化，是现代化建设中“人的全面、协调发展的状况和过程”，

---

❶ 尚国敏 . 中国社会现代化的“运河路径”——《中国现代化报告——社会现代化研究》要点解读 [J]. 民主与科学，2006（2）：5–9.

❷ 费孝通 . 中国城乡发展的道路 [J]. 中国乡镇企业，2001（8）：69–71.

❸ 罗杰斯，伯德格 . 乡村社会变迁 [M]. 王晓毅，王地宁，译 . 杭州：浙江人民出版社，1988：55–57，321–336.

主要体现在思想观念方面，具体包括公民意识、开放意识、竞争意识、主体意识、法治意识和可持续发展观六个方面。❶农民现代化关键在于其思维方式与价值观念的现代化。农民思维方式与价值观念的现代化，主要是指由传统保守的思维方式转变为现代进取的思维方式，如乐于接受新事物新观念、准备接受社会的改革和变化、注重现在与未来、守时惜时、讲求效率、重视专门技术等❷。

农民观念的现代化，实质就是农民从乡村走向城镇的过程中观念、行为、态度、知识、心理等方面适应社会环境和社会发展需要的基本素质和素养。当前，我国农民的现代化观念，至少需要在“个人效能、行为方式、信息获取”三个方面加以提升，以帮助农民适应我国城镇化发展进程和社会环境的变化。❸

大众传媒是推动农民走向现代化和城市化的“倍增器”（multiplier），大众传媒的倍增功能主要体现在引领农民转型发展、较快较好地融入现代化和城市化的进程之中。在广大欠发达国家中，大众传媒与国家现代化之间的关联更紧密。

世界上没有哪个地方能抵制现代化的诱惑。❹丹尼尔·勒纳将城市化（urbanization）、读写能力（literacy）、媒介参与（media participation）和政治参与（political participation）作为衡量“人的现代化”的四个基本指标❺，将移情能力、读写能力、媒介接触、城市接触和政治参与情况作为衡量人的现代化的主要变量，认为“城市化”是实现现代化十分关键的第一步。“提升城市化水平就必然带来读写能力的提升，读写能力提升必然提升媒介接触，媒介接触提升就会带来更广泛的经济参与（单位货币的收入）和政治参与（选举）”❻，由此形成了西方经典的现代化模式“城市化→读写能力→媒介接触→收入与选举→现代社会”。

发展中国家应充分重视大众传播在推动国家现代化进程中的作用。发

❶ 郑永廷 . 人的现代化理论与实践［M］. 北京：人民出版社，2006：8–12.

❷ 李晓翼 . 农民及其现代化［M］. 北京：地质出版社，2008：86.

❸ 高红波 . 新媒体对农民现代化观念提升的作用与价值［J］. 新闻爱好者，2013（7）：43–48.

❹ LERNER D. The Passing of Traditional Society：Modernizing the Middle East［M］. New York：The Free Press，1958，Preface，p.vii.

❺ 同❹57.

❻ 同❹46.

展中国家的信息传播承担着看守人、决策者和教育者的角色；信息传播在发展中国家具有看门人作用、政策作用和教育作用。❶

罗杰斯等人的研究表明，公众的读写能力与工业化、城市化和公众政治参与度之间存在内在的相关性。为此，罗杰斯强调发挥大众传媒在农村和农民现代化进程中积极的作用。他认为，传播是实施变革并保证变革安全进行的重要因素❷，并将这种现代化模式概括为“S-M-C-R-E”模式——“信源发出信息，通过一定渠道到达接受者个体，信息接受者对此信息做出回（反）应”❸。在实证研究的基础上，罗杰斯将农民的媒介接触视作“神奇的倍增器”（the magic multiplier），是影响农民现代化的“中介因素（intervening element）”。例如，大众传媒本应在某种程度上弥补农民因地理遥远导致的种种不便，但农民很少通过大众传媒展示自己。通过一部分农民在大众传媒上的展示，有助于引导农民走上现代化之路；另外，农民在报纸、杂志、广播和电视等大众传媒上露脸，使大众传媒成为农民的视野开阔者、信息员和变迁的劝服者。❹

中华人民共和国成立之后，我国的现代化和城市化建设是在一穷二白、极其困难的基础上展开的。我国对现代化和城市化的理解、阐释也经历了不断发展和完善的过程。客观地说，改革开放之前我国的现代化水平与城市化发展，特别是农民的精神状态，与西方学者笔下所描述的国外现代化的情形相比较，二者具有一定的相似性。特别是罗杰斯笔下农民的亚文化特征，基本适合 1978 年我国改革开放之前农民的生存实际。但改革开放至今，我国的经济社会发展、农民的生存状况和城市化的发展都发生了巨大改变。就经济社会发展的宏观层面而言，“我国国内生产总值占世界生产总值的比重由改革开放之初的 1.8% 上升到 15.2%……我国主要农产品产量跃居世界前列，建立了全世界最完整的现代工业体系，科技创新

❶ 施拉姆．大众传播媒介与社会发展［M］．金燕宁，等译．北京：华夏出版社，1990：42-44.

❷ ROGERS E M. Modernization Among Peasants：the Impact of Communication［M］. New York：Holt，Rinehart & Winston，Inc.，1969：48.

❸ 原文为：a source（S）sends a message（M）via certain channels（C）to the receiving individual（R），who responds or reacts to this stimulus with an effect（E）. 引自 ROGERS E M. Modernization Among Peasants：the Impact of Communication［M］. New York：Holt，Rinehart & Winston，Inc.，1969：49.

❹ 同❷37.

和重大工程捷报频传……现在，我国是世界第二大经济体、制造业第一大国、货物贸易第一大国、商品消费第二大国、外资流入第二大国，我国外汇储备连续多年位居世界第一，中国人民在富起来、强起来的征程上迈出了决定性的步伐”❶！

在国家现代化转型发展的进程中，我国农业、农村和农民的基本面貌也发生了巨大改变。其中，最突出的表现，就是随着城市化的推进，我国的城乡关系和社会面貌正发生着前所未有的改变，我国已经由传统的“乡土社会”进入一个全新的“后乡土社会”，农民也处在转型之中。

“后乡土社会”理论认为，改革开放后，我国农村社会在经历快速现代化转型的同时，原有的乡土性特征并没有完全消逝，而是以不同形式和形态维持着，由此构成了具有鲜明中国特色的社会变迁与发展特质。我国社会的后乡土性转换突出体现在三个方面：一是封闭稳定的村落共同体已转换为“流动的村庄”和“空巢社会”；二是依靠土地以农业为主的生计模式已经转换为“农业＋副业”的兼业模式，较多农户的主业已从农业转型为非农业；三是在与现代性文化的交汇融合中，乡土文化正走向分化和多元，越来越多的乡土文化成分离我们渐渐远去，成了社会记忆和非物质文化遗产。上述转换的主要动因，是 1949 年后对乡村社会的一系列改造和改革开放后的市场转型。❷除生计模式发生巨变之外，当前我国农民的职业结构和阶层分化趋势日益明显，主要表现在农民的异质性增大、同质性减少；农民个体自主性明显增强，价值观念和维权意识明显增强，商品交换意识不断增强，社会交往面扩大，对故土和家的依恋比过去淡薄，生活方式改变较大，时间观念明显增强，时效意识增强，讲究科技投入，注重引进先进技术设备，注重学法用法，维护自身权益。❸

中外现代化的实践表明，大众传媒、工业化、城市化都是现代化的产物与表征，也是现代化的“倍增器”。现代化、城市化，归根到底是人的现代化和城市化，当然也包括农民的现代化和城市化。

总的来说，大众传媒、城市化和农民三者之间，存在着一种双向互动的三角关系。经济发展、都市化、工业化、一定程度政治的“普遍参与”、

---

❶ 习近平 . 在庆祝改革开放 40 周年大会上的讲话 [EB/OL].（2018-12-18）[2018-12-19]. http://politics.gmw.cn/2018-12/18/content_32190606.htm.

❷ 陆益龙 . 后乡土中国 [M]. 北京：商务印书馆，2017：9-11

❸ 程贵铭 . 农村社会学 [M]. 北京：知识产权出版社，2006：67-69.

广泛的地理和社会流动、广泛的大众传媒的建立、有效的公共行政制度和“知识遍撒”[1]等，已成为现代社会的基本衡量标准与构成要素。

就现代化与大众传媒的关系而言，一方面，大众传媒本身就是现代化的产物，常被及时引进到现代化大生产中；另一方面，大众传媒产生之后，又以其自身特有的传播优势，向包括农民在内的广大社会公众传递现代化的技术发明、思想观念和生产生活方式。

作为社会主体的农民，无论其主观意愿如何，都难以逃避现代化和大众传媒的影响。特别是作为社会个体的农民，如能顺应现代化的潮流，往往能在发展中赢得主动；相反，则可能变得被动或边缘化。在现代传媒高度发达的媒介化社会里，大众传媒对人的现代化的影响，主要体现为：通过及时有效地信息传递，满足公众的知情权和决策权；通过公平呈现不同观点，满足公众的话语权和表达权；通过传播先进文化，实现精神和价值引领；通过提供公共传播平台，实现利益协商，维护弱者权益。

农民在我国宪法中被赋予与工人平等的领导地位，农民与大众传媒之间的联系渠道也是开放和多元的。然而，受文化程度、传统习惯和地理位置等因素的制约，大多数农民对大众传媒的运用仍是十分有限的。进入21世纪之后，随着农民媒介素养的提高，我国农民利用大众传媒提供的公共传播平台，公开表达自身话语、维护自身权益的事例呈不断上升之势。

2.4 话语表达：新型城镇化的核心要素

话语的实质是利益公开表达。我国的新型城镇化建设，必然涉及广大农民的切身利益和话语表达。科学运用大众传媒维护农民利益、表达农民合理诉求，有利于推动新型城镇化，实现社会的和谐发展。

2.4.1 新型城镇化涉及利益博弈

利益是人类永恒的话题，马克思、恩格斯明确指出，“人们奋斗所争取的一切，都同他们的利益有关”[2]。“利益”一词在英文中的对应词是

❶ 金耀基 . 从传统到现代 [M]. 北京：中国人民大学出版社，1999：94.

❷ 中共中央马克思恩格斯列宁斯大林著作编译局 . 马克思恩格斯全集：第1卷 [M]. 北京：人民出版社，1956：82..

"interest"，源于拉丁文"interesse"，原意为"夹在中间"，后引申为"在非报酬性的东西和事件中包含了某些报酬性的成分"[1]。

在我国，早在殷墟甲骨文中就出现了"利"字。一般认为，"利从刀刈禾"，本意为"收割稻谷"，引申为"有利、宜于、便于"之意，如《周易·本义》说"利，宜也"；《周易·纂言》说"利者，宜於事，如刀之刈禾，顺而便也"。[2]而且，"利"出现得比"义"和"益"要早。在《周易》中，"利字屡见，义字则无"[3]。"利益"合二为一作为一个词，最早出现于《后汉书·循吏列传》中"勤令养蚕织履，民得利益焉"。最早对"利益"展开较系统论述，出自春秋时期管仲《管子·牧民》和西汉时期著名史学家司马迁的《史记·货殖列传》，前者的"仓廪实而知礼节，衣食足则知荣辱"和后者的"天下熙熙，皆为利来；天下攘攘，皆为利往"，成为论述满足人民基本利益的千古名句。

学术界对于"利益"的观点大致可以归纳为以下几种：一是视"利益"为"好处"；二是视"利益"为"需要"[4]；三是视"利益"为"价值"和"有价值的东西"[5]；四是视"利益"为"需要的满足"[6]；五是视"利益"为"财富之和"[7]；六是视"利益"为"社会关系"[8]。上述六种基本界定之中，第一种界定过于简单，后五种界定特别是利益的"社会关系"学说，有一定可取之处。

本书认为，利益源于社会主体的需要，是社会需要和社会关系的体现，可从两个层次上进行界定。从表面上看，利益是需要满足程度的体现，即社会客体对社会主体维护自身存续和发展等需要满足程度的体现；从深层次上看，利益是社会关系（如生产力关系、社会制度）的体现，即

---

[1] 王涌勋．政治学基础［M］．北京：北京大学出版社，1995：50.

[2] 佚名．易经古歌考释·乾坤屯蒙［EB/OL］．（2010-12-06）［2018-08-20］．http://www.360doc.com/content/10/1206/12/803452_75468532.shtml.

[3] 卢斌．当代中国社会各利益群体分析［M］．北京：中国经济出版社，2006：18.

[4] 中国大百科全书编辑委员会．中国大百科全书·哲学卷［M］．北京：中国大百科全书出版社，1982：483.

[5] 张江河．论利益与政治［M］．北京：北京大学出版社，2002：77.

[6] 赵家祥，李清昆，李士坤．历史唯物主义原理［M］．北京：北京大学出版社，1992：294.

[7] 洪远朋，李慧中，陶友之，等．利益关系总论——新时期我国社会利益关系发展变化研究的总报告［M］．上海：复旦大学出版社，2011：57.

[8] 王伟光．利益论［M］．北京：中国社会科学出版社，2010：80-81.

对社会资源的收集、生产、提供、分配与消费等一系列活动所形成的社会关系规则或约定的体现。

现代社会是世俗性很强的市民社会，市民社会最明显的特征就是“用利益导向行为取代了价值导向行为”[1]。在这个社会里，个体和群体行为基本上都可归结为一定的利益关系。

传统的现代化和城市化进程充满着利益博弈，这种博弈既充满着西方特色的“羊吃人运动”，官民冲突等群体事件不计其数。必须承认，我国传统城镇化进程也充满着利益博弈。特别是在20世纪90年代开始到21世纪初，我国加快了新一轮城市化进程，为实现我国向现代化方向迈进奠定了坚实基础，但社会利益博弈导致的社会风险程度明显提高。

新型城镇化战略，既有改变原有落后面貌、改善人居住条件的初衷，也有发挥城镇化建设的经济潜能、刺激经济增长的短期目标，其长远目标是探索出一条“以人为本、四化同步、优化布局、生态文明、文化传承的中国特色新型城镇化道路”[2]，促进经济转型升级和社会和谐进步。

社会变迁是个复杂的系统工程，旧的体制机制、操作习惯、文化传统并不可能在短时间内得以改变。在与新型城镇化完全相适应的体制机制、操作规则和文化习惯尚未完成之前，新型城镇化必然是个充满利益博弈的过程。特别是棚户区改造、老城区改造和农村土坯房改造等工程，必然涉及土地征用、房屋拆迁、安置补偿等城乡居民切身利益。但是，我国新型城镇化建设中的利益博弈，从本质上来说是在全国人民根本利益一致基础上产生的非对抗性矛盾，具有局部性、过程性和暂时性的特征，完全可以通过非对抗性的方法加以解决。[3]

2.4.2 话语表达有利于推进新型城镇化

话语表达，是主体通过特定的媒介和符号公开表达的信息和利益诉求。无论是城市化还是城镇化都必然涉及利益，利益要通过话语才能得以公开表达和实现。中外现代化和城市化的实践表明，充分有效的表达与协

---

❶ 哈贝马斯．合法性危机［M］．刘北成，等译．上海：上海人民出版社，2000：29.

❷《国家新型城镇化规划（2014 — 2020年）》［EB/OL］．（2016-05-05）［2018-08-20］．http://ghs.ndrc.gov.cn/zttp/xxczhjs/ghzc/201605/t20160505_800839.html.

❸ 聂波．城中村土地房屋征收中的利益冲突与协调研究：以中国特色社会主义利益观为视角［M］．北京：社会科学文献出版社，2016：50.

商有利于我国新型城镇化的进程。

“话语”（discourse）一词，最早是由索绪尔在20世纪初提出来的。关于话语的相关研究，最早也是在语言学界展开的，但后来日益拓展到哲学、政治学、社会学和新闻传播学等学科之中。在《普通语言学教程》中，索绪尔把人类语言分为“语言”（langue）和“言语”（parole），并阐述了二者的区别。[1]巴赫金的“超级语言学”理论主张“在人们的对话交际之中，在语言的真实生命之中来研究语言”[2]，将范围由口语扩大到了书面语，但巴赫金仍强调话语的社会性、对话性、主体性和互动性。20世纪70年代前后，以法德学者为代表的欧洲学派转向结合语境揭示隐藏在话语背后的意识形态、权力和其他社会因素及这些社会因素之间的相互影响与作用机制，弥补了传统语言学和英美学派研究的不足，形成了批判性理论（critical discourse analysis，CDA）。20世纪90年代后，澳大利亚悉尼大学教授詹姆斯·马丁（James Martin）提出了积极性理论（positive discourse analysis，PDA）以“建构一个更加美好的世界”[3]，多模态分析则是积极性理论中较成熟的路径。

话语表达，实质上是社会主体的权力、利益和意识形态凭借一定媒介在特定语境中的公开表达。当前，我国已经进入从传统农业社会向现代化社会转型加速时期，个别的社会矛盾常以特定的话语方式表达出来。

征地拆迁是城市化进程中必不可少的环节，涉及地方政府、开发商和农民（农村基层组织）三大不同主体的话语表达和利益博弈。①地方政府方面。在土地征收、出售环节，地方政府的话语依据主要是现行制度框架与赋权，其话语方式主要是政府的文件通知、媒体新闻宣传、相关人员入户宣讲等。②开发商方面。开发商的话语依据是通过市场竞价获得土地，其话语方式主要是项目营销，具体包括实物展示、人际传播、媒体宣传、公关宣传等。③失地农民或拆迁户方面。他们主要通过当地政府下发的征地拆迁补偿款或社保医保等获得利益补偿，其话语方式只有两种可能——签订协议获取补偿，或守住土地（房产），其话语依据是现行法律（如

---

[1] 裴文·索绪尔：本真状态及其张力［M］.北京：商务印书馆，2003：157.

[2] 刘富华，孙维张.索绪尔与结构主义语言学［M］.长春：吉林大学出版社，2003：239.

[3] JAMES R MARTIN. Positive Discourse Analysis：Solidarity and Change Resource［J］. Revista Canaria de Estudios Ingleses，2004（49）：179-200.

《物权法》等），话语方式是拖延、抬价、找关系，通过新闻报道、法律诉讼或暴力等方式维权，但成功案例不多。

总体来看，传统城市化进程中，由于种种原因，地方政府、开发商和农民（拆迁户）三者的力量失衡现象长期存在，三者的利益与话语博弈从未停止。平等协商式的话语表达有利于解决现代化和城市化进程中的利益矛盾与冲突，有利于维护社会的安定与和谐。

城镇化进程中，我国农民已经形成了“以经济话语为主导、多元话语并存”的话语格局并呈现鲜明的特征。[1]党的十八大以来，在新型城镇化推动过程中，党和国家大力践行“五位一体”和“城乡一体化”发展战略。据此，本书将农民的话语分为政治、经济、社会、文化和生态环保五个基本维度。

政治话语，是指社会生活中主要涉及政治制度、政治价值和政治意识形态的话语。政治话语的涵盖面很广，包括政权架构、政党制度、国家制度、法律制度、外交国防、公民权益等。目前，包括我国公民的政治话语，具有普遍性、多元性和强烈性等特点，如何有序释放公民的政治诉求已显得日益重要；当经济利益得不到满足、社会关注的焦点得不到解决、政治权利得不到行使时，就会产生政治诉求。[2]城市化和现代化进程中，依法治国、反腐倡廉、公平正义及公民的“四权”（知情权、参与权、表达权、监督权）等基本权益都具有明显的政治色彩，属于政治话语的范畴。

经济话语，是指社会生活中主要涉及经济成本、经济收益和经济活动的话语。经济话语与人的生存延续息息相关，处于决定性的基础地位，涵盖面十分广泛。在城市化和现代化进程中，土地征用、房屋拆迁、基础建设、农田水利、山林确权、政府补贴、金融信款、企业税费、“三大产业”（农业、工业和服务业）等都与经济密切相关，属于经济话语的范畴。

社会话语，是个较宽泛的概念。从学理层面和广义角度上来看，人类社会的所有现象和问题都是社会性的，人类的所有话语都可归入社会话语的范畴。本书对社会话语的界定，主要是从狭义角度展开的，即将在社会一定范围内普遍存在、涉及面较广，在其他领域虽有涉及但并未专门或深入涉及的话语纳入此范畴之中，特别是社会生活中涉及劳动就业、社会民

[1] 郑涛 . 城镇化进程中失地农民利益诉求问题研究 [D]. 武汉：华中师范大学，2013：101.

[2] 王瑞 . 我国当前的政治诉求问题探析 [J]. 传承，2011（26）：87-88.

生、社会保障等方面的诉求，如就业、社保、医保、低保、留守儿童、留守老人、“失独”老人、赡养老人等方面的内容。

文化话语，是指涉及文化方面的话语。文化有大文化（广义文化）与小文化（狭义文化）之分。在谈及文化时，本书总体上采用的是广义的文化界定，即将人类物质和精神生产的一切成果，包含有形的器物、典章制度及宗教教义和社会习俗等精神产品均视为文化。但为了后文方便操作，特别是在作内容分析时，本书更多地从狭义上对文化进行界定，即主要指人类的精神文明成果，包括典章制度、宗教教义、生活习俗、伦理道德、价值信仰、意识形态等方面；另外，因教育、科技、卫生、体育和娱乐与文化紧密相关，本书将涉及教育、科技、卫生、体育和娱乐方面的诉求也一并纳入文化话语的范畴。

生态话语，主要是指涉及生态环境和环境资源的开发与利用、治理与保护等方面的诉求，包括空气、水质、土壤、植被等的污染、破坏与整治等。

其他话语，是指无法按上述五个维度进行界定和归类的话语。在实际操作中，若遇话语兼具上述五个维度中两个或两个以上者，则视其话语的实际主要指向，根据话语的接近性原则将其归入某个主要话语。如无法简单归类，则将其归入其他话语之中，但对此类划分将严格控制数量和比例，以保证证本书的严谨性，尽可能减少实际操作中的误差。

2.4.3 大众传媒应成话语表达的公共平台

因利益分配不公平不均衡引发的社会矛盾与冲突，甚至整体性社会动荡和政权更迭的事件，在世界范围内并不鲜见。

改革开放以来，我国各方面事业取得了令人瞩目的伟大成就，但我国新型城镇化也面临两大现实困难：一是“人民日益增长的美好生活需要和不平衡不充分的发展之间的矛盾”[1]已成为我国现阶段的主要矛盾；二是不同利益主体的诉求日趋多元，不同主体之间因利益矛盾引发社会冲突的风险增大。

因此，在我国现代化和新型城镇化进程中，我国大众传媒特别新型主流媒体应成为维护公众合法利益、引导和教育公众正确表达的公共平台，

❶ 习近平 . 在中国共产党第十九次全国代表大会上的报告 [EB/OL].（2017-10-27）[2018-10-28].http://www.china.com.cn/19da/2017-10/27/content_41805113.htm.

而不是简单的新闻宣传媒介。这种公共平台建设的最终目标，是在宪法和法律的框架之内，建立起有助于社会公众表达自身合理话语、沟通顺畅的利益表达机制。

我国执政党的性质、宗旨，为我国大众传媒成为农民利益与表达的公共平台奠定了坚实的理论基础。中华人民共和国成立之后，我国大众新闻传媒一贯被视为“党和人民的耳目喉舌”，党和国家历代领导人向来强调党的利益与人民利益的一致性，强调党性和人民性的有机统一。1949年之前，毛泽东同志在《对〈晋绥日报〉编辑人员的谈话》中就指出，我们的新闻工作“就是要教育群众，让群众知道自己的利益，自己的任务，和党的方针政策”[1]。邓小平、江泽民、胡锦涛和习近平等领导人，结合时代特征，继承并发展了毛泽东的新闻思想。特别是党的十八大以来，以习近平同志为核心的党中央坚持“以人民为中心”的发展理念，强调“党的利益与人民利益相统一”，“党没有自己的特殊利益，人民的利益就是党的利益，人民的追求就是党的追求”[2]。

在实践层面，中华人民共和国成立之后，中国共产党领导下的新闻媒体，特别是各级党报、电台、电视台，通过设立群众工作部（简称“群工部”）、接待读者来信来访、开设“读者来信”专栏公开刊登读者来信等多种方式，在反映群众呼声、维护群众合法权益等方面发挥了重要作用，体现了人民群众的主人翁地位，彰显了“政治家办报”的气质。20世纪90年代中后期以来，党和政府一再强调新闻媒体要坚持“三贴近”（贴近生活、贴近群众、贴近实际）。所有这些，都为我国新闻媒体成为社会公众话语表达的公共平台提供了可能。

当代中国已经进入到社会利益结构高度分化的阶段，因为利益分化，社会产生了重新整合的需要；同时，不同利益主体在社会政策上又往往具有一致性的倾向。在此情况下，党和政府的主要职责已由利益的分配者变成了利益的协调者，其目标应该是“实现利益分配的相对公平和维持社会的稳定发展”[3]。换言之，利益协调与平衡已成为党和政府制定和执行公共

[1] 毛泽东．毛泽东选集：第4卷［M］．北京：人民出版社，1991：1319.

[2] 本书编写组．习近平新闻思想讲义［M］．北京：人民出版社，学习出版社，2018：58-59.

[3] 梁波．当代中国社会利益结构变化对政治发展的影响［M］．兰州：兰州大学出版社，2007：21-22.

政策的重要基点。基于此，我国新闻媒体也应适时实现角色转型——由单一的宣传者转变为“宣传＋服务”者，即新闻媒体应在坚持正面宣传、传递正能量的同时，积极反映社情民意，将自己打造成为社会各界利益与话语表达的公共平台，使各方利益和意愿得以表达和平等理性地协商，从而起到疏解社会矛盾冲突、促进社会和谐稳定的作用。

作为公共政策、公众利益表达平台的大众传媒，其信息传播包括三个基本向度：上传、下达和横传。媒体的上传下达是否通畅直接影响国家机器的运转[1]，发挥国内新闻媒体的利益沟通平台功能、实现舆论通畅，可以沟通社情民意，形成社会共识，缩短公众议程和党政议程的时间间距，增强公共政策的科学性、透明度和执行力。

作为公共平台的大众传媒，在我国新型城镇化进程中承担的角色功能主要体现在以下三个方面：一是作为党政主管部门发布涉及新型城镇化公共政策的平台，如建设规划、征地和拆迁补偿标准的公示等；二是作为公共政策涉及的利益主体表达意见和观点的载体，如农民对征地、拆迁和补偿的标准及执行中的意见表达，相关部门和经办人员的回应等；三是作为相关政策执行情况的监督者，相关问题的揭露者，以及媒体表达自身立场和观点的平台。

❶ 谢炜．中国公共政策执行中的利益关系研究［M］．上海：学林出版社，2009：196.

3　新型城镇化进程中农民话语与媒介接触的实证调查

研究新型城镇化进程中农民与媒介话语表达的互动，首先要研究新型城镇化进程中农民的话语、媒介接触及二者之间的关联性。本章重点结合问卷调查获得的第一手数据，就此方面的内容展开具体阐述。

3.1　问卷调查的设计与实施

新型城镇化涉及成千上万农民，农民对新型城镇化的认知如何？有何话语？其媒介接触与效果如何？这些问题，构成了本书实证研究的逻辑起点。

3.1.1　问卷调查的设计

本章着重对新型城镇化进程中的农民话语及其媒介话语表达等进行实证调查。根据研究主题和需要，实证调查主要采取抽样问卷调查法、模型分析法和访谈法（结构访谈和半结构访谈）进行，目的在于获得第一手数据，以便开展后续研究。在已有成果基础上，本书运用社会分层、利益及“需求－满足”理论设计问卷，所获调查数据采用 SPSS 16.0 和 Excel 等软件进行统计分析。

调查问卷主要包括以下五方面的内容：①个人基本信息，主要包括性别、户口性质、年龄（周岁）、常年居住地、在本地连续居住的时间、文化程度、婚姻状况、健康状况、家庭人口[1]、主要收入来源、年毛收入[2]等。

---

[1] 指常年居住在一起的家庭核心成员，不含已成家立业且单独居住或虽未成家立业但常年单独居住的家庭成员。

[2] 指不计支出的年毛收入，单位为元。

②媒介拥有与使用情况，主要包括家庭现有的媒介品种与数量、使用电脑或手机上网情况、上网所用社交软件情况等。③对新型城镇化的认知，主要包括对新型城镇化的了解程度、最早获知新型城镇化的渠道或方式、对国家开展新型城镇化建设目的的认知、对农民进城定居所需素质或能力的认知、对新型城镇化或新农村建设中新闻媒体作用的期待与认知等。④新型城镇化建设中的利益诉求是实证调查的重点，主要从政府治理、经济建设、社会保障、文化建设和生态环保五个维度设计问卷，考察农民在新型城镇化进程中的现实需要、困难、想法及其求助新闻媒体的情况。⑤新型城镇化中媒介接触及效果是实证调查的另一个重点，主要从两个维度考察：其一，考察农民日常生活中接触媒介的内容（特别是新闻和涉农新闻）；其二，这些媒介内容对农民的语言表达、思维观念、日常行为等方面产生的影响。

深度访谈部分，主要采用两种方式进行：一是结合调查问卷进行。首先，在进行问卷调查过程中或结合问卷调查后的数据，根据社会分层理论和研究需要选择、确定深度访谈对象；其次，依托“是什么—为什么—具体事例”的逻辑路径进行深度访谈，访谈采取结构式与半结构式相结合的方式进行。二是围绕研究主题但未必结合问卷展开。此类访谈，主要是针对特定的访谈对象（如宣传部门和新闻媒体的领导、记者编辑、农村干部、劳动模范、人大代表、政协委员及具有典型意义的农民等）进行，目的是获得更深层次的信息，保证研究的深度和广度。

3.1.2 问卷调查的实施

正式调查之前，笔者在文献整理的基础上进行了认真的问卷设计和试调查，通过向专家请教、反复修改和试调查，最终定稿。

根据社会分层理论和我国经济社会发展的地区差异，在实地调研时，本书抽样问卷调查的地点覆盖东、中、西部并以中西部省区为主，具体包括广东、浙江、江西、湖南、湖北、安徽、山西、河南、黑龙江、广西；受访者全为具有农业户籍（含 2014 年 12 月新改为“非农”户籍的农业户籍人口）、年龄在 18 ~ 65 周岁的当地常住人员。在全国发放调查问卷 1100 份，收回有效问卷 957 份，有效问卷回收率 87%。有效样本分布如下：江西 535 份，广东 184 份，湖北 67 份，湖南 20 份，浙江 8 份，广西 49 份，安徽 34 份，黑龙江 20 份，河南 20 份，山西 20 份。

本次调查样本具有以下特征：男女性别比例基本平衡（男女性别比为 46.6 ：53.4）；农业户籍者居多（农业与非农户籍比为 63 ：37）；以 16 ~ 55 周岁者为主且分布基本平衡；以农村（含乡 / 圩镇）和城中村为主，在当地连续居住五年以上者占绝大多数（占总体样本量 72.6%）；初中和高中（含中专 / 职高）学历为主（占总体样本量 72.4%）；以身体健康（占总体样本量 97.6%）的已婚人员（占总体样本量 81.5%）为主；个人年收入 1 万 ~ 3 万元者居多（占总体样本量 63.6%）；在家庭方面家庭人口以 3 ~ 4 人居多，普通职工（含外出务工）以工资为主要收入来源（占总体样本量 71.2%），家庭年总收入主要集中在 2 万 ~ 6 万元（占总体样本量 62.2%）。

3.2　农民对新型城镇化的认知与期待

农民对新型城镇化的知晓度必然影响新型城镇化的实施进程。农民对“新型城镇化”的认知有限但较理性，期待新闻媒体在新型城镇化进程中发挥积极作用。

3.2.1　农民新型城镇化的认知程度

调查发现，农民对“新型城镇化”的认知度十分有限。数据显示，一半以上的农民表示对新型城镇化处于“根本不了解”和“不太了解”的状态（二者合计占总体样本量 56.1%），表示对新型城镇化“了解较多”的仅占 5.0%。具体数据如表 3.1 所示。

表 3.1　农民对“新型城镇化”的了解程度

类目	百分比（%）
未填	0.8
根本不了解	14.2
不太了解	42.0
了解一点	37.6
了解较多	5.0
了解很多	0.4

通过将农民的性别、户籍、年龄、文化程度、婚姻状况、收入来源等个人信息与其对新型城镇化的了解程度进行相关性分析后发现，农民对新型城镇化的了解程度为：①与农民的性别负相关（p=0.000，r=−0.118**）[1]，与农民的文化程度和健康状况均正相关（p=0.000，r=0.128**），但均为低度相关。②与农民的年龄、户籍、居住地、居住时长、婚姻状况、家庭人口、收入来源（职业）均不存在相关性，具体数据分别为：p=0.706，r=−0.012；p=0.952，r=0.002（户籍改革前）；p=0.682，r=0.013（户籍改革后）；p=0.391，r=0.028；p=0.843，r=−0.006；p=0.654，r=0.015；p=0.947，r=−0.002；p=0.621，r=0.016。

3.2.2 农民对新型城镇化的认知渠道

电视、网络、熟人亲友和地方干部（含村干部），是农民知晓“新型城镇化”的四大主渠道。在回答“您最早通过什么渠道或方式知道新型城镇化”（选答题）时，有 49.7% 的农民跳过未答；在已填答者中，“电视”占 22.6%，“网络”占 7.9%（电脑上网占 4%，手机上网 3.9%），“熟人亲友”占 7.3%，“地方干部（含村干部）”占 6.8%。

据此可知，大众传播（以电视和网络为主）和人际传播（以亲朋好友和当地干部为主）是农民知悉新型城镇化战略的两大传播渠道，其原因主要在于上述传播渠道在农村具有各自明显的传播特征。例如，电视在农村的普及率和使用率高；亲朋好友和当地干部具有人际传播的亲和力和可信度；网络虽有信息及时、海量等优势，但在农村存在覆盖和使用成本较高的问题，导致其在农村的普及率和使用率不高。随着智能手机的普及，上网已成为农民获取信息、了解外部社会变迁的重要渠道，但由于电脑、网络和 WiFi 路由器等在农村的普及率较低，农民使用电脑和手机上网的频率、普及率总体不如城市。

3.2.3 农民视界中的“新型城镇化”与媒介期待

本书从“新型城镇化建设的目的”“农民进城定居需具备的素质或能

[1] p 表示显著性水平，r 表示相关系数，附有 ** 的相关系数表明在 0.01 的水平上存在明显的相关性。显著性水平为 0.01 时，统计检验的相伴概率小于等于 0.01，以下同。

力”“新型城镇化建设中新闻媒体的作用”三个维度设计多选题[1]，以考察农民视界中的“新型城镇化”。

调查显示，对新型城镇化建设有一定了解的农民，对国家新型城镇化建设目的的认知和新闻媒体的作用预期呈现理性、多元的特征。特别是其对国家新型城镇化建设目的的认知，与党和国家新型城镇化的战略目标基本吻合。

农民对国家推行新型城镇化战略的目的（多选题）认知，既包含农民对国家新型城镇化的目的认知，也包含农民对国家新型城镇化发展战略的期待。调查显示，在8个备选项中，“改善农村基础设施”“改善农村生态环境”“拉动经济增长”居前三位。具体数据如下：“改善农村基础设施”占64.2%，“改善农村生态环境”占44.6%，“拉动经济增长”占40%，“使农民享受市民待遇”占39.1%，“加强农村管理”占23.6%，“促进产业转型升级”占23.1%，“保护农村优秀文化”占11.9%，“其他”占1.4%。

城镇化是消除我国长期存在的城乡二元结构、推动区域协调发展、促进社会全面进步的必然要求和途径。

农民对进城定居需要具备的素质（能力）认知如何？调查显示（多选题），“讲文明礼貌”“有一技之长”“讲究诚信”和“有文化爱学习”在11个选项中位居前四。具体数据如下：“讲文明礼貌”占53.6%，“有一技之长”占51.5%，“讲究诚信”占43.4%，“有文化爱学习”占37.6%，“会交朋结友”占16.3%，“重视团队合作”占8.6%，“时间观念强”占9.3%，“维权意识和能力”占20.1%，“宣传意识和能力”占5.6%，“参政意识和能力”占3%，其他占0.6%。

新闻媒体可通过“拟态环境”影响人的思想认识、行为决策和社会舆论，特别是在为农民传播现代思想道德、培养农民主体意识、说服农民接受社会变迁等方面发挥积极作用。传播学研究表明，农民接触新闻媒体的过程实质是其预期需求得到满足的过程。

针对当前“农民对新型城镇化或新农村建设中新闻媒体的心理预期如何？”（多选题）这一调查，在8个选项中居前三位的依次是“反映百姓心声、维护百姓利益”“提供实用信息、帮助农民致富”“宣传

[1] 多选题的累计百分比会超过100%，以下同。

政策法律、实现舆论导向”。具体数据如下：“反映百姓心声、维护百姓利益”占 61.3%，“提供实用信息、帮助农民致富”占 54.6%，“宣传政策法律、实现舆论导向”占 47.8%，“普及科学文化、破除封建迷信”占 26.4%，“揭发坏人坏事、批评不正之风”占 25%，“报道工作成就、宣传好人好事”占 21.1%，“提供休闲娱乐、增加生活乐趣”占 13.5%，“其他”占 0.9%。

3.3 新型城镇化进程中农民的需求与期盼

新型城镇化的目标在于实现城乡一体化发展、提升国家现代化的整体水平。目前，农民有哪些现实需要？最想解决的困难（问题）是什么？最希望党和政府做好哪些方面的工作？为深入探析上述三个方面的问题，本书从政治、经济、社会、文化、环保五个维度设计问卷进行调查。

3.3.1 新型城镇化进程中农民的现实需求

为考察农民当前最迫切、最现实的话语，本书在调查问卷中设计了“目前你最想解决的问题（困难）”8 个选项。下面，笔者结合描述性和相关性分析的数据进行阐述。

描述性分析是数据统计分析的基础，主要包括频次分析、数据描述、交互分析、分组求均值、中位数及众数，目的在于通过文字或图表等形式，将特定样本相关测量变量的频次分布等数据进行整理、计算和呈现，以使人们对相关数据有直观认知。

相关性分析主要用来分析两个或两组不同变量之间的相关程度，用相关系数 r 表示变量之间的相关性。本书主要将农民的个人特征与其现实话语进行相关性分析，意在分析新型城镇化进程中农民利益的形成机制。

调查数据的描述性分析结果表明，新型城镇化进程中农民最急于解决的现实困难（问题）主要体现在增加收入、培养孩子、改善住房、赡养老人和技能培训上，而落户城市并非农民急需解决的问题。具体数据见表 3.2。

表 3.2 目前农民最想解决的现实困难

变量	人数	比例（%）	变量	人数	比例（%）
增加收入	556	58.1	技能培训	51	5.3
培养孩子	151	15.8	职务升迁	20	2.1
改善住房	106	11.1	落户城市	13	1.4
赡养老人	52	5.4	其他	8	0.8

从相关性分析来看，农民目前最想解决的困难与农民的性别、户籍、年龄、居住地、居住时长、文化程度、婚姻状况、健康状况、家庭人口、主要收入来源等因素具有较弱的相关性❶，具体数据见表 3.3。

表 3.3 人口特征与农民最想解决的困难相关性分析数据汇总

数值	性别	户籍（现）	户籍（前）	年龄	居住地	居住时长	文化程度
p	0.503	0.757	0.482	0.896	0.434	0.315	0.250
r	0.022	−0.010	−0.023	−0.004	−0.025	−0.033	−0.037
数值	婚姻状况	健康状况	家庭人口	收入来源	个人年收入	家庭年收入	
p	0.358	0.383	0.473	0.170	0.534	0.443	
r	0.030	0.028	0.023	−0.045	−0.020	0.025	

交叉列联分析表明，农民当前最迫切的需求与其人口特征有一定关联。

其一，从性别来看。统计结果显示，在“增加收入”“培养孩子”“改善住房”“赡养老人”“技能培训”和“落户城市”的选择上，性别差异仍然存在。不同性别选择“增加收入”的比例均居首位，但男性选择“增加收入”的比例高于女性（61.9%：54.8%），说明男性在“增加收入”方面的诉求高于女性。同理，女性在“改善住房”“培养孩子”和“落户城市”方面的诉求高于男性（12.9%：9%，18.4%：12.8%，1.8%：0.9%），男性在“赡养老人”和“技能培训”方面的诉求则高于女性（6.3%：4.7%，

❶ 根据统计学的标准，一般以显著性水平 p 值和相关系数 r 值作为判断标准，若 $0<|r|\leqslant 1$，则二者存在相关性。如 $|r|>0.8$，表示两个变量之间存在较强的线性关系（强相关）；如 $|r|<0.3$，表示两个变量之间存在较弱的线性关系（弱相关）。

6.1%：4.7%）。

其二，从户籍来看。2013 年 11 月，我国开始了新的户籍改革，本书以新一轮户籍改革后农民现在的户籍情况进行统计分析。结果显示，现为非农户籍的农民，在“增加收入”“改善住房”“落户城市”“技能培训”方面的诉求，均要高于现仍为农业户籍的农民；现为农业户籍的农民在“培养孩子”“职务升迁”上的诉求，要高于非农户籍者。具体数据见表 3.4。

表 3.4　户籍状况与农民最想解决的困难交叉列联分析数据汇总　（单位：%）

户籍状况	职务升迁	增加收入	改善住房	培养孩子	赡养老人	落户城市	技能培训	其他
农业户籍	2.3	56.7	10.4	18.9	5.3	1.0	4.8	0.5
非农户籍	1.7	60.5	12.1	10.5	5.6	2.0	6.2	1.4

其三，从年龄来看。统计发现，除 66 岁以上的受访者外，其他各年龄段一半以上的农民均选择“增加收入”，16 ~ 25 周岁的青年农民和 46 ~ 55 周岁的中年农民选择“增加收入”的比例更高；“改善住房”的诉求主要体现在 36 岁以上的中年和老年农民身上，且 66 岁以上的老年农民比例最高；“培养孩子”的诉求，以 26 ~ 45 岁的青年和中年农民为主，比例最高者是 36 ~ 45 岁的中年农民，其次是 26 ~ 35 岁的青年农民；“赡养老人”方面的诉求主要集中在 56 岁以上年龄段的中老年农民身上，66 岁以上的老年农民对此的诉求最高；“技能培训”方面的诉求主要集中在 35 岁以下的中青年农民身上，特别是 16 ~ 25 岁的青年农民对此诉求最强。具体数据见表 3.5。

表 3.5　年龄与农民最想解决的困难交叉列联分析数据汇总[1]　（单位：%）

年龄区间	职务升迁	增加收入	改善住房	培养孩子	赡养老人	落户城市	技能培训	其他	总计
16 ~ 25 岁	2.50	62.60	9.80	8.00	4.30	1.20	10.40	1.20	100
26 ~ 35 岁	2.50	58.20	9.00	19.30	3.30	2.00	5.30	0.40	100

[1] 为节省篇幅，本表格中的百分比由笔者根据 SPSS 软件的交叉列联中“within 年龄”的分析数据重新整理而成。

续表

年龄区间	职务升迁	增加收入	改善住房	培养孩子	赡养老人	落户城市	技能培训	其他	总计
36 ~ 45 岁	1.80	54.00	11.80	22.10	4.80	1.50	2.90	1.10	100
46 ~ 55 岁	1.60	62.00	13.00	10.40	6.80	1.00	5.20	0.00	100
56 ~ 65 岁	3.10	52.30	10.80	15.40	12.30	0.00	3.10	3.10	100
66 岁以上	0.00	28.60	28.60	0.00	42.90	0.00	0.00	0.00	100

其四，从居住地域看。交叉列联表分析发现，“增加收入”仍是当前我国农民的主要诉求，且居住在郊区和乡（圩）镇的农民在增加收入方面诉求强于居住在市区（县城）和普通农村的农民。访谈结果表明，主要原因在于居住在郊区和乡（圩）镇的农民在消费观念、消费水平等方面表现出较明显的城市化倾向，但其经济来源较市区（县城）却更有限——支出与收入之间的张力，是其主要原因。这也体现在“改善住房”方面的诉求之中。数据分析表明，居住在郊区的农民改善住房的愿望最强烈。访谈结果表明，郊区农民的住房，基本上是参照市区（县城）的设计和装修风格进行的，很多郊区农民都在市区（县城）购买了房子作为孩子的婚房，这是城市化最明显而直观的体现 。居住在郊区的农民，在“技能培训”方面的诉求也比居住在其他地域的农民略强些。在“培养孩子”方面，居住在乡（圩）镇和普通农村的农民的诉求高于居住在市区（县城）的农民的诉求；居住在普通农村和市区（县城）的农民，在“赡养老人”方面的诉求比居住在乡（圩）镇和郊区的农民更强。具体数据见表 3.6。

表 3.6　常年居住地与农民当前最想解决的困难交叉列联分析❶　（单位：%）

常年居住地	职务升迁	增加收入	改善住房	培养孩子	赡养老人	落户城市	技能培训	其他	总计
普通农村	2.20	56.50	9.60	18.30	5.90	1.20	5.60	0.60	100.00
乡（圩）镇	1.70	58.60	7.80	20.70	5.20	0.90	5.20	0.00	100.00
郊区	0.00	60.00	16.70	11.10	3.30	1.10	6.70	1.10	100.00
市区（县城）	3.60	56.70	10.70	14.30	6.20	1.80	5.80	0.90	100.00

❶ 为节省篇幅，本表格中的百分比由笔者根据 SPSS 软件的交叉列联中“within 常年居住地”的分析数据重新整理而成。

其五，从在当地连续居住的时长来看，具体数据见表 3.7。

表 3.7　居住时长与目前农民最想解决的困难交叉列联分析数据汇总

在当地连续居住的时长		目前农民最想解决的困难								合计
		职务升迁	增加收入	改善住房	培养孩子	赡养老人	落户城市	技能培训	其他	
未填	样本数（例）	2	15	4	4	0	0	2	1	28
	在当地连续居住时间占比（%）	7.1	53.6	14.3	14.3	0.0	0.0	7.1	3.6	100.0
不足 1 年	样本数（例）	0	37	4	10	1	1	7	0	60
	在当地连续居住时间占比（%）	0.0	61.7	6.7	16.7	1.7	1.7	11.7	0.0	100.0
1 ~ 3 年	样本数（例）	2	60	10	23	7	2	5	0	109
	在当地连续居住时间占比（%）	1.8	55.0	9.2	21.1	6.4	1.8	4.6	0.0	100.0
3 ~ 5 年	样本数（例）	0	37	4	10	7	2	5	0	65
	在当地连续居住时间占比（%）	0.0	56.9	6.2	15.4	10.8	3.1	7.7	0.0	100.0
5 年以上	样本数（例）	16	407	84	104	37	8	32	7	695
	在当地连续居住时间占比（%）	2.3	58.6	12.1	15.0	5.3	1.2	4.6	1.0	100.0
总计	样本数（例）	20	556	106	151	52	13	51	8	957
	在当地连续居住时间占比（%）	2.1	58.1	11.1	15.8	5.4	1.4	5.3	0.8	100.0

从表 3.7 可知，少数未填答者（计 28 例）占有效样本的 2.92%；在明确了在当地连续居住时长的受访者中，“增加收入”的话语共性较强，但也存在一定差异。例如，在当地连续居住 5 年以上者（有效样本数最多，计 695 例，约占有效样本的 72.6%）中选择“增加收入”者的比例为 58.6%；而在当地连续居住不足 1 年者（有效样本最少，计 60 例，约占总有效样本的 6.3%）中选择“增加收入”者的比例为 61.7%，比例最高。这

表明，在当地居住时间不足 1 年者对“增加收入”的诉求强烈。

调查显示，在“改善住房”方面，在当地连续居住 5 年以上者的需求最强烈（12.1%）；居住 1 ~ 3 年者在“培养孩子”方面的需求最强烈（21.1%）；居住 3 ~ 5 年者在“赡养老人”和“落户城市”方面的需求最强烈（10.8%，3.1%），在当地居住时间不足 1 年者在“技能培训”方面的诉求最强烈（11.7%）。

其六，从文化程度来看。本科以上学历层次者在本次调查中所占样本数较少，符合当前我国农村的基本实际情况，即当前农民的学历层次主要以初高中为主，本科及以上学历者较少。统计结果显示，农民在“职务升迁”“增加收入”和“技能培训”方面的诉求，总体存在随文化程度的提高而上升的趋势，并在“小学及以下”到“大专”的学历层次中表现特别明显。“小学及以下”“初中”和“高中（中专 / 职高）”三个学历层次的受访者选择“培养孩子”的比例要高于其他学历层次者，具体数据见表 3.8。

表 3.8　文化程度与农民最想解决困难的交叉列联分析数据汇总　（单位：%）

文化程度	职务升迁	增加收入	改善住房	培养孩子	赡养老人	落户城市	技能培训	其他
小学及以下	1.1	54.5	14.8	17.0	8.0	2.3	2.3	0.0
初中	0.7	56.7	11.8	18.9	5.4	1.2	4.0	1.2
高中（中专 / 职高）	1.5	61.1	8.5	15.6	5.2	1.1	6.3	0.7
大专	4.5	62.5	10.7	7.1	6.2	0.9	8.0	0.0
本科及以上	11.5	54.1	11.5	8.2	1.6	3.3	8.2	1.6

其七，从主要收入来源看。主要收入来源与其职业和社会阶层紧密相关，因此，本书考察农民主要收入来源目的的背后是考察农民的社会阶层分布与其话语之间的关联性。从表 3.3 可知，农民的主要收入来源与其目前急于解决的困难之间不存在明显的相关性。交叉列联表分析再一次表明，农民的收入来源及其社会阶层分布与其话语之间的关系不大。例如，普通进城务工农民或打工者因其在样本中所占比重最高，因此从绝对数据来看，普通打工者的各类话语均较明显。

但是，从相对数据来看（即某类人员对特定项目的选择在其同类中

所占比例），我们也发现了一些值得关注的现象。例如，专业种养户和管理干部（含村干部）在“增加收入”方面的诉求，要比其他社会阶层的人员高——前者的相对数据为 6/8，占 75%；后者的相对数据为 27/42，占 64.3%。另外，离（退）休人员、普通打工者和依靠亲人赡养者在“改善住房”方面的诉求较强，相对数据分别为 14.3%、12.1% 和 12%。

3.3.2 新型城镇化进程中农民的治理期盼

新型城镇化进程中，农民对社会治理有何期盼？为弄清此问题，本书考察了当前农民对党和国家的期盼，设计了“目前您最希望党和国家做好的事情是什么”的问题，并从政府管理、经济建设、文化建设、社会保障和生态环保五个方面设计了 25 个选项进行调查，具体数据见表 3.9。

表 3.9 目前农民最希望党和政府做好的事项

分类	变量	频次	比例（%）
政府管理	提高干部素质	188	19.6
	强化信息公开	107	11.2
	办事公平公正	639	66.8
	放松新闻管制	12	1.3
	其他	11	1.1
	合计	957	100.0
经济建设	改善基础设施	321	33.5
	提供贷款便利	114	11.9
	增加农业补贴	461	48.2
	减轻私企负担	46	4.8
	其他	15	1.5
	合计	957	100.0
文化建设	提高教学质量	514	53.7
	建设文化场所	164	17.1
	保护传统技艺	82	8.6

续表

分类	变量	频次	比例（%）
文化建设	加强农民培训	180	18.8
	其他	17	1.7
	合计	957	100.0
社会保障	提高社保标准	298	31.1
	提高征地补偿	107	11.2
	放宽医保报销	424	44.3
	合理分配保障房	114	11.9
	其他	14	1.4
	合计	957	100.0
生态环保	清理农村垃圾	295	30.8
	保护山林植被	110	11.5
	保护饮用水源	298	31.1
	治理空气污染	239	25.0
	其他	14	1.4
	合计	957	100.0

从表 3.9 可知，“办事公平公正”“增加农业补贴”“提高教学质量”“放宽医保报销”“保护饮用水源”，分别是农民在政府管理、经济建设、文化建设、社会保障和生态环保方面最希望党和政府做好的工作，也是当前农民对党和政府的期盼。

3.4　新型城镇化进程中农民话语形成机制

话语是利益的公开表达，研究农民话语形成机制就是研究农民利益形成机制。本节结合描述性统计和因子分析的结果，探讨新型城镇化进程中农民利益的形成机制。

3.4.1 新型城镇化进程中农民话语的描述性分析

本书从政治、经济、社会、文化和生态环保5个维度，设计了19个选项，用五级里克特量表[1]进行调查和测量，具体数据如表3.10所示。将3.10中相关数据的均值重新排序后得到表3.11，从表3.10和表3.11可知当前农民的真实话语。

在表3.10和表3.11中，除“用个人钱款为农村修路、桥”“禁止农民小产权房自由买卖”[2]选项外，其他选项均不同程度地符合当前农民的现实利益需要。特别是“提高农村中小学教学质量”“清理垃圾、保持清洁卫生”“保护山林植被、防止水土流失”“加强社会治安”“提高农民社保、医保的额度”“允许进城务工农民子女随父母就近上学”“保护农村古树、古建筑”“为农民提供免费就业技术培训”“给进城务工农民提供更多公寓”“媒体多报道农村真实情况”位列前十位。同时，随着城市化的推进和进城务工农民的增加，如无特殊情况（如因政府拆迁有土地补偿款等），土地对于农民，特别是广大青年和中年农民而言，其重要性已经大为降低，但也未降低到“无所谓”的程度。

表3.10 农民真实想法（需要）的五级里克特量表统计

变量	均值	中位数	变量	均值	中位数
真正民主选举干部	4.02	4	加强社会治安	4.46	5
媒体多报道农村真实情况	4.24	5	加强政府信息公开	4.09	4
加快农村土地确权登记	4.14	4	允许小产权房自由买卖	3.62	4
土地是农民的命根子	3.88	4	用个人钱款为农村修路、桥	2.76	2
禁止农民小产权房自由买卖	2.58	2	放宽农民进城落户限制	3.82	4
提高农民社保、医保的额度	4.40	5	给进城务工农民提供更多公寓	4.25	5

[1] 本书五级里克特量表的赋值为：1=很不符合，2=不太符合，3=无所谓，4=比较符合，5=很符合，以下同。

[2] “小产权房买卖”是我国现有政策法律明令禁止的。本书设计此选项是将其作为反向题来使用，意在考察填答者的理解力和专注度，并不表明本书作者支持该选项涉及的内容。

续表

变量	均值	中位数	变量	均值	中位数
允许进城务工农民子女随父母就近上学	4.39	5	提高农村中小学教学质量	4.55	5
为农民提供免费就业技术培训	4.29	5	增加农村文化娱乐设施	4.21	4
保护农村古树、古建筑	4.35	5	清理垃圾、保持清洁卫生	4.50	5
保护山林植被、防止水土流失	4.49	5			

表 3.11　农民真实想法（需要）的均值排序（倒序）

变量	均值	中位数	变 量	均值	中位数
提高农村中小学教学质量	4.55	5	增加农村文化娱乐设施	4.21	4
清理垃圾、保持清洁卫生	4.5	5	加快农村土地确权登记	4.14	4
保护山林植被、防止水土流失	4.49	5	加强政府信息公开	4.09	4
加强社会治安	4.46	5	真正民主选举干部	4.02	4
提高农民社保、医保的额度	4.4	5	土地是农民的命根子	3.88	4
允许进城务工农民子女随父母就近上学	4.39	5	放宽农民进城落户限制	3.82	4
保护农村古树、古建筑	4.35	5	允许小产权房自由买卖	3.62	4
为农民提供免费就业技术培训	4.29	5	用个人钱款为农村修路、桥	2.76	2
给进城务工农民提供更多公寓	4.25	5	禁止农民小产权房自由买卖	2.58	2
媒体多报道农村真实情况	4.24	5			

3.4.2　新型城镇化进程中农民话语的探索性因子分析

经 SPSS 统计检验，本问卷调查数据的克朗巴哈 α=0.776，KMO=0.858，Bartlett 的球形度检验近似卡方 =4338.611，DF=171，p=0.000。据此可知，

本调查数据适合作因子分析。

按照主成分因子分析、最大方差旋转法，并在因子分析“选项”中设置最小系数的绝对值大于或等于 0.45，提取 5 个公共因子。这 5 个公共因子的方差累积率占总方差解释率的 54.52%。

采用最大方差法、按大小排序和取最小系数（绝对值 =0.45）对因子载荷进行正交旋转后得到因子载荷矩阵，有以下发现：

第一个公共因子主要由“保护农村古树、古建筑”“保护山林植被、防止水土流失”“清理垃圾、保持农村清洁卫生”“为农民提供免费就业技术培训”“增加农村文化娱乐设施”和“提高农村中小学教学质量”6 个选项组成。前 3 个选项指向农村生态，后 3 个选项指向农村文化教育。

进一步分析后，得出第一个公共因子 F_1=0.713×保护古树（建筑等）+0.704×保护山林植被+0.694×保持清洁卫生+0.677×免费技术培训 + 0.675×文化娱乐设施+0.514×中小学教学质量。上述 6 个选项，涵盖生态和文化教育两个方面，故将 F_1 命名为“生态与文化”。

同理，可得出第二、第三、第四、第五个公共因子 F_2、F_3、F_4、F_5 的组成情况，结果如下。

F_2=0.740×加强社会治安 +0.739×媒体多报道农村真实情况+0.655×政务信息公开+0.655×政府信息公开+0.596×民主选举干部+0.453×加快农村土地 / 山林砍树登记。因 F_2 中的 4 个选项均涉及政治，故将 F_2 命名为“政治”。

F_3=0.727×放宽农民进城落户条件限制+0.657×给进城务工农民提供更多公寓 / 廉租房 / 公租房+0.589×允许进城务工农民子女随父母在城里就近上学 +0.582×农民社保、医保的额度。因 F_3 4 个选项均涉及社会民生，故将 F_3 命名为“社会民生”。

F_4= −0.887×禁止农民小产权房自由买卖+0.863×允许农民小产权房自由买卖。因 F_4 2 个选项均涉及农村小产权房交易，故将 F_4 命名为“小产权房交易”。

F_5=0.791×用个人钱款为农村修路、修桥+0.588×土地是农民的命根子。上述选项均涉及土地，故 F_5 命名为“土地”。综上，可将新型城镇化进程中的农民话语形成机制公式表述如下：

∑（农民话语）=0.167×F_1（生态与文化）+0.12×F_2（政治）+0.11×F_3（社会民生）+0.085×F_4（小产权房交易）+0.062×F_5（土地）。

从上述公式中的载荷系数可知，新型城镇化进程中，我国农民的话语主要由生态与文化、政治、社会民生、小产权房交易和土地5个方面的内容组成。其中，农民在生态与文化方面的话语诉求最突出，居第一位；在政治和社会民生方面的话语诉求基本接近，居第二位；在房产和土地方面的话语（经济）诉求稍有差异，居第三位。土地对农民而言，其重要性程度已非第一。这与笔者在农村实地调研的情形基本相符合。

3.4.3　新型城镇化进程中农民话语的验证性因子分析

鉴于探索性因子分析中5个公共因子的载荷率仅54.52%，为保证本书结论的可靠性，本书采用Mplus 7.0对探索性因子分析的结果进行了验证性分析。在实践操作中，主要采用CFA模型对数据进行分析。

根据探索性因子分析的结果，验证性分析的结果为：近似误差均方根（RMSEA）=0.05，比较拟合指数（CFI）=0.90，非赋范拟合指数（NNFI）=0.90，标准化残差均方根（SRMR）=0.06。根据RMSEA与SRMR小于0.08（数值越小越好，无限接近于0）和CFI与NNFI大于或等于0.90（数值越大越好，无限接近于1）的验证标准[1]可知，本书调查问卷的量表结构效度良好。

在此基础上，本书按原编制量表中的5个维度，即政治、经济、社会、文化和环保利用CFA模型进行验证的结果为RMSEA=0.04，CFI=0.93，NNFI=0.92，SRMR=0.03，表明量表结构效度良好。

为了考察两次验证性因子分析的结果哪个更好，我们比较了两个模型的拟合度。验证性因子分析结果表明，与其他CFA分析模型相比，原始数据的CFA模型的拟合指数最为理想（RMSEA=0.04，CFI=0.93，NNFI=0.92，SRMR=0.03），具体数据见表3.12。

表3.12　农民话语的验证性因子分析结果

类目	χ^2	DF	RMSEA	NFI	CFI	SRMR
探索性结果CFA模型	446.86	146	0.05	0.90	0.89	0.06
原始结果CFA模型	584.01	142	0.04	0.93	0.92	0.03

[1] 侯杰泰，温忠麟，成子娟.结构方程模型及其应用［M］.北京：教育科学出版社，2004：45，157.

据此，后续数据处理本书按照原始数据划分的 5 个为维度进行分析，即政治（题项 1 ～ 4）、经济（题项 5 ～ 9）、社会（题项 10 ～ 12）、文化（题项 13 ～ 16）和环保（题项 17 ～ 19）。

3.4.4 新型城镇化进程中农民话语的相关性分析

在上文分析的基础上，本书对农民在政治、经济、社会、文化和环保 5 个方面的话语与其人口学方面的自身特征（性别、户籍、年龄、居住地、文化程度等）进行了相关分析，具体分析路径是将人口学变量与政治、经济、社会、文化和环保 5 个维度的均分进行相关分析。

分析结果显示，在 0.01 的水平上，政治和经济呈显著正相关（r=0.294）、和社会呈显著正相关（r=0.303）、和文化呈显著正相关（r=0.403）、和环保呈显著正相关（r=0.352）、和年龄呈显著正相关（r=0.12）、和婚姻状况呈显著正相关（r=0.805）、和个人年毛收入呈显著负相关（r=–0.137）；在 0.05 的水平上，政治和文化程度呈显著负相关（r=–0.073）。据此，农民的政治话语（$Y_{政治}$）的形成规律可表述成：

$$Y_{政治}=0.12X_{年龄}-0.073X_{文化程度}+0.805X_{婚姻状况}-0.137X_{个人年毛收入}$$

同理，农民经济、社会、文化和环保方面的话语形成机制可表述成：

$$Y_{经济}=0.162X_{年龄}-0.096X_{文化程度}-0.141X_{个人年毛收入}$$

$$Y_{社会}=-0.092X_{性别}-0.067X_{文化程度}$$

$$Y_{文化}=0.084X_{年龄}-0.11X_{文化程度}+0.018X_{家庭人数}$$

$$Y_{环保}=0.093X_{主要收入来源}$$

相关性分析发现，新型城镇化进程中农民的利益形成机制可表述成：

$$\sum_{农民利益}=0.793Y_{文化}+0.716Y_{政治}+0.693Y_{环保}+0.681Y_{社会}+0.547Y_{经济}$$

由此可知，在新型城镇化进程中，农民在文化、政治、环保和社会民生方面的诉求，已经超过其在经济方面的诉求。特别是文化和政治方面的诉求，表现得较为突出，相关性系数分别为 0.793 和 0.716；生态环保和社会民生方面的诉求比较接近，相关性系数分别为 0.693 和 0.681。

上述发现，与前文探索性因子分析的结果基本相同。

3.4.5 新型城镇化进程中农民话语的回归分析

回归分析是揭示不同变量之间因果关系的有效方法。通过回归分析，本书探讨了农民在政治、经济、社会、文化和生态方面话语与其自身个体

特征之间的关系。

运用SPSS软件对各维度的数据进行标准化并将标准化后的数据作为因变量，将反映农民人口学特征标准化后的数据作为自变量进行线性回归分析，分析结果表明，农民话语与其自身特征的回归机制可表述为：

$Y_{政治}=0.1X_{年龄}-0.139X_{个人年毛收入}$

$Y_{经济}=0.172X_{年龄}-0.073X_{文化程度}-0.141X_{个人年毛收入}$

$Y_{社会}=-0.087X_{性别}$

$\mathrm{Y}_{文化}=0.101X_{文化程度}+0.098X_{健康状况}+0.104X_{家庭人数}$

$\mathrm{Y}_{环保}=0.093X_{主要收入来源}$

将“加快农村土地/山林确权登记”纳入“政治”维度后的回归方程如下：

$Y_{政治}=0.119X_{年龄}+0.068X_{健康状况}-0.147X_{个人年毛收入}$

$Y_{经济}=-0.08X_{文化程度}+0.069X_{年龄}+0.057X_{收入来源}-0.06X_{个人年毛收入}$

$Y_{社会}=-0.086X_{性别}$

$Y_{文化}=-0.101X_{文化程度}+0.098X_{健康状况}+0.104X_{家庭人数}+0.071X_{年龄}$

$Y_{环保}=0.094X_{收入来源}-0.059X_{以前户籍}$

至此，新型城镇化进程中我国农民的利益形成机制可表述成：

$\sum(农民话语)=0.793Y_{文化}+0.716Y_{政治}+0.693Y_{环保}+0.681Y_{社会}+0.547Y_{经济}$

$Y_{文化}=-0.101X_{文化程度}+0.098X_{健康状况}+0.104X_{家庭人数}+0.071X_{年龄}$

$Y_{政治}=0.119X_{年龄}+0.068X_{健康状况}-0.147X_{个人年毛收入}$

$Y_{经济}=-0.08X_{文化程度}+0.069X_{年龄}+0.057X_{收入来源}-0.06X_{个人年毛收入}$

$Y_{社会}=-0.086X_{性别}$

$Y_{环保}=0.094X_{收入来源}-0.059X_{以前户籍}$

3.5 新型城镇化进程中农民的媒介接触状况

本节主要考察农民拥有和使用媒介、遇到困难或纠纷时求助新闻媒体及接触新闻的情况，进而探讨农民的媒介接触和使用对其思想观念和行为产生的影响。

3.5.1 农民拥有媒介的情况

农民的媒介拥有是其使用媒介和发挥媒介社会功能的前提条件。为此，本书调查了农民的媒介拥有与使用情况。在媒介拥有方面，主要考察了受访农民（以家庭为单位）订阅报纸杂志、拥有收音机、电视机（含黑白电视机和彩色电视机）、台式电脑、笔记本电脑、平板电脑（iPad）、手机和上网线路（有线上网和手机上网各算 1 条上网线路）的情况，统计结果如表 3.13 所示。

表 3.13 受访农民拥有媒介的情况 （单位：%）

类目	0 份（未填答）	1 份（部、台、条）	2 份（部、台、条）	3 份（部、台、条）以上
订阅报纸	76.5	21.6	1.7	0.2
订阅杂志	92.2	6.5	0.7	0.6
收音机	75.0	23.4	1.4	0.2
黑白电视机	87.8	11.0	0.8	0.4
彩色电视机	4.4	62.5	24.6	8.6
台式电脑	40.5	52.4	6.0	1.1
笔记本电脑	57.8	36.4	5.0	0.8
平板电脑	78.4	19.3	1.8	0.5
手机	2.1	28.3	24.9	24.1
上网线路	22.0	47.5	24.7	5.7

从表 3.13 可知，彩色电视机、电脑（含台式电脑和笔记本电脑）和手机是当前农民家庭拥有率最高的传播媒介。

3.5.2 农民使用媒介的情况

调查显示，拥有手机的农民中，74.0% 的受访者表示自己会“用手机上网”。在问及其使用电脑或手机上网的目的（用途）时，除去未填答者（占 26%）外，已填答者的相关选项及比例如下：浏览新闻占 30.5%，娱乐休闲占 21.4%，聊天、交朋结友占 8.9%，发微信（博）占 6%，寻找就

业与致富信息、查阅与传送资料各占 3.2%，推销产品和服务占 0.3%，其他占 0.5%。如将“聊天、交朋结友”“发微信（博）”“寻找就业与致富信息”“查阅与传送资料”“推销产品和服务”归入“信息交流与服务”，则“信息交流与服务”占 21.6%。据此可知，农民使用媒介的目的，主要是浏览新闻、娱乐休闲、信息交流与服务。

调查显示，除去未填答者（占 26%）外，已填答者上网时使用最多的社交聊天工具（社交聊天软件）主要是 QQ（占 37.6%）、微信（占 32.4%）、微博（占 2.4%）、陌陌（占 0.5%）及其他（占 1.1%）。

针对受访农民在遇到困难或利益纠纷时求助新闻媒体的情况，调查显示，94.9% 的受访者表示没有求助过媒体，仅 4.5% 的受访者表示有过，0.6% 的受访者未填。

本书进一步调查了农民遇到困难或利益纠纷时不求助新闻媒体的原因。调查发现，35.8% 的受访者表示“不知道怎样联系媒体”；23.5% 的受访者表示“觉得（求助媒体）没用”；14.5% 的受访者表示“用别的办法效果更好”；11.8% 的受访者表示“不知道这办法”；选择“其他”者占 6.5%，未填答者占 7.9%。

农民在遇到困难或利益纠纷时，主要用什么办法解决问题？调查显示，“找当地干部（村干部）”位列第一（占 35%），第二是“法律途径”（占 27.7%），第三是“找亲朋好友”（占 14.1%），选择“妥协忍让”者占 12.3%，选择“越级上访”者占 1.1%，选择“其他”者占 1.7%，未填答者占 8.1%。

对于那些向新闻媒体求助的受访者，本书调查了他们求助新闻媒体的目的、方式、排序等情况。对受访者求助新闻媒体的主要目的（多选题）的调查显示，“解决实际困难”占 4.6%，“检举坏人坏事”占 2%，“帮助他人、表达爱心”占 1.7%，“宣传好人好事”占 1.6%，“推广经验成绩”占 1.1%，“讲述亲身经历”占 0.9%。受访者求助新闻媒体的方式（多选题）调查结果显示，“给媒体打电话”占 5.1%，“接受记者采访”占 1.6%，“网上留言、发帖”和“给媒体寄材料”各占 1.3%，“上门找媒体”和“其他”共占 0.7%。受访者求助过的媒体主要集中在都市类媒体上，如江西省的《都市现场》《江南都市报》，湖北省的《楚天都市报》等。对于这些新闻媒体帮助受访者解决实际困难的方式，调查显示，“协调有关方面”居第一（占 3.7%），“刊发新闻”“媒体捐款、捐物”和“其他”各占 1.4%、0.3% 和 0.5%。在问及“今后遇到困难、利益纠纷，是否会向新闻媒体求

助”时，表示“说不清、看情况”的占53%，表示“会”的占26.2%，表示“不会”的占9.8%，未填者占11%。

3.5.3 农民接触新闻的情况

本书主要从接触新闻的媒体类别、目的、内容等方面，考察了农民接触新闻的情况。调查显示，农民主要通过电视和互联网接触新闻报道，具体数据如下：“电视”占60.6%，“互联网”占25.3%，“报纸”占10.7%，“广播”占2.1%，“杂志”占0.4%，未填者占0.9%。农民接触新闻报道的目的，调查显示：“了解最新信息、指导生产生活”居第一位（占37.7%），“休闲娱乐、放松身心”居第二位（占22.5%），“更新思想观念、跟上社会潮流”居第三位（占22.4%），“增长见识、赢得尊重”居第四位（占11.2%），“结交朋友，扩大交际圈”居第五位（占3.9%），“其他”占0.6%，未填者占1.7%

针对“农民经常接触的新闻主要涉及哪方面的内容”，本书设置了17个选项，采用五级里克特量表，对“很不关心、不太关心、关心、比较关心、很关心”五级量表分别赋值1、2、3、4、5。调查数据如表3.14所示。

表3.14 农民对新闻内容的关注度

项目	均值	中位数
时事政策（如方针政策、法律法规等）	3.91	4
民主选举（如选干部、人大代表、政协委员等）	3.75	4
领导人活动（如领导视察、考察、出访等）	3.46	4
产品质量监管（如打击假冒伪劣产品等）	4.38	5
突发事件（如地震、交通事故、战争等）	4.54	5
信贷投资（如利息变化、股票涨跌等）	3.1	3
物价变化（如农资、食品、住房价格等）	4.22	4
基础建设（如修桥、路，通水、电、汽等）	4.1	4
社会保障（如医保、社保、劳保等）	4.52	5
教育培训（如孩子上学、农民培训等）	4.44	5
发明创造（如新技术、新发明等）	3.5	4
先进典型（如好人好事、先进人物等）	3.66	4
文化建设（如送戏、送电影下乡等）	3.51	4

续表

项目	均值	中位数
娱乐八卦（如奇闻趣事、名人绯闻等）	3.00	3
环境保护（如植树造林、治理污染等）	4.21	3
气候变化（如气候变暖、异常等）	4.16	4
天气变化（如雨雪霜冻等）	4.36	4

以均值为计量标准，对农民关注的新闻重新排序后发现，农民比较关心的新闻主要涉及“突发事件”“社会保障”“教育培训”“产品质量监管”“天气变化”“物价变化”“环境保护”“气候变化”和“基础建设”，具体数据见表 3.15。

表 3.15 农民关注的新闻均值排序

项目	均值
突发事件（如地震、交通事故、战争等）	4.54
社会保障（如医保、社保、劳保等）	4.52
教育培训（如孩子上学、农民培训等）	4.44
产品质量监管（如打击假冒伪劣产品等）	4.38
天气变化（如雨雪霜冻等）	4.36
物价变化（如农资、食品、住房价格等）	4.22
环境保护（如植树造林、治理污染等）	4.21
气候变化（如气候变暖、异常等）	4.16
基础建设（如修桥、路，通水、电、汽等）	4.10
时事政策（如方针政策、法律法规等）	3.91
民主选举（如选干部、人大代表、政协委员等）	3.75
先进典型（如好人好事、先进人物等）	3.66
文化建设（如送戏、送电影下乡等）	3.51
发明创造（如新技术、新发明等）	3.50
领导人活动（如领导视察、考察、出访等）	3.46
信贷投资（如利息变化、股票涨跌等）	3.10
娱乐八卦（如奇闻趣事、名人绯闻等）	3.00

农民接触的新闻报道总体有什么特点（多选题）？调查显示，“真实可信”位居第一（占 46.8%），“新鲜及时”居第二位（占 43.9%），“信息量大”居第三位（占 42.2%），“与自己相关”“有趣好玩”和“其他”分别占 19.3%、17.8% 和 1.8%。受访农民接触新闻的渠道虽然较多样且分散，但仍体现出一定规律性，主要体现为通过电视接触新闻的受访者最多，其次为报纸和互联网，通过杂志和广播接触新闻的农民较少，具体情况如下。

（1）电视是农民接触新闻最重要的媒介渠道。除 216 例（占 22.6%）未填答者外，中央电视台的综合频道、新闻频道、农业军事频道和财经频道是农民关注较多的电视频道（具体数据分别为：132 例，占 13.8%；55 例，占 5.7%；18 例，占 1.9%；17 例，占 1.8%）；《新闻联播》是受访农民获取新闻最多的新闻栏目（121 例，占 12.6%）。农民对中央电视台其他频道的关注较少（各频道均在 6 ~ 7 例，占 0.6% ~ 0.7%）。

在地方电视台中，都市类频道较受农民关注，如江西电视台都市频道（66 例，占 6.9%）、广东电视台珠江频道（43 例，占 4.5%）。

（2）报纸比例较低。对于报纸媒介接触，未填答者有 751 例，占 78.5%。在已填答者中，选择党委机关报者较多，都市类报纸和其他报纸较少。统计结果显示，各级党委机关工作报，共计 116 例，占 12.12%，其中《广州日报》占比最高（98 例，占 10.2%）；都市类报纸，计 72 例，占 7.5%；其他类报纸，计 12 例，占 1.2%（内含“三农”报纸、《环球时报》《参考消息》等）。

（3）网站比例较低。对于网站媒介接触，未填答者有 762 例，占 79.6%。调查显示，腾讯、百度、新浪是受访农民接触较多的网站，具体数据分别为 75 例（占 7.8 %）、36 例（占 3.8%）、31 例（占 3.2 %）；受访农民对搜狐、网易、凤凰的选择数量较少，分别为 9 例、7 例和 7 例（占 0.9%、0.7%、0.7%）；受访农民对其他网站（含传统主流媒体主办的网站）选择的数量为 23 例（占 2.4%）。

（4）广播比例略高于杂志。对于广播媒介接触，未填答者有 926 例（占 96.8%）；已填答者中，选择“中央人民广播电台”者最多（7 例，占 0.7%）；选择地方“交通广播电台”者有 5 例（占 0.5%），选择地方其他电台者有 20 例（占 2%）。

（5）杂志比例最低。对于杂志媒介接触，未填答者有 935 例，占 97.7%。在有限的已填者中，选择文摘类杂志共 7 例（占 0.7%，《读者》《青年文

摘》各占 2 例），选择《人之初》有 3 例（占 0.3%），选择《半月谈》有 2 例（占 0.2%）。

3.5.4 农民接触“三农”新闻的情况

本书设置了涉农新闻的问题，并允许受访者如平时不接触涉农新闻，可直接跳过不答。调查统计结果显示，农民平时关心和接触“三农”（农业、农村和农民）新闻的比例较低。农民通过不同媒体接触涉农新闻的程度，如表 3.16 所示。

表 3.16 受访农民接触“三农”新闻的渠道与程度 （单位：%）

类目	未填答	根本不接触	基本不接触	偶尔接触	经常接触	几乎天天接触
报纸	68.9	10.6	7.0	8.2	3.7	1.8
杂志	69.5	12.3	8.9	6.8	1.8	0.7
广播	69.4	11.2	7.5	7.9	2.7	1.3
电视	67.5	0.5	1.0	7.7	11.0	12.2
互联网	69.4	8.6	2.3	6.2	4.3	9.3

调查发现，农民对涉农新闻的接触度很低，电视、互联网是农民接触涉农新闻的主渠道。根据现有的媒介种类，本书调查了农民接触涉农新闻的时间长度，发现农民接触电视和互联网的时间较多，具体数据如表 3.17 所示。

表 3.17 受访农民接触“三农”新闻媒介的时长 （单位：%）

类目	未填	0 ~ 5 分钟 / 天	6 ~ 10 分钟 / 天	11 ~ 15 分钟 / 天	16 ~ 20 分钟 / 天	20 以上分钟 / 天
报纸	70.6	18.1	4.7	2.8	1.8	2.0
杂志	71.0	19.7	4.0	3.2	1.7	0.4
广播	70.8	16.3	5.0	4.4	2.0	1.5
电视	68.1	2.2	3.7	3.7	6.6	15.8
互联网	70.7	11.1	3.0	2.5	2.8	9.8

根据受访农民的回答发现，日常生活中农民接触涉农新闻的报纸、杂志、广播和互联网较少（跳答或未填率分别为 96.7%、99.5%、99.4%、96.6%），农民仍然主要通过电视接触涉农新闻信息（跳答或未填率为 78.2%）。调查显示，通过党报和都市类报纸接触涉农新闻的受访农民分别占 1.9% 和 1.3%；图书杂志在农民中的使用率偏低，仅 1 例受访农民提及农业栽培科技书，占 0.1%；农业电视频道是受访农民接触最多的涉农新闻媒体，中央电视台农业军事频道是最主要的媒介（共 102 例，占 10.7%），选择湖北荆州电视台的《垄上行》、广东电视台的《摇钱树》等地方农业电视频道（栏目）的共计 10 例（约占 1%）；在互联网方面，腾讯、新浪和百度是受访农民选择较多的网站，具体数据分别为：15 例、5 例、3 例，各占 1.6%、0.5%、0.3%。

对于农民接触涉农新闻的目的（多选题），已填答者的统计结果如下。“了解国家政策法规”占 19.2%，“了解‘三农’变化”占 14.1%，“寻找、推广致富技术”占 11.6%，“更新思想观念”占 8.7%，“了解、宣传农村文化”占 8.4%，“带动本地发展”占 5.3%，“采购、推销农产品”占 2.9%，其他占 0.3%。由此可知，农民接触涉农新闻的主要目的，在于了解国家政策法规、“三农”形势变化和寻找致富技术。

此外，受访农民认为，目前涉农新闻存在的不足主要在于：“跟自己关系不大”（占 10.6%）、“跟本地无关”（占 8.2%）、“较少维护农民利益”（占 7.3%）、“不符合实际”（占 5.5%）和“其他”（占 0.8%）。[1]

至于今后是否会关注涉农业新闻报道，48.7% 的受访农民表示“会”，43.7% 的受访农民表示“说不清、看情况”，4.9% 的受访农民表示“不会”，2.7% 的受访农民未填。

3.5.5 农民接触影视剧和传统曲艺的情况

影视剧和传统戏曲艺术（以下统称“传统曲艺”），是大众传媒为农民提供休闲娱乐和传承文化的重要载体。

本书调查了农民平时喜欢观看的影视剧题材和传统曲艺品种，调查结果如表 3.18 所示。

---

[1] 67.6% 受访者未填。

表 3.18 农民平时喜欢观看的影视剧和传统曲艺[1]

类目	子类目	百分比（%）	子类目	百分比（%）
影视剧	历史战争	39.7	武打动作	19.0
	青春偶像、励志	26.5	都市生活	36.5
	乡村生活	32.1	反腐倡廉	30.1
	侦探、破案	25.7	红色革命故事	21.3
	惊险恐怖	10.7	其他	1.0
传统曲艺	地方戏（如京剧等）	15.7	相声	50.2
	小品	73.2	评书	8.9
	杂技	36.7	其他	3.2

从表 3.18 可知，“历史战争”“都市生活”和“乡村生活”是农民喜欢观看的三大影视剧题材，“小品”“相声”和“杂技”是农民喜欢观看的三大传统曲艺。

3.6 媒介内容对农民思维和行为的影响

本节主要探讨媒介接触对农民思维和言语表达等行为的影响，属于效果研究层面。本书主要从思维观念、言语表达、现实行为三大方面考察农民的媒介接触或新闻传播的内容对农民产生的后续影响与效果。

3.6.1 媒介内容对农民的影响程度与维度

本书主要考察新闻报道、影视剧、广告和传统曲艺四类媒介内容对农民产生的影响。本书设置五级里克特量表以了解上述内容对农民的影响（“没有影响”赋值为 1，“影响很小”赋值为 2，“说不清”赋值为 3，“影响较大”赋值为 4，“影响很大”赋值为 5）。经统计，其均值和中位数如表 3.19 所示。

[1] 多选题的累计百分比可能超过 100%，以下同。

表 3.19　媒介内容对农民的影响程度

类目	均值	中位数
新闻报道	3.30	4
影视剧	2.63	2
广告	2.72	3
传统曲艺	2.43	2

从表 3.19 可知，新闻报道的均值为 3.30，中位数为 4。根据赋值规则可知，新闻报道对农民的影响较明显；广告、影视剧和传统曲艺对农民的影响因人而异，介于“影响很小”和“说不清”的状态。

新闻报道、广告、影视剧和传统曲艺，对农民的具体影响有哪些？调查显示，“普通新闻”对农民的影响主要在“思想观念”方面，“涉农新闻”对农民的影响主要在“知识技能”方面，“广告”对农民的影响主要在“购物消费”方面，“影视剧”和“传统曲艺”对农民的影响主要在“娱乐休闲”方面。统计数据如表 3.20 所示。

表 3.20　媒介内容对农民的影响　（单位：%）

类目	未填	思想观念	言语交谈	购物消费	娱乐休闲	择业就业	经济收入	知识技能	社交关系	其他
普通新闻	2.2	46.1	14.0	4.1	6.9	3.3	5.3	5.3	11.3	1.2
涉农新闻	6.1	9.8	5.7	5.2	1.3	10.9	14.5	37.8	3.9	4.7
影视剧	3.2	7.7	14.7	2.1	52.7	0.9	0.7	2.1	13.2	2.6
广告	4.1	4.4	3.1	61.2	8.7	5.2	3.0	2.6	2.6	5.0
传统曲艺	9.0	16.2	11.6	1.5	39.7	2.1	1.3	6.3	5.9	6.5

由表 3.20 可知，从农民的选择比例看，“广告”对农民“购物消费”有明显影响（61.2%）；“影视剧”和“传统曲艺”对农民“娱乐休闲”有较明显影响（占比分别为 52.7%、39.7%）；“普通新闻”对农民“思想观念”影响最大（46.1%）；“涉农新闻”对农民“知识技能”有一定影响（37.8%）；媒介内容对农民的“言语交谈”“择业就业”“经济收入”和“社交关系”影响较弱。

3.6.2 新闻报道对农民思想和行为的影响

据前文可知，新闻报道（含涉农新闻和非涉农新闻）对农民的影响较明显。那么，新闻报道对农民思想观念和日常行为的影响究竟如何？为此，本书利用五级里克特量表开展了专项调查研究（1= 很不符合，2= 不太符合，3= 无所谓，4= 比较符合，5= 很符合），设计了若干题项由农民根据自己的实际情况选填，并能过对相关选项赋值和计算赋值的办法考察新闻报道对农民的影响维度和程度。

首先，来看新闻报道对农民思维方式的影响。调查显示，对于特定新闻中自己感兴趣的事情，农民会有意识地想办法多了解；此外，农民从不同的新闻报道中悟出共同道理、看新闻时联想类似的人（事）、用新闻中的事例指导自己为人处世的概率也较高。具体数据如表 3.21 所示。

表 3.21 新闻报道对农民思维方式的影响

思维方式选项	均值	中位数
V1 遇到利益纠纷时，我会想从不同媒体寻找出路	3.38	3
V2 我会用不同媒体的新闻报道验证同一事情、道理	3.43	4
V3 对新闻中感兴趣的事，我会有意识地想办法多了解	4.00	4
V4 新闻提到某件事时，我会反思这事发生的原因或条件	3.81	4
V5 我会尝试着把新闻里的技术、办法应用到自己的工作中去	3.73	4
V6 看新闻报道时，我常会联想到类似的人或事	3.92	4
V7 我常通过打比方等方法，把新闻中难懂的道理讲给别人听	3.76	4
V8 谈到为人处世的道理时，我会想到新闻中的有关事例	3.91	4
V9 我会从不同的新闻报道中悟出共同的道理	3.92	4

根据赋值规则和表 3.21 中的统计数据可知，选项 V3 的均值和中位数均为 4，表明“对新闻中感兴趣的事，我会有意识地想办法多了解”确实符合农民的实际。同理，表 3.21 中的 V6、V8、V9 选项的均值 3.92、3.91 和 3.92，中位数均为 4.00，表明此三个选项比较符合农民的实际，即新闻报道会使农民联想到类似的人或事、会影响农民的为人处世，也有助于农民悟出共同的道理。

根据上述规则和统计方法，本书还调查了新闻报道对农民其他日常观念和行为的影响。根据均值从高到低进行排序后得到的具体数据如表 3.22 所示。

表 3.22　新闻报道对农民观念、行为的影响

观念、行为选项	均值	中位数
V16. 保护环境卫生的新闻，使我不乱扔垃圾	4.34	4
V2. 中央强调依法治国的新闻，使我自觉依法维护权益	4.27	4
V1. 中央惩治贪官的新闻报道，使我更加信任党和政府	4.23	4
V3. 一些食品有问题的新闻，使我对国内食品监管很担心	4.14	4
V11. 强制企业为工人买劳保的新闻，让我外出打工更安心	4.07	4
V4. 国内经济成绩方面的新闻，使我对国家发展更有信心	4.05	4
V13. 最美医生、教师等的新闻报道，让我觉得世上还是好人多	4.05	4
V10. 允许社保异地缴存的新闻，我外出打工就不担心养老了	3.95	4
V5. 国家提高种粮补贴的新闻，让我更安心地种粮卖粮	3.94	4
V12. 农民参加文艺比赛常获奖的新闻，说明农民文化生活丰富	3.91	4
V6. 房屋价格行情的新闻，会影响我购买房屋的决定	3.75	4
V7. 农村基础设施改善的新闻，让我觉得城乡差距缩小了	3.71	4
V9. 建公租房、廉租房的新闻，使我觉得穷人改善住房有戏了	3.71	4
V18. 在工作生活中，我会用到新闻中的新词、说法	3.59	4
V17. 看了某景点环境不好的新闻，我会不去该景点旅游	3.56	4
V8. 节假日“旅游热”的新闻，让我接受了花钱旅游的观念	3.36	4
V15. 空气质量变差的新闻，使我戴上口罩出门或减少出门	3.26	3
V14. 看了科普类新闻和纪录片后，我还是会信神、信教	2.46	2

从表 3.22 可知，涉及环境保护、依法治国、惩治贪腐、食品安全、劳动保障、经济成绩、先进典型的新闻报道，会影响农民的观念和行为。事实上，这些也是与农民利益紧密相关的新闻题材。

3.6.3　影视剧和广告对农民观念、行为的影响

本书探讨了影视剧和广告对农民观念、行为的影响，具体数据如表 3.23 所示。

表 3.23 影视剧和广告对农民观念、行为的影响

观念、行为选项	均值	中位数
V7. 反映亲情友情的伦理片，让我体会到与人和谐相处的好处	4.16	4
V1. 看了革命历史影视片，我更能体会到共产党英明伟大	4.08	4
V5. 通过电视观看传统戏曲艺术，我喜欢上了我国传统文化	3.66	4
V6. 古代宫廷影视剧，让我知道了人心险恶、争权争利	3.63	4
V10. 不管买什么东西，我会或多或少地受到广告影响	3.53	4
V2. 一些革命历史影视片太夸张了，我看了觉得好假	3.46	4
V3. 看了都市生活影视片后，我觉得城里人的生活真好	3.39	3
V9. 买重要物品（如种子、化肥、农药）时，我不会受广告影响	3.39	3
V4. 看了乡村生活影视片后，我觉得乡村生活比城市好	3.32	3
V8. 买日用小商品（如牙刷、牙膏）时，我才会受广告影响	3.28	3

在表 3.23 中，选项 V7 和 V1 的均值分别为 4.16、4.08（处于“比较符合”和“非常符合”之间），表明 V7 和 V1 比较符合农民的实际情况，即反映亲情友情的伦理片能让农民体会到与人和谐相处的好处；革命历史片能让农民体会到共产党的英明伟大——此二者均属于思想观念层面。表 3.23 的数据还表明，影视剧和广告对农民日常行为的影响，处于“说不清”与“比较符合”二者之间。

3.6.4 媒介内容对农民思维和行为方式的影响机制

本小节从媒介内容对农民思维和行为方式的影响方面展开探索性因子分析。数据检验显示，KMO 值＝ 0.912，p=0.000。据此可知，本研究的数据很适合作因子分析。将因子选项系数绝对值设定为大于等于 0.45 后提取出 9 个公共因子，总方差解释率为 51.382%。根据因子分析总方差解释表，得到媒介内容影响农民思维和行为方式的机制（∑）如下：

$$\sum=0.095F_1+0.088F_2+0.073F_3+0.049F_4+0.046F_5+0.045F_6+0.042F_7+0.039F_8+0.036F_9$$

根据旋转后的因子成分矩阵表，上述 9 个公因子的构成分别如下。

F_1=0.685×（建公租房或廉租房的新闻，使我觉得穷人改善住房有戏了）+0.634×（农民参加文艺比赛常获奖的新闻，说明农民文化生活丰

富）+0.582×（允许社保异地缴存的新闻，我外出打工就不担心养老了）+0.580×（农村基础设施改善的新闻，让我觉得城乡差距缩小了）+0.576×（强制企业为工人买劳保的新闻，让我外出打工更安心）+0.535×（最美医生、教师等的新闻报道，让我觉得世上还是好人多）+0.517×（节假日"旅游热"的新闻，让我接受了花钱旅游的观念）。根据上述内容可知，第一个公共因子 F_1 的构成，主要是与社会民生紧密相关的选项［如公（廉）租房、社保、基础设施等］。因此，将第一个公共因子命名为"社会民生类新闻的正向行为效应"。

F_2= 0.688×（看新闻报道时，我常会联想到类似的人或事）+0.678×（谈到为人处世的道理时，我会想到新闻中的有关事例）+0.660×（我常通过打比方等方法，把新闻中难懂的道理讲给别人听）+0.617×（我会尝试着把新闻里的技术、办法应用到自己的工作中去）+0.565×（我会从不同的新闻报道中悟出共同的道理）+0.515×（新闻提到某件事时，我会反思这事发生的原因或条件）+0.498×（对新闻中感兴趣的事，我会有意识地想办法多了解）。根据上述内容可知，第二个公共因子 F_2 的构成，主要是新闻对农民产生的教育和行为示范效应。因此，将第二个公共因子命名为"新闻的教育示范效应"。

F_3=0.747×（中央惩治贪官的新闻报道，使我更加信任党和政府）+0.699×（中央强调依法治国的新闻，使我自觉依法维护权益）+0.635×（看了革命历史影视片，我更能体会到共产党英明伟大）+0.553×（国内经济成绩方面新闻，使我对国家发展更有信心）。据此可知，第三个公共因子 F_3 的构成，主要是新闻所引发的农民对党和国家的信心。因此，将此公共因子命名为"新闻的公众信心效应"。

F_4=0.662×（古代宫廷影视剧，让我知道了人心险恶、争权争利）+0.564×（反映亲情友情的伦理片，让我体会到与人和谐相处的好处）+0.531×（看了都市生活影视片后，我觉得城里人的生活真好）。据此可知，第四个公共因子 F_4 主要由影视剧构成，故将 F_4 命名为"影视剧的心理效应"。

F_5=0.757×（买日用小商品时，我才会受广告影响）+0.744×（不管买什么东西，我会或多或少地会受到广告影响）。据此，将第五个公共因子 F_5 命名为"广告的行为效应"。

F_6=0.709×（遇到利益纠纷时，我会想从不同媒体寻找出路）+0.706×

（我会用不同媒体的新闻报道验证同一事情、道理）。据此，将第六个公共因子 F_6 命名为"媒体的利益纾解效应"。

F_7=0.602×（房屋价格行情的新闻会影响我购买房屋的决定）+0.495×（看了某景点环境不好的新闻，我会不去该景点旅游）+0.487×（一些食品有问题的新闻，使我对国内食品监管很担心）。据此，将第七个公共因子 F_7 命名为"新闻的负向行为效应"。

F_8=0.662×（看了科普类新闻和纪录片后，我还是会信神、信教）。据此，将第八个公共因子 F_8 命名为"媒介内容的宗教信仰效应"。

F_9= 0.703×（不管买什么东西，我会或多或少地受到广告影响）。据此，将第九个公共因子 F_9 命名为"广告的恒常效应"。

结合上述内容和问卷设计的初衷，将上述内容与受访农民的人口学特征作进一步回归分析后得知，媒介内容影响农民思维和行为方式的机制（∑）如下：

$$\sum=0.095Y_{\text{社会民生类新闻的正向行为效应}}+0.088Y_{\text{新闻的教育示范效应}}+0.073Y_{\text{新闻的公众信心效应}}+0.049Y_{\text{影视剧的心理效应}}+0.046Y_{\text{广告的行为效应}}+0.045Y_{\text{媒体的利益纾解效应}}+0.042Y_{\text{新闻的负向行为效应}}+0.039Y_{\text{媒介内容的宗教信仰效应}}+0.036Y_{\text{广告的恒常效应}}$$

$$Y_{\text{社会民生类新闻的正向行为效应}}=0.167X_{\text{年龄}}+0.065X_{\text{健康状况}}-0.059X_{\text{2013年11月以前的户籍}}+0.064X_{\text{婚姻状况}}$$

$$Y_{\text{新闻的教育示范效应}}=-0.091X_{\text{性别}}$$

$$Y_{\text{新闻的公众信心效应}}=0.221X_{\text{年龄}}-0.093X_{\text{2013年11月以前的户口}}-0.087X_{\text{性别}}+0.075X_{\text{常年居住地}}-0.089X_{\text{文化程度}}+0.081X_{\text{婚姻状况}}+0.07X_{\text{家庭人口}}+0.055X_{\text{健康状况}}$$

$$Y_{\text{影视剧的心理效应}}=0.096X_{\text{年龄}}+0.085X_{\text{现在户籍}}-0.083X_{\text{2013年11月以前的户籍}}$$

$$Y_{\text{广告的行为效应}}=-0.084X_{\text{年龄}}$$

$$Y_{\text{媒体的利益纾解效应}}=0.095X_{\text{年龄}}+0.084X_{\text{现在户籍}}-0.092X_{\text{性别}}-0.068X_{\text{2013年11月以前的户籍}}$$

$$Y_{\text{新闻的负向行为效应}}=0.097X_{\text{文化程度}}-0.091X_{\text{性别}}$$

4 新型城镇化进程中农民话语的深度访谈

本章基于深度访谈材料，借鉴扎根理论的质性研究方法，从政治、经济、社会、文化和生态 5 个维度探讨我国新型城镇化进程中的农民话语，旨在丰富和深化量化分析研究。

4.1 深度访谈的开展与实施

深度访谈旨在满足本书对深层次信息意义阐释的需要，以弥补量化研究的不足。本书结合社会分层理论确定访谈对象，在实施过程中采用结构与半结构相结合的方式进行，在后期资料处理阶段适当借鉴了扎根研究的若干方法，以保证研究结论的严谨性和可靠性。

4.1.1 深度访谈的基本情况

深度访谈（In-depth Interview），是研究者寻找、访问被研究者并与之进行交谈和询问的一种活动。与问卷调查、实物分析等方法比较，深度访谈更具“灵活性、即时性和意义解释功能”[1]。

本书的深度访谈，采用面对面、半结构式、个别访谈和集体访谈相结合的方法，结合研究主题需要，运用社会分层理论确定访谈对象，共访谈 170 人。[2]受访者中，男性 135 人、女性 35 人；农民 102 人，非农业户籍人员 68 人。访谈对象中的农民，包含具有农业户籍的全国人大代表、全国劳模、村“两委”班子成员、村小组长、普通农民（普通种养户、专业

[1] 陈向明. 质的研究方法与社会科学研究 [M]. 北京：教育科学出版社，2000：170.

[2] 在征得访谈对象同意的前提下，本书作者对访谈过程进行了录音，并在事后对录音进行了逐字逐句的人工翻录整理，形成了 20 多万字的访谈资料，保证了访谈结果的科学性和可靠性。

种养户、私营业主、普通打工者、专业技术人员和“五保户”等）。非农人员，主要包括城建规划部门，农业部门，乡镇、宣传主管部门及新闻单位的干部职工。其中，宣传主管部门的干部有10人，新闻单位的干部职工有12人。

农民受访者中，明确知道其年龄和学历的分别有74人和82人。在确知其年龄和学历者中，16～35岁的青年有24人，36～55岁的中年有38人，56岁以上的中老年有11人；学历层次方面，具有初中和高中（中专）学历者，占绝大多数，分别为31人、22人（共53人），具有大专以上学历者21人，小学学历者7人。

4.1.2 深度访谈后期资料的处理

在处理深度访谈的后期数据资料时，本书借鉴扎根理论（the grounded theory）的研究方法探讨我国新型城镇化进程中的农民利益诉求。扎根理论的研究方法具有较严格和规范的操作程序，主要有资料登录与编码（coding）、比较（comparison）、概念化（conceptualization）和范畴化（catergorization）、备忘录撰写与整理（memo's writing & hand-sorting）四大基本部分。本书适当运用了扎根理论的研究方法处理访谈资料和数据，以满足对访谈材料“意义阐释”的后期处理需要。

对深度访谈所涉及的人员和地点等信息，本书通过数字和字母代号等方式进行匿名处理，以保护相关人员的隐私和合法权益。扎根研究法一般包含开放式编码、主轴编码和选择性编码三个基本程序[1]。在借鉴国内相关研究成果[2]的基础上，本书用“材料来源”表示提及某理论节点的受访者人数，用“参考点”表示该节点共被提及的频次；通过提及该节点的受访者人数和频次，从政治、经济、社会、文化和生态5个维度考察新型城镇化进程中农民利益诉求的构成与形成机制。

本章的话语主体，以农民为主，兼及少量非农民受访者。非农民受访者的访谈材料，将在后续章节展开分析，本章不予展开。

---

[1] CORBIN J M，STRAUSS A L. Basics of Qualitative Research：Techniques and Procedures for Developing Grounded Theory[J]. Thousand Oaks Ca Sage Tashakkori A &Teddlie C，1998，36（100）：129

[2] 丁汉青，苗勃. 网络时代新闻从业者职业认同危机研究[J]. 当代传播，2018（4）：19-23.

4.2 新型城镇化进程中农民的政治话语

政治话语，是社会发展中不同社会群体政治利益诉求的公开表达。政治话语，主要体现在公民对法律法规和方针政策的设计理念、内容制定、现实执行、宣传发布、效果评估等方面。本章主要从政策方面探讨新型城镇化进程中农民的政治话语。调查发现，我国农民对 21 世纪特别是党的十八大以来党和国家出台的一系列支农惠农政策予以积极评价，也表达了建设性意见和建议。

4.2.1 基于扎根研究的编码与发现

开放式编码，主要是在对访谈资料和数据进行认真阅读后所开展的初步概念化、归类和命名，以便将较分散、琐碎的原始资料和数据形成初级类属，具体操作如表 4.1 所示。主轴式编码，是在开放式编码的基础上，进一步对访谈资料进行再归类，以便将原始访谈资料和数据合并成比较集中的理论范畴。选择性编码，则是在开放式编码和主轴式编码的基础上，对相关资料和数据再进行归类，并最终形成相互关联的核心观点。

表 4.1 新型城镇化进程中农民政治话语的开放式编码示例

访谈资料	概念化	范畴化
我们村里有个纯女户[1]，按理来说，她们到了一定年龄后可获得一定补偿。按现有的政策，在农村得到的补偿会更高，但在城市，这部分的补偿就没有了。我们失地农民在办保险时，必须先转成非农户口。但问题是，转了之后，我们原有的计划生育优惠政策就享受不到了。（× 村党支部书记，访谈 ID[2]：45）	纯女农民 计生政策 利益补偿 城市化 失地保险的办理条件 利益受损	政策设计

[1] 指仅生女孩未生男孩的家庭。

[2] 本章中的访谈 ID 编号是笔者深度访谈对象的编号，并非问卷调查中的 ID 编号，以下同。

根据上述编码方式，本书从农民的政治性话语中提取出7个主轴编码，其材料来源数量分别如下：政策设计12，政策环境5，政策内容与配套21，政策执行22（政策落实16、政策建议6），政策宣传与信息发布12，干部素质与遴选4，公众参与和评价11，共计87。在主轴编码的基础上，笔者将相关内容再次归类，进行选择性编码进而形成本部分的基本理论模型，如图4.1所示。

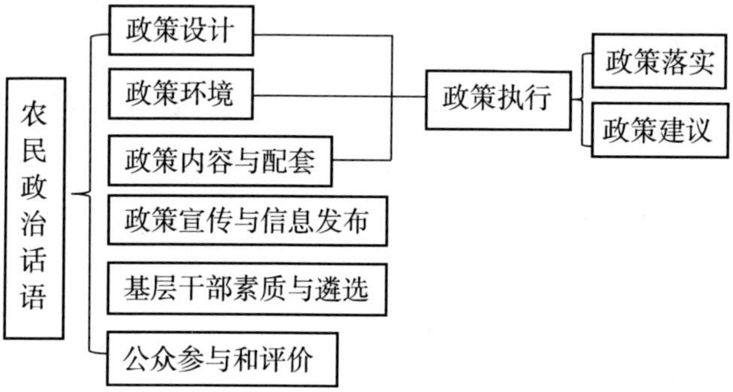

图4.1 新型城镇化进程中农民政治话语的理论模型

由上述路径可见，新型城镇化进程中农民的政治话语主要集中在政策内容与配套、政策执行、政策宣传与信息发布以及政策设计四个基本方面。

4.2.2 农民对政策设计的话语

政策设计，是执政党、政府和社会公共组织为了解决特定问题，基于特定理念和价值需求而设计、选择、制定和出台特定行动方案的动态过程。政策设计，隐含着政策理念和价值导向，是政策制定、执行、宣传、认同和评价的首要环节。

在正式展开论述之前，笔者必须强调的是，本书的实地深度访谈表明，21世纪以来党和政府的一系列支农惠农政策，特别是党的十八大以来的“城乡一体化、以人民为中心”的发展理念和一系列政策举措，在我国广大农村基层干部和群众中得到了高度肯定和认可。

现在政府对老百姓真的是好哇！你看，种田有补助，山上公益林也有补（助），看病也有报销。依我看，现在中央对农民真的算得上蛮好！中央还有很多钱直接发到农民手里。计划生育政策也放开了，生二胎（指“二

孩”政策）不用交罚款了，种田也自由。这些都是农村老百姓比较高兴的。（2016年7月20日，×村村民，访谈ID：110[1]）

新型城镇化进程中农民对政策设计环节的话语，主要体现在希望党和政府能克服传统城镇化进程中的政策设计之弊，促进产业发展，提升人民获得感和幸福感。

第一，完善政策设计。完善新型城镇化的政策设计涉及多个层面，总体来说主要是农村和城市两大维度。深度访谈发现，经济（产业）和民生的政策设计是两大核心议题。

首先，对城市或城乡接合部来说，完善新型城镇化的政策设计、使之成为切实可行而非流于形式的概念，被访谈对象视为政策设计的首要任务。

对新型城镇化建设，国家现在只有一些提法和政策，具体实施的方案、做法和方式方法目前还没有。（2014年11月24日，×村党委书记、村主任、全国劳模，访谈ID：11）

在我们这里，目前，新型城镇化还是个大概念，具体方案还没出台。这里面，主要是因为上级和地方工作重点发生了变化。更主要的，是因为我们这里的工作总基调发生了变化——工作重心转向了乡村振兴和精准扶贫。（2015年7月31日，×办公室负责人，访谈ID：59）

其次，对广大农村地区来说，通过政策设计为经济（产业）发展托底、促进农村产业发展，是广大农业生产者最大的诉求。

农业生产的前期投资非常大，见效比较慢，风险也比较高。这跟自然条件、天气相关。……我们搞这个产业，虽然说也要赚钱，其实更多的应该是产生一定的社会效益。……要达到效益，一定要产生规模，搞规模经营。……所以，政府在扶持农业这一块要加大力度。（2018年1月26日，×农业观光园董事长，访谈ID：169）

完善国家政策设计，发挥农业保险减少自然灾害对农业产业的损失、发挥农业保险在农业产业发展振兴中的“托底”功能，是农业生产者较集中的诉求。

前几年，我去找过保险公司三五次。我们还找了很多人去说这个事，

[1] 同一访谈对象首次出现时，访谈时间、访谈对象身份和访谈ID均有说明，后文再次出现时仅注明访谈ID，以下同。

但后来一直没落实下去。县里保险公司的意思是，上面没有（开通）这一块（业务），他们也没办法做。我知道国内一些地方有这样的政策，但我们这里没有。（2018年1月25日，×农业发展有限公司董事长，访谈ID：168）

我们县里面现在有农业保险，但险种比较少，特别是有针对性的险种比较少。我们希望保险公司能开通一些有针对性的险种。就是说，希望国家或省里能出台政策促进农业保险的发展，丰富农业险种，把农业风险降低。当然，这种保险的保额也不能太高，太高了我们就难以承受。（访谈ID：169）

第二，加强沟通协商。地方政策设计中，加强地方政府与百姓的沟通协商，是深度访谈中受访对象提及较多的现象。加强沟通协商，包括两大层面的意蕴：一是充分满足百姓的知情权和话语权，使地方政府能充分了解、保障百姓合理利益诉求，方便科学决策；二是在政策执行过程中，有助于取得百姓的理解和支持，从而消除或减少不必要的误会、矛盾和冲突。

党委政府推进城市化建设本来是件好事，但老百姓为什么会有不满足的地方呢？其中的原因，不外乎以下几个方面。第一，在操作层面，基层干部工作中也确实存在纰漏。第二，农村中存在的宗族内部矛盾非常严重。第三，政策因素引起的。对于城市建设中遇到的困难（如拆迁等），我认为，第一，要将好事办好、实事办实；涉及老百姓的事情，要跟老百姓商量着办。也就是说，政府可以做顶层设计（如要征哪块地搞建设），政府在定了拆迁安置方案之后，要及时与老百姓讨论，让老百姓说说看，这个方案怎么样、行不行？第二，坚持让利于民。现在，很多矛盾都压在我们基层干部身上，我们基层干部活得好累！第三，拆迁安置方案要多参考其他地方的成功做法。第四，要成熟一个地方拆迁一个地方，不要盲目拆迁。（2015年7月29日，×街道办事处党委书记，访谈ID：42）

失地农民的养老保险太少了，每月210元很难维持生活。现在，村民们反应较大的，就是没有保障，希望失地农民的养老保险也能像城镇居民一样。（2015年7月29日，×村党支部书记，访谈ID：44）

对于征地拆迁过程中必然涉及的征地拆迁补偿标准、村集体和农民的权益，受访农民提出了相应诉求。

因为农民的房产属于农民的自有财产，土地是农村集体土地，根据相

关法律法规特别是物权法，对于征用农民土地、房屋的相应补偿，农民或村集体应该要有一定的话语权。也就是说，要与农民和村集体进行协商，不然很容易产生矛盾和纠纷。（2014 年 11 月 14 日，× 村小组长、曾任县人大代表，访谈 ID：4）

第三，避免政策“一刀切”。城镇化进程中，给农村基层组织（村集体）预留一定的发展用地，落实发展用地和相应政策、方便农村基层组织发展壮大集体经济来源，是农村基层组织对政策设计的主要话语诉求。

发展壮大农村基层组织（村集体）经济的重要性、必要性和现实路径，已成为多数农村基层组织十分重视的议题，并得到了正反两方面实例证实。

城镇化建设，集体经济很重要。……我们 × 村的村民已经全部纳入城市社会保障体系。只要到了规定的年龄，村民就能享受相应保障。当然，有我们这样收入的村，在全市还不多。我们村民的收入待遇甚至比城市好。这其中，主要是集体经济有实力。没有集体经济实力支撑，一切都无从谈起。（访谈 ID：11）

城镇化进程中，农民与市民之间政策和利益的平衡、对接等问题，特别是在金融信贷、计划生育、社保医保、子女入学、住房改建等与民生密切相关领域，防止政策设计上“一刀切”是农民个体的主要话语诉求。

金融信贷难，是农民普遍反映的问题。对于农民来说，贷款难主要体现在政策设计中的资质认定和办理过程上。

现在，我养了 36 头牛、200 多头猪（存栏量）。我最希望获得政府贷款，但是蛮难哪！我申请贷款三年了，但现在一分钱也没贷到。手续特别多，又说要办借款证，而且年年要办。……后来，又听说只能贷 3 万（元），钱太少了。（2016 年 1 月 19 日，× 村村民、养殖专业户，访谈 ID：100）

城镇化进程中，改变住房安置、补偿和旧房改建等方面政策设计中存在的“一刀切”，是农民和农村基层干部的普遍话语。

目前，我们最大的问题在于房屋的补偿安置。原来我们的安置是截至 ×× 年。但 ×× 年之后，孩子 22 岁（法定婚龄）后怎么办？这个问题真的好麻烦！为什么呢？原来是一户人家分 3 套房子，如果 ×× 年一个孩子是 21 岁不到 22 岁，他父母就只能分到两套房子。但等到第二年，这个孩子到 22 岁要结婚用房子了，怎么办呢？（2015 年 7 月 29 日，× 街道办党委委员、× 村党支部书记，访谈 ID：48）

我们本地人的主要收入是靠拆旧房子、翻新重建出租，靠租金来维持生活。我还有两个女儿在读书，供她们读书一年就要四五万块，生活压力很大的。但现在旧房改建全都不批。……农田或良田是一定要保护的，这个我们知道，也理解，但宅基地本身就是用来盖房子的呀！为什么不让我们盖房子，却变成了堆放垃圾的地方？这反而对环境不好。上面的政策很好，但“一刀切”是不行的！（2015 年 7 月 20 日，× 村村民，访谈 ID：81）

4.2.3 农民对政策环境的话语

政策环境，是指影响或决定政策制定和实施的外部环境，包括自然条件和社会条件。深度访谈发现，征地拆迁前后，土地流转、政策变化和干部人事调整等原因引发的利益冲突与诉求较多。农村基层干部和农民对于新型城镇化进程中政策环境方面的话语，主要体现在政府解决历史遗留问题、兑现当初承诺、缩小政策差异、城中村管理等方面。

第一，解决历史遗留问题。从历史和现实两个维度来看，新型城镇化，是在传统城镇化的基础上进行的，是对传统城镇化的扬弃和超越。但是，传统城镇化进程中存在的诸多不足，又在客观上深刻影响并制约着新型城镇化的进程。特别是传统城镇化进程中的历史遗留问题，是新型城镇化进程中极易引发矛盾和冲突的重要因素。

征田征地，一般是征了谁家的田地，钱就补给谁，而不是由村民一起来分。在以前一段时间里，由于要交田亩税，田地就变换得较频繁。田地的主人换了，但相关原始材料并没有及时移交。这样，就造成了田地的归属关系显得比较乱，到了拆迁补偿的时候就会遇到很多麻烦。还有，同样面积的房子拆掉，得到的补偿也不尽相同。这里面，主要是政策规定，房子的基础结构不同、房子内部的设施不同，房子的评估价和补偿也不同。但老百姓不管这些,（他们）对政府作出的评估价也不一定认同。（访谈 ID：42）

第二，缩小政策地区差异。由于我国经济社会发展的地区差异明显，各地拆迁征地补偿的标准不一致，甚至在同一省份、同一地（市）的不同县（区）也不完全相同。这极易引发农民和农村基层组织的攀比心理，激发农民与基层组织和干部之间的矛盾，为新型城镇化的推进带来阻力。因此，尽可能地缩减或消除新型城镇化进程中政策的地区差异，也是当前农

民的主要话语之一。

现在，留在农村种田的基本上是50岁以上的人。40岁以下的年轻人，基本上都到外面打工或做别的去赚钱了。老表[1]对城镇化建设过程中的征地拆迁抵触较大。我们也开过多次会，对不同的人采取了不同的方法来做工作，但老表的思想就是转变不过来。这里面有历史遗留的问题，但各地征地拆迁的补偿标准不一样是最大的障碍。老表互相之间会打听情况，会比较。（2015年8月23日，×村党支部书记，访谈ID：75）

第三，解决城中村管理难问题。城中村的管理难度主要集中在外来人口、日常治安和环境保洁三个方面。城中村是城市扩张后的产物，由于历史和现实的原因，政府对城中村主要仍沿用传统农村的管理模式，造成了阻碍新型城镇化进程且必须直面解决的问题。城中村的农民，表面上是“城里人”，但并未享受城市市民的待遇。

我这里的14个自然村分散在不同地方。市区里面有的东西，我们村里也必须做；市里有的机构，我们这里也必须有人去管（对接）。最困难的地方，在于城市建设。现在，已征到（村民）一点土地都没有了。村民没有了土地，就变得农民不像农民、居民不像居民。……人的身份是转换了，但（市民）所有的待遇都没有享受。总的来说，老百姓要求的是按城市管理、享受跟市民同样的待遇。（2015年7月29日，×管理处党支部书记，访谈ID：47）

第四，政府兑现当初承诺。我国传统城镇化进程中，各地在征地拆迁的安置和补偿方面的历史遗留问题较多，个别地方政府未能兑现自己的承诺，销蚀了党和政府在农民和农村基层组织中的公信力，增加了新型城镇化的推进难度。

政府的公信力，关键在于政府的承诺能否如期兑现。以返建房的建设和兑现来说吧，我们这里周边的乡镇，个别地方农民响应号召把自己的房子拆了，但返建房遗留问题还没解决。农民遇到这种事情，他们会怎样想，后面的工作还好做吗？（2018年1月9日，×村党支部副书记，访谈ID：164）

[1] 当地方言，意指“老百姓”，以下同。

4.2.4 农民对政策内容的话语

政策内容，主要是指执政党和政府部门与社会公共组织为解决特定问题而正式出台、供实际操作的政策和制度文本。政策内容，往往具有很强的时空性、强制性和约束力。新型城镇化进程中农民在政策内容方面的话语，主要集中在完善相关政策，使其更人性化、更具操作性等方面。

第一，尽快出台、完善与新型城镇化相关的政策文件，以便基层干部参照执行，这是城乡基层干部普遍的诉求。深度访谈中，不少基层干部特别是村委会干部认为，从上至下涉及新型城镇化建设具体且操作性强的文件较缺乏。

既然要推进城镇化，政府就要拿出一个政策框架来——确定某个地方（乡村）城镇化后，这个地方就应彻底地改，将村委会改成社区；所有的配套政策也要跟上。这样，所有的工作才好去做。（访谈 ID：11）

第二，通过立法适当延长村级基层组织的任期，使之与上级人大和政府的任期相同，是新型城镇化进程中农村基层组织干部的普遍话语。

对于农村换届选举，农村反映特别多的是希望与上级人大、政府同步。现在每届 3 年，任期太短，浪费人力物力财力，搞得人心惶惶。我相信，习主席听到这样呼声后，会考虑进行改革。当然，换届是需要的，它体现村民的民主权利。（访谈 ID：11）

令人欣喜的是，2018 年 12 月 29 日第十三届全国人大常委会第七次会议修改通过的《中华人民共和国村民委员会组织法》已对村民委员会的任期进行了改革。

第三，切实遵守法律法规、摒弃简单的行政思维，多到基层了解情况、给予村集体必要的政策和权力，适当保持政策的稳定性、一致性，使相关政策更加人性化、更具操作性，是广大农村干部和农民的普遍话语。例如，在棚户区改造过程中，对少数危房且房屋主人经济确有困难者，政府应准许其在原地改建。

中央的政策是非常好的，乡村有新农村建设，城中村就叫棚户区改造。2004 年开始，（我们这里）就不允许城中村改建房子了。当时，提出的是“政府需要、政府建设”。这种政策，一直持续到现在。但老百姓很想改建，很多房子已经开裂了，不改建房子就可能倒掉。老百姓最盼望的是原地改建，采用原来的“3+1”或“3+2”的模式改建。对于城中村，我

认为确实不方便让老百姓大规模地自己改建；但对于少数确属危房、又无钱买商品房的老百姓，应允许人家原地改建。（访谈 ID：47）

使完全失去土地的农民享受市民同等社保等待遇，是失地农民的普遍诉求。

城市里有大社保，农村有农保。我们现在的农保，并不是大社保，也不是针对纯农民的社保，而只是针对农转非的人。新农保交费较高，现在每人每月要交 445 元，个人交三分之一，村集体交三分之二。依现在政策，到我们退休时，新农保和大社保的差距太大了。而且，新农保的保费在不断提高，对村集体来说，这是个不小的负担。作为城中村的居民，就应与城市居民享受同等待遇嘛。（2015 年 7 月 20 日，× 村党支部书记、村委会主任，访谈 ID：79）

地方政府给予农村基层组织更多的政策倾斜，适当保持政策的稳定性和一致性，使农村基层组织在守法守规的前提下充分用好自身资源，帮助村集体发展产业、壮大经济实力，是农村基层干部群众普遍的政治话语。

城镇建设或城市化发展，关键还是产业要发展。特别是要合理利用好土地，而且土地是要归集体。村集体可以利用土地来招商引资，壮大集体经济，或作为城镇化的建设用地等。这方面，上级要有政策出台。（访谈 ID：75）

我们这里重点发展旅游，需要上级给予政策倾斜。比如，×× 岛有 600 亩的土地，具备发展生态旅游的良好基础。发展旅游需要建配套设施，我们希望上级给政策、适当审批。（2015 年 7 月 21 日，× 村党支部副书记，访谈 ID：88）

我们建议，可以通过异地以地换地或留点土地给村集体，发展壮大集体经济。在不影响城市规划的前提下，异地以地换地是可以考虑的。（2015 年 7 月 29 日，× 村党支部书记，访谈 ID：45）

在发展农业合作社方面，相关政策内容不完善、政府作用发挥不充分，农民对此也很关注。

现在很多合作社甚至大的合作社都亏本，因为我们申请办合作社拿到证之后，国税局要来收税。在合作社里，我自己种的田没补助，别人种的田反而有补助。这样下去，合作社法人代表就没有积极性了。（2016 年 1 月 19 日，× 村村农民、专业合作社法人代表，访谈 ID：102）

此外，“（地方政府）对农村电商的扶持政策不明确”（2015 年 8 月 11

日，× 村支部书记，ID：72)、“农村基层干部易被误会，希望政府出台制度加强引导”（ID：75）等也是村干部和村民的话语。

4.2.5 农民对政策执行的话语

新型城镇化进程中农民对政策执行方面的话语，主要集中在地方政府真正落实好政策、保障政策在执行中不走样等方面。

深度访谈中，共有 22 例涉及政策执行的话语。访谈发现，广大农民普遍对近年来中央的支农惠农政策持正面肯定态度。

现在国家的政策算得上好，每年都有 2000 多元的种粮补贴，即使不种也有。（2015 年 2 月 24 日，× 村村民，访谈 ID：35）

通过对政策执行的话语进一步梳理后，笔者发现，22 例访谈中共有 16 例涉及政策落实。在关于政策落实的 16 例访谈中，其话语点主要集中在以下两个方面：一是政策在基层的落实不到位；二是政策执行中的反思和建议。

首先，国家或上级的好政策在基层落实不到位，主要表现为新型城镇化进程中政策在基层会走样或打折扣。

中央的政策是好的，但到了农村，中间的各级政府会对中央政策打折扣。比如说，农村最迫切的需要和愿望，就是搞好农村的基础设施建设。但在农村，这方面力度并不大。刚才几位种粮大户、养殖大户说他们需要国家和政府的支持，特别是资金周转难、政府的贷款或拨款等各方面援助无法到位，最主要的原因就在这里。（2016 年 1 月 19 日，× 村委会主任，访谈 ID：103）

总的来说，党和政府的富农政策是好的，关键是要落实到位。上面政策确实好，但到了地方特别是到农村，就不好说了。（2016 年 7 月 19 日，× 村村民，访谈 ID：104）

上面的政策，落实到我们下面比较少。希望上面的政策下面能落实到位，比如提供贷款，提供有用的技术培训。（2016 年 7 月 19 日，× 村村民，访谈 ID：109）

政策制定与执行中的偏差，是农民对上级政策执行中反映较集中、较强烈的问题。特别是在融资贷款、农业补助（贴）、社保、医保、教育等民生领域，受访对象认为，符合条件、应该享受到国家优惠政策的人群，未能享受到优惠政策。

农业补贴能落实到位的真少！……希望国家的各种农业补贴能真正落实到我们身上，这样才能体现政府对我们这些做农业的人的奖励和关心啊！（2018 年 1 月 25 日，× 农业发展公司董事长，访谈 ID：168）

征地、拆迁初期，当地政府承诺给农民和村集体的预留地、发展用地等具体政策未落实，是城镇化进程中农村基层组织和村民反映较强烈、较集中的诉求。

开发带来的好处是比较多，但有一部分问题还没有解决，我每次开会都会提出来，但总是拖着，四五年过去了，到现在还是没有解决。县里规定征 100 亩返 5 亩预留地的政策，我们第 × 村小组还没有享受到。我们村里的路灯等后期基础设施也没有到位，晚上黑灯瞎火的。（2014 年 11 月 14 日，× 村村民、村小组长，访谈 ID：5）

上面的有些政策，在我们这里，部分人能得到，部分人得不到，如低保和土地分配等。另外，医保补助太低了。我们进村的道路到现在还坑坑洼洼的，村里的卫生也不好，到处乱扔乱放垃圾，也不见有人管。（2014 年 10 月 9 日，× 村村民，访谈 ID：23）

城中村和棚户区改造存在的问题，说起来主要有以下几个方面：一是安置房建筑质量差；二是土地证和房产证迟迟办不下来，影响贷款和子女就近读书；三是部门办事没有形成联动；四是房屋维修缺乏资金来源。（2015 年 7 月 29 日，× 街道办事处党委副书记，访谈 ID：49）

敦促用工单位落实国家关于社保、医保、劳保等法律和政策，是城市打工农民的诉求。

希望政府把我们这些打工人员的医保社保搞好、落实好。政府制定出来的是好的，但下面做的没有跟进。社保与农保是不同的。村里只给我们买了农保，没有买社保。在公司打工，有的公司会买社保；但在很多私人公司或工厂打工，是没有社保的。医保方面，我现在也只有新农合医保，并没有享受到跟市民一样的医保。（2015 年 7 月 20 日，× 村村民，访谈 ID：83）

对于政策执行过程中存在的偏差，农村基层干部和农民表现出种种无奈。

基层的情况，我们也提过，（但）很多问题也解决不了，说了没多大作用。（2014 年 11 月 14 日，× 村村民，访谈 ID：7）

其次，政策执行中的反思与建议。

对于政策执行的反思，主要集中在基层工作中的纰漏、对群体诉求回应不及时等方面。

政府推进城市化建设本来是件好事，但老百姓为什么会有不满足的地方呢？基层干部工作中确实存在纰漏。比如，对老百姓的要求反映不及时，平时老百姓要求干部修个排水沟，干部置之不理。遇到拆迁的时候，老百姓自然就不会配合干部的工作了。（访谈 ID：42）

对于政策执行的建议，农民除了要求按国家要求落实相关政策外，还集中在适当放开政策性审批、加强“严打”、延续已有的好政策好做法等方面。鉴于按国家要求落实相关政策的诉求在前文中已有体现，在此不再赘述。

适当放开政策性审批方面的建议，主要体现在以下三个方面。

一是建议适当放开城中村的住房审批。

现在村里的危旧房改造和村民新建房屋，上级都不给审批。这是近年全市都存在的问题。我们希望上级能给政策，以便解决村民住房问题。（访谈 ID：79）

二是建议政府适当放宽经济活动的证件审批，真正把农业合作社办起来。

我们夫妻俩现在一起在这里搞山鸡、特种犬等特色养殖……希望政府把农业合作社办起来。农业合作社还是有作用的。……比起一个单独的养殖场，农业合作社的信誉度会更高，又可以作为一个生产合作、信息共享的平台。现在外出打工回来的人多了，搞特色养殖的人更多，特别是三四十岁的人较多，关键要在技术上互相帮助，寻找突破。（2016 年 8 月 9 日，× 村村民、特色养殖专业户，访谈 ID：129）

三是建议政府延续利民政策。

今年，新闻里和县里文件都没有提到粮食补贴，新闻里只说到了“三合一补”，县里的文件至今没有下来，不知今年有没有。现在还没有说，但很多农户都在盯着，也在问我们村干部。（2016 年 7 月 20 日，× 村委会主任，访谈 ID：114）

贫困户和低保户的补助，希望政府能够多关照一些。粮补年年都有，但今年没有说；还有“三合一补”，今年究竟怎么做，到现在还不明确，希望政府能尽快明确。村里有人上网去查，说有“三合一补”，也会到村里来问，但县里和乡里文件都还没有明确。总的来说，现在上面政策对农

村是好的，希望政策能够延续下去。（2016 年 7 月 20 日，× 村民小组长，访谈 ID：115）。

4.2.6 农民对政策宣传的话语

政策宣传，是指涉及相关政策的新闻报道和信息资讯宣传。研究发现，新型城镇化进程中农民对政策宣传的诉求因主体不同而异：对于农村管理者而言，主要是加强新型城镇化有针对性的宣传，引导农民尽快转变成城市居民，其目标主要在于改变农民对农村土地的已有认知，使农民能理解、支持、配合国家的新型城镇化建设；改变农民已有思想意识和行为习惯，使农民能尽快适应新型城镇化建设需要。对于农业生产者而言，主要是强化对政策类信息的发布和解读，使之更有利于农业生产。下面，结合访谈材料就上述内容展开阐述。

第一，强化新型城镇化的宣传，融洽干群关系，改变农民的土地认知。

县电视台会播（城镇化相关内容），但针对性强的宣传少，导致百姓的法律和民主意识薄弱，他们不懂什么叫城镇化，不懂大局。比如，在 ×× 公园、×× 一中等工程的改扩建过程中，有关部门很少上门上户帮助宣传相关政策。……严格来说，土地是属于国家的，老百姓只拥有土地的耕作权和管理权，没有土地所有权。但通过现在的法律建设和政策宣传，特别是近年土地确权后，老百姓认为土地是他们（自己）的，不是国家的。（2014 年 11 月 9 日，× 村党支部书记、县人大代表、全国人大代表，访谈 ID：1）

第二，加大宣传力度，解疑释惑，改变农民的思想和行为习惯。

强化对政策类信息的发布和解读，使之更有利于农业生产，是农业生产者和农民对政策类信息宣传和发布的主要话语。

我们希望，电视和网上的新闻在报道相关政策时，能把政策信息解释得更清楚、更明白、更切合实际一些。这样，我们农民更看得懂，村干部也更方便操作。（2015 年 8 月 23 日，× 村村民、村小组长，访谈 ID：77）

中央的政策、省里的政策，（我）都是通过网络媒体去看的。中央政策和有些部门文件，我们只能通过媒体了解，但我们不知道怎么来衔接、申报（项目），相关手续和程序比较复杂。（我）希望媒体在介绍中央政策的时候，能够更详细一些、解读得更加深入一些。（2018 年 1 月 26 日，

× 村村民、× 山庄董事长，访谈 ID：169）

老百姓（村民）不可能一个晚上就从农民变成市民，而是要慢慢地、理性地“从头到脚”（从思想到行动）变成城市居民。先要“头”（头脑、思想）上进入城市，再用“脚”（行动）迈进城市。农村推进城市（镇）化，关键在思想。“脚”进了城市，思想跟着进城很重要！这就要通过宣传，让他们慢慢变得愿意到城市里来。（访谈 ID：11）

第三，充分利用手机等新兴信息平台发布信息、指导生产。

这方面的诉求主体主要是普通农民，诉求内容集中在强化政策信息提供、建立信息平台和加强平台监管三个方面。

（1）强化政策信息提供。

希望手机 App 里能强化政策信息，特别是涉及农业补贴、粮食保护价、政策趋势等方面的内容，多讲一些符合实际的东西。（2016 年 8 月 9 日，× 村村民，访谈 ID：130）

希望政府多提供动态信息……通过传媒把更好的技术、品种宣传出去，引起政府对农业和技术人才的重视……形式上，文字加图片、视频更直观一些。（2017 年 1 月 12 日，× 村村民，× 农业发展有限公司总经理，访谈 ID：150）

（2）建立信息平台。

现在的问题是缺少信息平台——蔬菜价格偏低、农户收集信息能力差。如果有这样一个组织、机构、平台吸纳加入平台的小户那就好了。通过微信，建立微信群，把信息发布出来就好了。我们曾有这样一个想法，但还没有建立起来。（2017 年 1 月 12 日，× 村村民小组长，访谈 ID：148）

（3）加强新媒体平台的信息监管。

（我）在网上和手机平台获得的信息比较多，但微信公众号中存在较多的虚假信息，需要及时管理；在技术上，需要进一步加强，希望能够有人指导，这样才能起到更好的作用。（2017 年 1 月 13 日，× 村养猪专业户，访谈 ID：151 ）

4.2.7 农民的政治评价与参与

新型城镇化进程中农民的政治评价与参与，既是基层干部和农民政治话语的表征，也是相关政策在农村实施效果的折射，还涉及农村基层干部

的素质、工作积极性和遴选机制等。

受访者积极评价政策的积极效果，认为自己的创业、发展受到了政府或政策的启发、帮助。

我曾在 ×× 做农业、种油茶、养鸡和冬茅老鼠，形成了自己的产业链，但遇到一个问题——农产品卖不出去。后来，市领导提出将从事农产品生产和销售的公司、企业集体整合到一个平台上。受这个思想的启发，我就创办了 × 配送公司，主要用电商模式进行操作。现在，我们公司月销售额约 200 万元，有员工 253 人。（2015 年 7 月 31 日，× 村村民、× 公司董事长，访谈 ID：60）

部分老年农民受文化水平制约，对政策的关注度不高。

我平时不看新闻，对国家政策也不太关心，主要是没文化、看不懂。（2015 年 2 月 24 日，× 村村民，访谈 ID：33）

部分青年农民对地方政府的满意度不高。

我对国家法律政策比较满意，但对当地政府不太满意。我们这里较偏僻，地方政府有“天高皇帝远”的感觉。（2015 年 2 月 24 日，× 村村民，访谈 ID：34）

对政策和地方政府的评价和满意度，主要体现在农民对国家政策的评价和村集体事务的参与上。

现在，农村的村民大会召开得少，因为一开会就容易吵口，矛盾容易暴露出来。村里开村民大会时，多半是中老年人或在家的妇女来参会。（2014 年 10 月 9 日，× 村委会会计，访谈 ID：24）

我的想法，跟我自己常年在外打工的经历有关。我对政治不太关心，但对就业、房价、饮食和环境方面的事情很在意。（2015 年 2 月 24 日，× 村村民，访谈 ID：36）

对城镇化进程中涉及的政策效果，除前文已经提及的内容（如历史遗留问题和矛盾、政策“一刀切”的影响等）之外，受访对象对其他方面也表达了自己的意见、建议。

已经征收的土地大量闲置，在乡镇，很多门面房都空置着，看着真心疼，最好是开发多少地就征多少地。另外，政府应提高对失地农民的补助标准。（2014 年 11 月 14 日，× 村村民，访谈 ID：9）

我们这里丘陵多，农业机械化难以推进。……现在外出务工农民很多，留在村里的大多是老人。年轻人都不愿种田，土地大量撂荒。土地平

整，是实现农业机械化操作的前提，但目前农村由于土地分田到户、土地太过分散，不利于推进农业机械化。（2015 年 1 月 23 日，× 村党支部书记，访谈 ID：31）

另外，对于普惠性的种粮补贴，种粮户提出了自己的建议。

种粮和不种粮的都有补贴，这对真正种粮的农民不公平。应该是种了粮的才有补贴，没有种的不给补贴才对啊。（2018 年 1 月 26 日，× 村村民、现代农业观光园负责人，访谈 ID：170）

对于干部素质和选拔，不同社会群体的评价有较大不同。

村民认为，“有的乡村干部的素质低，服务态度不好，办事不公”。（访谈 ID：23）

农村基层干部则认为，现在“很多人不愿做村干部，特别是青年人不愿意。……上面也要真正关心基层干部，让他们有工作积极性。……当然，基层干部也要自身正派、廉洁。总之，一要深入基层、倾听群众意见；二要关心基层干部，不能只是天天喊口号”。（访谈 ID：1）

对于农村基层干部的选拔，受访对象认为，“村干部选举以前存在弄虚作假、拉票贿选，2014 年后好像没有发生过村干部贿选的事”。（2015 年 2 月 24 日，× 村村民，访谈 ID：35）对此，村干部坦承，“在选举村干部方面，村民的宗族、姓氏观念比较重。参加村干部选举时，基本上要把家庭、宗族的势力和个人的能力综合利用起来”。（2016 年 8 月 9 日，× 村支书、村主任、县人大代表，访谈 ID：132）

4.3 新型城镇化进程中农民的经济话语

受访农民的经济话语涉及面很广，主要集中在经济来源、金融贷款、基础设施建设、农产品生产检测与推广、征地拆迁补偿、货源保障、生活成本、农业补助（贴）、土地流转、农业产业结构调整、土壤检测与改良、脱（扶）贫等方面。

4.3.1 新型城镇化进程中农民经济话语概况

通过对访谈资料的梳理，发现新型城镇化进程中农民的经济话语主要涉及生产、流通、消费等诸多方面。

根据前文所定编码规则，实地访谈中农民经济话语所涉内容及相关频次如下：经济来源 34 例，金融贷款 21 例，基础设施 12 例，农产品生产、检测与销售 8 例，征地拆迁补偿 6 例，土地流转、农业补助（贴）各 5 例，电商货源、生活成本各 4 例，土壤检测、农业产业结构调整各 3 例，扶（脱）贫 2 例，发展定位制约、物价调控、公共财政投入、减轻税负各 1 例，共计 111 例。

将“基础设施”“农产品生产、检测与销售”“土地流转”“农业补助（贴）”“电商货源”“土壤检测”“农业产业结构调整”“减轻税负”归入“农业生产要素”后，农民经济方面的话语诉求如表 4.2 所示。

表 4.2　新型城镇化进程中农民的经济话语　　（单位：例）

选择性编码	主轴编码	话语材料数量	合计
效果评估	经济来源	34	36
	扶（脱）贫	2	
农业生产要素	金融贷款	21	64
	基础设施	12	
	农产品生产、检测与销售	8	
	土地流转	5	
	农业补助（贴）	5	
	电商货源	4	
	土壤检测	3	
	农业产业结构调整	3	
	减轻税负	1	
	发展定位制约	1	
	农资价格调控	1	
城市化要素	生活成本	4	11
	征地拆迁补偿	6	
	公共财政投入	1	
合计		111	111

从表 4.2 可知，新型城镇化进程中，农民的经济利益诉求主要集中于农业生产要素和收益效果方面，城市化要素涉及的并不多。

接下来，本书将结合深度访谈材料，重点从农民在经济来源、金融贷款、基础设施等方面展开阐述。

4.3.2　农民在经济来源方面的话语

“经济来源”是农民最集中的经济利益诉求。笔者通过梳理材料发现，在提及“经济来源”的访谈材料中，谈及“集体经济”的访谈材料有11例，表明集体经济在新型城镇化进程中具有重要地位。其余访谈材料主要涉及个人经济来源。为什么受访对象如此聚焦、重视集体经济？主要原因在于，随着城镇化的推进，原来分散居住的农民实现了集中居住，搬进了集中安置小区，但也带来了其他问题。

第一，在集体经济来源方面的深度访谈中，多位农村基层工作者强调了城镇化进程中农村集体经济的重要性。调研发现，在部分地区的城镇化进程中，尤其是城镇化开发较早的地区，因农村土地全部被征收且当地未给村集体预留下发展用地，致使村集体经济来源萎缩，农民集中安置小区的日常维护出现问题。

我们××村，原来也称得上是“鱼米之乡”，每年人均GDP有1万元左右。近十年来，我们这里的土地几乎全被征用于城镇化建设。我们村现在面临的情况是：一无土地，二无企业。村委会的收入，主要来源于村里老房子的租金，每年一共大约10万元。现在，村集体遇到的主要困难在于没有集体经济来源。村里（村委会）没有集体收入，这是我们现在遇到的最大困难。（访谈ID：1）

从我们村集体的角度来讲，村民住进小区后，有个小区物业管理费的问题。这些钱从哪里来？以前，村里有些公共用地可以出租。现在，土地全被征了，村集体也没有经济来源了，小区里的电费、水费、卫生费、人工费一年下来起码要20万～30万元。村集体无经济来源，日常管理和运转就很头痛。（访谈ID：47）

访谈中，一些受访者表示发展产业、壮大农村集体经济是当前农村基层干部着力需要解决的问题。

近几年，农民享受到了城镇化发展带来的便利和实惠。引导农民集中到圩镇居住能拉动当地经济发展，但也面临着其他问题，那就是如何持续拉动本地经济发展。因为圩镇的硬件建设特别是大规模的基建项目，总会有个阶段性，不可能一直搞下去，这就需要我们思考如何引进企业，利用好税收打造特色支柱产业。（2015年8月23日，×镇党委委员，访谈ID：74）

城镇化建设或城市化发展，关键还是产业发展。特别是要合理利用好土地，而且土地还是要归集体。村集体可以利用土地来招商引资壮大集体经济，或将土地作为城镇化的建设用地。这方面，上级要有政策出台。（访谈 ID：75）

近几年，我们的村集体经济搞得还好。……我们的经验主要是：一是把边缘地方（我们叫作“边角料”）和旧房改造留下的空闲地方收归集体，通过翻新、改造之后再出租。……这部分的收入，原来每年不到 10 万元，现在达到一年 80 万元了！二是发展“楼宇经济”，建农贸市场。……现在，我们在农贸市场这部分的收入，每年就可以达到 10 多万块钱。（访谈 ID：47）

第二，个人经济来源方面的话语主要集中在个人或家庭经济收入与支出上。因年龄、职业及主要收入来源不同，访谈对象在经济来源方面的诉求点也不尽相同，大体可分成三类：农业收入、工资收入和其他收入。

农业收入方面。受访者普遍认为，农业收入偏低，搞农业不划算。

农产品不比工业产品，农产品的生产周期长，利润本来就不高。（访谈 ID：60）

种田的收入太低了。……我现在每亩田的收入，了不起只能弄到 1000 元左右。除了化肥、农药、种子等成本，所剩无几，只能维持日常生活。……人情交往的钱，现在就靠孩子们在外打工寄回来的钱解决。总的来说，现在经济较紧张。（2016 年 1 月 19 日，× 村村民，访谈 ID：99）

除专业种养户之外，从事农业生产的散户普遍存在年龄偏大、受教育文化程度较低等特点。他们认为，正是因为自己的这些不足，无法到外面打工，才只好在家种地。

我现在在家务农，主要种蔬菜和水稻。我也想出去打工，打工收入高啊。可现在年龄偏大了，外出打工也没有人愿意招呀。（访谈 ID：148）

部分受访农户不愿接收土地流转，担心自己老了找不到工作，没有收入来源。

我不愿意接受土地流转。如果土地流转了，我只有闲在家，现有保障不能保障我的基本生活。相比土地全部流转，我更愿意选择部分流转。因为那样，到年老后找不到工作的话，我还可以回来种地。（2017 年 1 月 12 日，× 村村民，访谈 ID：149）

工资收入是农村社区基层干部和外出务工农民最关注的事项。

就业肯定是最在意的，特别是工资收入，因为有了钱就有了全部。目前，(我) 想在 ×× 市区买套 100 平方米以上的房子，现在住农村的老式房子已经不习惯了。(访谈 ID：36)

居委会干部的工资收入太低。我之所以做得这么久，一是个人性格原因，二是做久了也就产生了惰性。现在越来越多的人都在搞副业，补贴家用。外面的工作变成了主业，这里（居委会）的事却变成了副业。为了补贴家用，这也是没有办法的事。(2015 年 7 月 21 日，× 社区居委会干部，访谈 ID：90)

以前，我平均每年的收入大概有 11 万～12 万元。2015 年起，担任村小组长。现在，工资每个月 1000 元左右，担任村干部以后就没法到外面赚钱了。……希望政府能提高村干部的工资待遇。(2016 年 7 月 21 日，× 村村干部，访谈 ID：119)

其他收入方面来源少。城市化进程中，当地政府返还给拆迁农民的门面房或者因位置偏僻租金收入低，或者因门面房面积小难出租而空置。

在乡镇，很多门面房都是空置着。(访谈 ID：9)

我们组安置的地理位置偏僻，门面房收入远不如 × 小组。他们的门面房，租金收入可达上万元。我们的门面房，根本没有人要，全都用来放自己家的自行车、电动车之类。(2014 年 11 月 14 日，× 村村民小组长，访谈 ID：6)

现在，集中住到安置房里，农民全部上楼了，但门面房做得太小了，难出租。本组的土地全被征收了，政府应该给补助。(2014 年 11 月 14 日，× 村村民小组长，访谈 ID：8)

部分地方政府在城镇化进程中，因为返建房或安置房未能及时到位，政府的过渡性安置方案给部分村民的生活带来了不便，造成了家庭经济压力。

政府只有 × 多套房子可分，还有 × 多套房子的缺口。这么多人都要到外面租房子住。按照市里给的安置过渡方案和租金标准，对于原来住房面积较大的人来说还能收支平衡，对原来房子面积较小的人来说就难收支平衡了，到外面租房子住还要倒贴钱，他们就不干了！（访谈 ID：44）

4.3.3 农民在金融贷款方面的话语

对金融贷款有需求的农民，主要是在当地从事农业生产和销售的中

青年。本书作者接触到的 21 位有金融贷款需求的受访对象中，仅 2 位是从事非农产业的农村青年。这些话语的主体具有三个基本特征：第一，从年龄来看，26 ~ 35 岁的青年农民有 10 例，43 ~ 55 岁的中年农民有 10 例，年龄不明者 1 例。其中，不乏一些曾常年在外打工然后回乡务农的新农民。第二，从文化程度来看，不明者 2 例，小学学历者 1 例，初中学历者 13 例，高中（中专）学历者 4 例，大专学历者 1 例。第三，从生产特点看，除从事非农产业者外，普通种养户仅 3 例，专业种养大户有 16 例。专业种养户主要从事产业附加值较高的产业，且在当地有一定规模和影响。他们的话语，主要集中在公平发放项目信贷、降低贷款门槛、简化贷款手续、适当延长农业贷款还贷时长等。

上述话语特点可能反映了当前我国农业生产主体和产业转型的某些共性特征，值得关注。通过访谈，本书发现农民在金融贷款方面的话语具体体现在以下几个方面。

其一，公平发放政府项目信贷资助。在前文“政策设计”部分，受访农民提出，现有农业金融信贷前提条件的设计在某些方面不尽科学与合理。实地调研中，受访农民对农业贷款或项目资金扶持的公平发放提出了诉求。

如果银行里没有亲戚或熟人、朋友，贷款有点难。（2016 年 8 月 11 日，× 养猪专业户，访谈 ID：146）

2007 年，我开始种葡萄……全部是我自己的投入。葡萄品种是我自己引进的……我从种葡萄至今，也没有拿到过什么项目和资金。（2015 年 7 月 31 日，× 村村民、果园女老板，访谈 ID：61）

其二，降低门槛、简化手续。农业生产投入多见效慢，农民对贷款的需求和呼声也大，但受访者普遍反映贷款门槛高、手续烦琐。

希望政府提供贷款。农业投资很大……。几十万（元）、一两百万（元）也看不到什么（成果）。……见效的话，就很慢了。另外，还要运营费用、人工工资等，开支真的很大。（2018 年 1 月 25 日，× 村村民，访谈 ID：167）

政府金融扶持很重要。现在，贷款难办——要资产抵押……可涉农企业房产少，土地也是租来的。还贷的周期也应适当拉长一些，最好是五年以上，因为农业生产的周期比较长。还有一个价格周期的问题，综合平均下来才能有盈利。（访谈 ID：170）

其三，农民主要将贷款用于购买新设备、实现产业结构升级。

上半年（2018年上半年），我这里工人的工资还少一点，一个人一天八九十块钱，十多个人一个月下来要多少钱？你一算就知道了。所以，我要引进新型设备，就像我刚才说的那个“水肥一体化”。……以后做农业啊，如果能用机器的话，最好用机器。……引进新设备，就要贷款了。（访谈ID：167）

现在，种田的成本真是高啊！……我看电视里说陕西土窑洞做食用菌，我也想在山上挖个土窑洞来搞，但是没有技术和资金，只能是有想法没办法。……他们（陕西）那里搞得好，蘑菇都卖到北京去了。这事我想了好久，就是没有钱和技术！因为出去学，也要钱。（2016年8月8日，×村村民、种粮大户，访谈ID：124）

我现在要扩大规模和发展生产，但缺少资金和技术。很多新技术要学，设备要更新换代，这些都要钱。（访谈ID：130）

4.3.4　农民在基础设施方面的话语

基础设施建设，即人们日常生活中所说的硬件建设，包括道路桥梁等基础性交通设施、水电气等能源基础性动力设施、山塘水渠水坝等农田水利设施、电信移动等信息网络联通设施在内的涉及公众基本生产生活所需的硬件建设。

调研发现，我国新型城镇化进程中农民在基础设施方面的话语，主要集中在城乡路网、电网、水利和信息通信四大方面。

道路桥梁等交通路网的建设和完善，是农民在基础设施方面首当其冲的话语。该诉求既体现在新近进入城市化区域的村民之中，也体现在尚处于农村地区的村民之中。

对于新近进入城市化区域的村民来说，其在基础设施方面的诉求主要体现在路灯等后期基础设施未及时到位。

开发带来的好处比较多，但还有一部分小问题还没有解决。我每次开会都会提出来，但总是拖着，四五年过去了，到现在还是没有解决。比如，我们村里的路灯等后期基础设施就没有到位，晚上黑灯瞎火的。（访谈ID：5）

由于历史和现实的原因，我国城乡在基础设施方面的差距较为明显，仍处于农村地区的村民在基础设施方面的诉求显得更加突出和多元，尤其

在交通路网、水利设施、信息通信等方面的诉求更突出、更强烈。

我们村进村的道路，到现在还坑坑洼洼的。村里的卫生也不好，到处乱扔乱放垃圾，也没有人管。（2014年10月9日，×村村民，访谈ID：23）

就全村整体而言，目前我们要解决的问题主要是水利工程、道路交通、贫困户脱贫、水土流失和环境污染，特别是水利工程、道路交通和环境污染三个方面。（2015年8月4日，×村委会主任、党支部副书记，访谈ID：62）

贫困村的村民，在交通和通信基础设施上的诉求尤其强烈。

目前最困扰我的是网络通信。特别是到现在农村还没有拉通网线，有点与世隔绝的感觉，信息不灵通。用手机上网费用较贵，用电脑上网方便，费用也低。总的来说，农村的基础设施还是不太完善，特别是道路交通和网络通信。（2016年7月20日，×贫困村村民、返乡务农人员、当地种粮大户，访谈ID：111）

我现在在家里带小孩，想做微商，但交通不方便很麻烦，所以也不敢去弄。寄快递嘛，一是路途远，二是路又不好走，所以就不敢搞。……希望政府帮忙解决交通、资金、通信……特别是交通和通信。（2016年7月20日，×贫困村村民、返乡务农人员，访谈ID：112）

现在，大家最盼望的事就是硬化公路到（村）小组，把各（村）小组的水利设施建好，这是两个最大的愿望。农民靠种田，种田要有水。常言说得好，"要致富先修路"。路不好，其他都没办法，出去打工的也怕回到农村。如果公路修好了，交通方便了，还是有人愿意回到农村来。水利方面，主要涉及灌溉用水和水坝建设。公路方面，主要是道路硬化。电力方面，农村电网正在改造，有三个村组已经完成，有的村组还没有完成，村民意见很大。（访谈ID：114）

4.3.5 农民在其他农业生产要素方面的话语

除上文提及的金融贷款和基础设施之外，农业生产要素还包括农产品的生产销售、土地流转、农业补助（贴）、土壤检测、产业结构调整等。以下笔者将农民在其他农业生产要素方面的诉求作一简述。

其一，农产品生产销售方面的诉求。农产品的生产与销售，是农民日常生活的基本来源。因此，降低成本、提高销量是农民在农产品产销环节较为集中的诉求。调研发现，在新型城镇化进程中，部分农民已开始自觉

强化在特色品种、检测与品牌推广等方面的工作，并体现在其话语之中。

现在，我用的微信销售渠道是 ×× 报社主动提出帮我做的。微信销售的效果嘛，怎么说呢？也不能说完全没有。……我这里的位置比较偏僻，销路主要靠葡萄品质来打开。目前，我希望加大宣传力度，但我自己的时间和精力有限，希望有人来帮我做些宣传策划。（访谈 ID：61）

受天气影响较大、包装难、运输不便、销路难打开，是农产品生产销售经常遇到的难题，也是农民反映较集中的问题与诉求所在。

我是土生土长的 × 村人，父母在（20 世纪）80 年代的时候就开始做杨梅、柑柑，现在还种了 300 棵杨梅树。杨梅的季节性很强，我们成立了合作社，大家凑钱通过电视台、移动短信等渠道发广告推销，后来通过微信发广告。我们目前遇到的困难主要在于，杨梅这种产品包装起来较麻烦，加上我们农村交通不太方便，有些东西运不出去。（2016 年 8 月 11 日，× 村村民、杨梅园业主，访谈 ID：143）

我们做这个（南瓜干），受天气影响比较大。南瓜收上来后要做成南瓜干，天气不好（南瓜干）就容易坏掉。目前，主要遇到的困难就是销路难打开。（2016 年 8 月 11 日，× 村村民，访谈 ID：144、145）

为了提高农产品的销量和价值，农民尝试了多种办法。例如，有的通过做广告、发微信提高销量，有的通过深加工提升价值，减少损失。“我们通过成立合作社、做广告、发微信等方式推广，提高销量。将来打算用杨梅酿酒到酒店推销，减少损失。”（访谈 ID：143）

有的农民打算注册公司，打造自己的商标。“我打算建立自己的品牌，准备依托高山茶油地理标志注册公司，建立自己的商标。目前，商标正在设计之中。这方面，我们需要得到政府的支持。”（2015 年 8 月 11 日，× 村村民、返乡务农人员，访谈 ID：68）

除了通过媒体宣传、推广拓宽产品销路外，通过科学权威的农产品成分检测报告、增强人们的心理认同、培养人们的消费习惯进而拓宽产品销路，是特色农产品生产者的话语。

我以前在外打工，2012 年开始返乡种绞股蓝。生产方面，现在我已经基本没有问题了。……目前，我主要考虑的是销售。……因为我这种东西是保健品，卖的价格也比较高……。我希望能找到相关的专家来帮我进行提炼。……我想弄明白，这种东西为什么能有保健作用？这种东西含有什么成分？……这样，我的宣传推广就更有说服力了。目前，我还没有这种有说服

力的检测报告。（2017 年 7 月 27 日，× 县特色种植专业户，访谈 ID：161）

其二，农民在农业补助（贴）与土地流转方面的话语。

对于农业补助，落实并适当提高农业补助（贴）、改进农业补助（贴）的发放方式，是农业生产者较普遍的话语。

现在稻谷价格下降，希望国家提高粮食收购价（ID 号：110）；我们希望国家的农业补贴能落实到位。另外，粮食补助（贴），应该是对实际种了粮食的人才能发，对没种的人就不能发。（访谈 ID：168、170）

对于土地流转，农民中存在着不尽相同的诉求。例如，农业生产大户、新型农业经营者希望土地流转能更加便利、快捷。他们认为，现在农村土地流转难是因为普通农民中很多人有“红眼病”（访谈 ID：162、169、170）。普通农民（散户）则认为，自己之所以不愿接收土地流转，主要是怕老了找不到工作，没有收入来源（访谈 ID：149）。

其三，农民在土壤检测改良和产业结构调整方面的话语，主要来自农产品产业结构相对单一、长期使用化肥导致土壤肥力下降、农业产值衰减严重的地区或乡镇。

自 20 世纪 80 年代以来，某乡一直以白莲种植为当地主导产业，但长期大量使用化肥已使土壤肥力下降，白莲的收成和产值都急剧下降。改善土质、引进新兴产业、提高土地效益，就成了当地农民的基本经济话语。

我们这里一直以生产白莲为主。现在我们这里的土质已经适应不了白莲种植了。以前，一亩田可收白莲 160 斤左右；现在，有的田里甚至颗粒无收。原因是，多年的白莲栽种，已使土壤变坏了。我们迫切希望，当地政府能引进其他产业使我们老表种田的收入有提高！……农民是以土地为根本的，我希望政府想办法帮我们改善土质，提高土地效益。（访谈 ID：99）

在另一个长期种普通蔬菜的行政村，该村村民兼村小组长在接受笔者访谈时除谈及菜价与天气关系之外，也表达了对土质检测、引进新型产业结构和生产方式的诉求。

冬天，天气冷，菜价就高一点；天气暖和，菜价就低。今年冬天天气暖和，我们的白菜、红菜柳、芹菜才卖每斤 2 毛，一亩八分田红菜柳只卖了 400 元。……我们现在种的蔮头不挣钱，主要是缺项目、资金、技术、销路，需要技术人员来帮我们做土壤检测，告诉我们怎样用肥料。不用化肥产量上不去，但化肥用久了会影响我们的土质，这让我们很为难。所以，我们希望有技术人员来帮我们做土壤检测，同时对我们目前的产业结

构进行调整。(访谈 ID：148)

农民对保障电商货源、控制农资价格上涨幅度、减轻税负等其他生产要素方面的诉求，在此不再一一展开。

4.3.6 农民在城镇化要素方面的话语

农民在农村城镇化要素方面的经济话语，主要体现在征地拆迁补偿、城镇化后生活成本增加以及公共财政投入有限三个方面。

在征地拆迁补偿方面，受访对象表现出来的话语主要体现在补偿标准的制定、实施、发放及其历史遗留问题的处理，以及征地拆迁过程中上级补助账目的公开等方面。

我们村里多出来的田地，像开荒地增加的土地，划归村里或生产队集体分配，种了田的人就给，不种的就不给。以前村里说过，国家有每亩160元的种粮补助和每亩300元的农田出租补贴。我们希望能公开账目，多分钱给村民。(访谈 ID：23)

土地确权登记前，特别是在要交农业税的年代，很多人不愿种田，将田过户给了别人(有合同和双方签字)。到确权登记时，出让田地的农户都要将田收回来，有些人的态度不是很坚决，但如果后面这些人(出让田地的农民)态度变坚决了，怎么办？……而且，我们现在只是处于公示阶段，还没有开始丈量，即使丈量，我们也是由专业人士丈量。(访谈 ID：24)

补偿标准不统一、部分人员抢种抢建、补偿标准难提高、政府补偿不能及时到位等，是征地拆迁阶段经常遇到的问题与矛盾，也是农民的话语之一。

同样面积的房子，拆掉得到的补偿不尽相同。这里面，主要是政策规定，房子的基础结构不同、房子内部的设施不同，房子的评估价和补偿也不同。但老百姓不管这些……拆迁户会把自己得到多少补偿的事情说出去，就会引发不同拆迁户之间的攀比。(访谈 ID：42)

我们村拆迁时，地方政府曾答应给墙脚基础超深的住户给(额外)补偿。但农民把房子拆了之后，补偿又一直没到位。(2015 年 7 月 29 日，× 村党支部书记，访谈 ID：46)

征地拆迁补偿标准难提高、政府补偿不及时到位的原因，主要在于很多地方存在着的土地财政现象，财力有限。

现在，很多地方都是土地财政，政府征地拆迁也要做成本核算。一方面是老百姓要价更高了，另一方面是财政没钱提高补偿标准。这样一来，农民就不愿拿田地出来了。特别是圩镇上那些土地屡次被征的农民，提出要办失地农民保险。办这个保险的钱从哪里来呢？县里和乡镇都没有这个财力。（2015 年 8 月 11 日，× 镇常务副镇长，访谈 ID：73）

对于政府让其“洗脚上楼”、进城居住，农民的心态和诉求比较微妙，认为楼房虽然更干净卫生，但生产生活有些不便，生活成本提高了很多，希望政府增加公共财政投入，如增加失地农民的社保等。

农民觉得新房子更卫生是真的，但也有人说住得不习惯，特别是日常生活和生产劳动起来有些不习惯。一些比较大型的农具不好堆放，生活成本也高了，种菜、养鸡不方便，甚至就根本没法种菜、养鸡了，什么东西都要用钱买。日常开销真是比以前大了好多！（访谈 ID：24）

失地农民的社保，我们基本都买了。但那个钱，只适合在老房子里烧柴火过日子。……按现在标准，在农村生活，菜和米能自己种自己吃、身体还健康的话，那点钱还能勉强度日；要是在城里生活的话，开支就大多了，那点钱就只能交水电费了。（访谈 ID：6）

4.4 新型城镇化进程中农民的社会话语

社会话语是指涉及社会民生方面的话语。通过深度访谈，发现受访农民的社会话语主要集中在基本民生保障、居住条件、劳动就业、身份待遇、人口计生和安全保障等方面。

4.4.1 新型城镇化进程中农民社会话语概况

根据编码规则，新型城镇化进程中农民社会方面的利益诉求，所涉及的材料来源数如下：基本民生保障共 26 例，内含社保 9 例，医保 6 例，就医 4 例，养老 3 例，失地农民保险、低保各 2 例；住房（居住条件）、就业（劳动就业）各 10 例；身份待遇 9 例，内含身份转换 5 例，人口计生 4 例；安全保障 4 例，内含社会治安 2 例，食品安全和小区管理各 1 例。这些数据，展示了新型城镇化进程中我国农民在社会民生方面的诉求。

4.4.2 农民在基本民生保障方面的话语

基本民生保障，包含社保、失地农民保险、新农保、医保、低保及就医、养老等方面。失地农民保险获利低、医保报销额度低、要求享受与城市居民同等的社保，是新型城镇化进程中农民在基本民生保障方面的主要话语。

（1）基本社会保险。

随着城镇化的推进，很多地方政府给失地农民办理了失地农民保险，但失地农民就此提出了自己的诉求，主要集中在以下四点。

其一，提高失地农民保险的额度。

对失地农民，我们县里有这样的政策：由村民自由决定是否买失地农民保险，一次性交费。最高保额是，村民一次性自己交 8750 元，政府配套 8750 元。到退休年龄，男子年满 60 周岁、妇女年满 55 周岁，每月可得 210 元，这些钱已成为老年人的主要经济来源。但这点钱对老年人来说，远远不够。交了水电费后，就没有什么钱了。（访谈 ID：5）

失地农民的社保太低了！女的 170 元，男的才 210 元，真是太低了！我们的土地没有了，什么东西都要钱去买，按规定人均土地不足 3 分田就应算是失地农民，希望政府能适当提高失地农民的社保！（访谈 ID：7）

其二，与城镇居民享受同等的社会保障。

对于社保，失地农民比较一致的诉求是由国家予以保障，使失地农民享受与城市居民同等的社会保障。

社保和土地，要靠国家的大气候（大政策）来保障。现在，农村的年轻人都会外出打工，但年纪大了还能一直在外打工吗？等他年纪大了，也会回家种田的。所以，农民的土地给了国家之后，农民的劳保和社保这些东西，应由国家负责。（访谈 ID：24）

其三，勿将失地农民保险与其他制度相捆绑。

对于部分地方政府将失地农民保险与“新农合”等其他制度相捆绑的做法，受访农民提出了自己的诉求。

政府是给我们办了个失地农民保险，但那是退休以后才有的事。男的要满 60 岁、女的要满 55 岁才能享受。退休以后，每人每月才 300 多元，不到 400 块钱。交社保还分了几个年龄段交，自己交新农保要交满 15 年，开始时一次性个人交满十年要交 1 万多块钱，以后每年交几千元。这是我

们市里定的政策。新农合和失地农民保险都要一起办，只要一个村民没有办，村集体中的其他人也办不了。（2015 年 7 月 29 日，× 村党支部书记，ID 编号：43）

其四，提高农保和新农保的获得感。

新农保的参与率与年龄有密切的关系，新农保的额度对农村居民的日常消费和获得感有一定影响。调研发现，多数农村居民认为，现有的农保和新农保给农民带来的获得感不高。

我现在老了，内心是不太想做了，但农村的养老金不够，所以还在做，目的是赚点钱来养老。目前，我还没有交社保，但已办了老农保和新农保，到了退休年龄，两样加起来才每月 60 元左右，太少了。（2015 年 2 月 24 日，× 村村民，访谈 ID：35 ）

（2）医疗保险和就医。

办理医疗保险以保障自己和家人的健康平安，是城乡居民普遍的心理和诉求。多数村民希望能提高医保报销的额度，扩展医保报销的范围。

我今年 66 岁了，有两个儿子两个女儿，全都在外打工，也都已经成家、分家，单独过了。我现在主要是在家里种田，年收入大约 1 万元。对我来说，目前的养老和就医问题比较紧迫。我现有高血压和胃病。（从家里到）卫生所距离约 2 里路，平常在 ×× 县城看病就医，每年医药费要 2000 元左右。我们已经买了医保（新农保）。如果住院，可报销约 60%；不住院，则不报销。问题是，如果不是特殊情况，我们也不会去住院呀！（访谈 ID：33）

我今年 50 岁了，没有结婚，也没有小孩，现在与父母同住，他们都七八十岁了，行动有些不太方便。我主要在家给父母做饭，照顾他们的生活起居。我哥赚钱养家。我哥已结婚，孩子也大学毕业且都已经参加工作了。现在我们全家需要解决的就是医保，其他没有了。（2015 年 7 月 20 日，× 村村民，访谈 ID：84）

我今年 53 岁，有两个小孩，现在自己开大排档做早点。我们家住房没有问题，主要需要解决的也是医保，其他没有了。（2015 年 7 月 20 日，× 村村民，访谈 ID：85）

现在，老百姓对社保总体上比较满意和高兴，但对医保反映比较集中，主要是嫌医保报销的比例低了。生个病，如果是平常的感冒，还能自己掏钱解决，但如果遇上大病，那自己的开支就比较大了。（2018 年 1 月

9日，× 村党支部副书记，访谈 ID：164）

（3）低保的分配与低保对象的确定。

部分农民认为农村低保存在不透明、不公平现象，但参加过评选会的村民对此表达了不同看法。

低保分得不公平。真正的穷人没有得到低保，反而是那些有钱人有低保。而且，低保的事从没有公开讨论过，都是由村干部自己定。（访谈 ID：23）

我参加过我们村里确定精准扶贫的会议，对一些情况略知一二。比如现在，农村精准扶贫的重点放在低保户和贫困户上，夫妻齐全、65 岁以上的还不能贷款。对于精准扶贫对象的确定，要经过会议讨论研究确定。会议人员是这样组成的，党员代表 5 人，村小组成员 5 人，党外人士 5 人，村干部 5 人。（× 村村民，访谈 ID：104）

据此可知，在涉及低保户的认定等事宜上，相关组织及时向村民公布信息、消除误会显得十分必要。

4.4.3　农民在居住条件方面的话语

城市化是一个必然涉及征地和拆迁的过程，新型城镇化也必然遇到类似问题。居住条件方面的话语，主要是指涉及住房方面的诉求。具体来说，就是新型城镇化进程中，农民在房屋建设、改造、安置与分配等方面的诉求，主要体现在政府安置房的分配与后期维护、农民自有住房的规划与改建、农民小产权房的保护与交易等方面。

我们村（小组）的土地全被征收了。现在，村民全集中住到安置房里，全部上楼了，但门面房做得太小了，难出租……集中住到六层的安置房里，楼层有些高，又没有电梯，60 岁以上的老人上楼不方便……希望政府另给一块土地让我们自己建二三层的楼房住。（访谈 ID：8）

政府安置房的建筑质量、前期的分配和后期的维修与管理，是新型城镇化进程中受访者反映较为集中和强烈的问题。

目前，我们这里还是村民自我管理（属于村民自治），不是社区管理。房子是市里城建部门负责建的，存在房屋漏水、墙面掉水泥、排水系统跟不上等问题，村民住进去有四五年了，还没有验收。（2015 年 7 月 29 日，× 街道办事处党委委员、× 村委党支部书记，访谈 ID：48）

城中村和棚户区改造过程中，农民的安置房和住宅小区存在房屋漏水

等建筑质量和小区治安、环境卫生、后期维护等方面的问题。

集中安置小区，目前存在的问题主要有三个：一是治安问题。（农民）住的小区都是敞开式管理；根本没有摄像头，小区治安是个严峻问题。……二是卫生问题。……政府给了安置小区30多个店面，小区可用来出租，租金可填补物业管理费、卫生费等费用，但很多地方都没有这样做。三是其他配套的问题。比如，部分房屋漏水、未经验收就直接交给老表使用，物业用房和垃圾用房等配套问题……主要是在规划设计的时候没有考虑到，设计规划不合理，配套设施不到位。（访谈 ID：49）

除了希望政府在安置房的建筑设计、前期分配和后期管理维护方面做好相关工作外，城中村的村民更希望当地政府能改变政策“一刀切”的做法，适当放开住房审批权，以便其改善居住条件，增加经济收入。

我原来是做纸张加工的，自己开厂有十年了。后来没做了，主要是因为人工费和场租费太贵。……我们遇到的最大困难是，我老婆跟我都50多岁，文化又不高，出去找工作真是很难！我还有两个女儿在读书，供她们读书一年就要四五万块，生活压力很大的。我们本地人主要靠折旧房子改建，自己住二三层，留下二三层出租，靠租金来维持生活。现在政府对旧房改建全都不批……我们那里要租房子的人很多，房子又有限，那就只好涨房租了。如果允许我们改造旧房出租，我们有生活来源，租房子的人的负担也可降低，大家都有好处，何乐而不为呢？（2015年7月20日，× 村村民，访谈 ID：81）

农民小产权房交易，特别是城市周边农民小产权房交易，是城市化进程中普遍存在的现象。受现有政策和法律法规限制，此类交易存在着较大的风险和不确定性。但调研发现，农民小产权房买卖双方的积极性均较高，其主要原因在于，与商品房近年来一路升高的价格相比，农民小产权房具有十分明显的价格优势。对此，受访对象表达了自己的话语。

对农民要实实在在。推进城市化，就要按照城市的标准逐步解决这种问题。我们 ×× 村，人均住房现有上百平方米。我认为，应该保证现有的面积。（访谈 ID：11）

由于历史和现实等多种原因，我国农村在房屋建设方面，往往缺乏相对规范的建设规划、建筑设计和管理。农村地区特别是离中心城区较偏远的农村地区，乱搭乱建、居住环境欠佳的现象较普遍。加强对农村地区，特别是离中心城区较偏远的农村地区农民自建住房的规划设计和管理，改

善农民居住环境，已经成为新型城镇化进程中农民的诉求。

我们这边离城市较远，工业发展差一点。现在，年轻人成家都需要商品房，年轻人不愿住农村的老式房子了。希望县里统一整治、统一规划乡村住房，按照规模进行建设。……城乡统一规划，在土地方面农村不存在问题。目前，关键的问题是资金和农村茅草房该怎么补的问题。希望有相关的标准出台，确立补偿标准。这样，还可以解决农村娶妻难的问题。统一规划，其实有利于统一管理和城镇化建设，清洁工程也更好做。我们希望有专门的杂物间——类似城市的车库，可用来放锄头等农具。如果有牵头人，散户的思想会跟进，可以让先进户来带动散户。（访谈 ID：148）

4.4.4 农民在劳动就业方面的话语

劳动就业关系新型城镇化进程中农民的生计和生活来源，是农民关注度较高的话题。调研发现，希望政府为农民提供针对性强的就业和致富技能培训，是深度访谈中受访对象谈论最多、最为关心的话题之一。技能培训涉及文化教育，本书拟在农民在文化教育方面的话语版块展开讨论。在此，本节暂不对就业技能培训方面的诉求展开阐述，而对其他方面的诉求作简要阐述。

农民在劳动就业方面的诉求，与受访者的身体健康状况、家庭条件、社会阅历与地位、文化程度与专业技能等因素有关。身体健康、文化程度较高、有一技之长或稳定收入来源的农民，希望政府为自己提供良好的劳动就（创）业环境，强化就业和致富技能方面的培训；身体有残疾者或低保户，则希望政府提供就业方面的帮助；基层干部认为有必要提高农民的思想认识水平和就业能力。

当前，劳动收入（工资收入）是包括农民在内的我国城乡居民最主要的收入来源。因此，劳动就业是广大城乡居民在社会民生方面最为关心的话题之一。

我对就业、房价、饮食和环境方面的事情很在意。就业肯定是最在意的，特别是工资收入。目前，我最想在 ×× 市区买套 100 平方米以上的套房，现在住农村的老式房子已经不习惯了。（访谈 ID：36）

劳动就业，是各地党委和政府在推进新型城镇化进程中下大力气解决的问题。各地也正通过创办工业园、发展电商和第三产业等途径解决进城农民的劳动就业和收入来源问题。

城市化要有基础，主要是解决农民进城后的生活出路，关键在于工业化和第三产业的发展。目前，我们 ×× 县的工业园解决了 50% 进城务工人员的就业，服务业（第三产业）则解决了另外 50% 的就业。工业化，一定要重视发展服务业，实现工作、生活和消费一起发展，避免出现“鬼城”现象。外来人口，其实能给城市带来良好的生活理念。（2014 年 12 月 10 日，× 县主管城市建设的县委常委，访谈 ID：13）

目前，我们的设想是：一是利用好本镇的地理区位优势，适当吸引一些企业进驻。引进企业，一方面能解决当地人员的就业，我们打算通过引进企业解决本地约 2000 人的就业；另一方面，引导企业利用我们本地的农产品优势进行深加工再外销，提高农产品的附加值。二是将 ×× 打造成我们的特色产业……。三是我们也在思考培植新产业，打造新的经济增长点。（访谈 ID：74）

希望政府为自己提供良好的劳动就（创）业环境和条件，是城乡居民普遍的话语，并体现在一些很具体的方面。

（1）降低工作岗位的准入门槛和证件要求。

现在，我们这里打工需要的证太多了，比如毕业证、学位证、技能上岗证、计生证、体检合格证，等等，一大堆！不管你能否干得了那个工作，只有这一大堆证件齐了才能收你，让你上岗……还有，我们到市内别的区去打工，也要我们提供那个区的暂住证。我本来就是 × 市的，哪会有这个证？！（访谈 ID：83）

（2）及时帮助农民（特别是特困户、低保户）解决实际困难。

我从 2014 年 12 月起开网吧，主要是想解决生活费，但经营状况不太好。村里面外出打工的人员比较多，留在村里懂电脑、会上网的年轻人比较少。我曾用微信和 QQ 推送自己的网城，但效果也不理想。我有向别人学习推销网城的想法，目前还没有找到合适的人学习。我希望政府帮忙找份事做。（2016 年 8 月 8 日，× 村村民，双腿残疾，访谈 ID：122）

当然，基层干部也对部分农民在城镇化进程中存在的不良思想和行为习惯提出了批评与建议。实地调研表明，基层干部的批评与建议不无道理。例如，在拿到政府的征地和拆迁补偿款之后，部分农民表现出较明显的贪图享乐、好逸恶劳的现象。为此，部分受访农村基层干部呼吁党和政府加强对农民的教育、培训和引导。

我们这里，因为巨额拆迁补偿款发放到位后，好吃懒做的人也多了起

来。党和国家反腐倡廉工作很重要，但社会治安等工作也很重要。我们建议，可以将一部分土地补偿款放到村集体账户中，村委会可用于壮大集体经济，让农民用补偿款入股、分红。另外，要教会百姓投资理财，以钱生钱，以解决可持续发展问题。（访谈 ID：1）

我们这边政府也多次组织过技能培训，但村民的积极性不高。前段时间，我们组织了一个家政公司免费给村民进行培训。我通知了以后，竟然没有一个人来参加。（为什么呢？）因为家政公司是培训做保姆、搞卫生和护理之类的。村民说，"我还来给你做保姆、带小孩？我才不干呢！"其实，在城乡接合部家政服务很有市场，可村民们就是不愿意去，天天待在家里打麻将。农民的思想意识一定要转变，政府要加强引导和培训。（访谈 ID：43）

4.4.5　农民在身份待遇方面的话语

受长期城乡二元管理体制的影响，我国城乡居民之间因身份不同而享受的政策和待遇也不尽相同。在以城乡一体化为建设目标的新型城镇化进程中，城乡居民对城乡二元治理体系导致的身份待遇也提出了自己的诉求。深度访谈发现，这些诉求，主要表现为农民对城镇化进程中因身份转换而引发的政策性待遇诉求，既有农民对市民身份的向往，也有市民对农民身份的向往。

因城镇化而将户籍由农转非的农民（新市民），既想获得城镇化给其带来的红利，如享受与原有城市居民（老市民）同等的社保、医保、养老、子女入学等待遇；又想继续享受原有国家给予农村和农民的优惠性政策待遇。

推进城市化建设，关键在于农民能否享受城市的待遇。……村民在进城之后，必须考虑是否能和城市的居民得到统一的保障。……城中村的改造已经引起了国家重视，主要集中在为城中村村民办理城镇居民社保和医保两方面。目前，政府主要在社保和医保两方面逐步缩小农村和城市、农民和市民的差距，但在涉及很多政策性的东西时，农民还是享受不到（市民的待遇），比如城市最低社会保障，农村就不可能实施，理由是政府财政很难承受。（访谈 ID：11）

对于农民工来说，最主要的是解决他们子女的读书问题。小孩没法在本地读书，对他们来说是个比较大的问题。（访谈 ID：47）

此外，通过增加城市人口带动本地经济社会发展，已成为一些人口较少区域农民的话语。

现在，我们这里遇到的最大困难或存在的问题是县城人口不够，我们享受不到人口的红利。县城面积 2.8 平方公里，常住人口才六七万人。即使把周边农村的人集中到县城来，也不够。人口基数太少，没有人气就没有财气！白天和晚上，县城的人都不多。所以，门面房租不出去，租金也上不去，现在，我们的门面房租金每月才 500 元。我做过一个统计，全县空置商品房有 2.8 万套，已卖出但没有装修的房屋有 1 万零几百套。（2014 年 11 月 14 日，× 村村民小组组长、曾任县人大代表，访谈 ID：4）

4.4.6 农民在安全保障方面的话语

安全保障方面的诉求，主要指涉及社会治安、食品安全、农民集中安置，小区管理等方面事务的话语。

现在，我们这里的村民基本都住上了楼房。这些楼房可以“四通”，已经实现了“三通”——通水、通电、通路，但还有“一通”未通，也就是“气”没有通，但预留了可通的空间。（访谈 ID：1）

食品安全是近年来城乡居民普遍关心的话题和话语。

饮食方面，（我）主要担心地沟油、坏死的猪肉和有病的猪、鸡、鸭等活家禽，以及青菜的农药残留，其他方面都还行。（访谈 ID：36）

前文在阐述农民对居住条件的话语时，ID 编号 48、49 的访谈材料中均提及了农民集中安置小区的社会治安和管理问题，在此不再赘述。

4.5 新型城镇化进程中农民的文化话语

农民的文化话语，是指农民在教科文体卫方面的诉求。研究发现，受访农民的文化诉求主要集中于技能培训、素质提升、学校教育和文化娱乐等方面，折射出广大农民跟上城市化发展的时代步伐、提升自身竞争力、过上更加幸福美好生活的美好愿景。

4.5.1 新型城镇化进程中农民文化话语概况

根据前文对文化的界定，在实际操作中，本书采用了广义层面的文化

界定，即将涉及文化、教育、科技、卫生、体育、娱乐、价值信仰、思想意识、典章制度、行为习惯等方面的诉求一并纳入文化话语的范畴。

笔者通过对深度访谈资料的整理、归类与编码后发现，希望政府通过开展针对性强的技能培训、提升其在城市化进程中的竞争力，是当前广大农民普遍而迫切的文化诉求。统计显示，深度访谈中涉及农民文化诉求的来源数共 35 例，其中，技能培训 19 例，基本素质 16 例，学校教育 7 例，文化娱乐 1 例。

4.5.2　农民在技能培训方面的话语

希望政府在新型城镇化进程中加强对农民的技能培训，是农村基层干部和农民的共同话语诉求。

受访对象普遍认为，加强农民技能培训是新型城镇化的现实之需，原因主要有以下两点。

第一，现有农民的素质与技能无法适应新型城镇化的需要，急需培训提高。

农民变市民本来是个好事，但从近几年现实情况来看，他们本质上还是农民，一是文化水平跟不上，二是没有技能培训。他们到外面打工的也跟其他农民工一样，只不过是有个固定的住所、离家近一点。（访谈 ID：48）

第二，技能培训关系进城农民的生计和城镇化进程的可持续性。

当前，对农民特别是失地农民的技能培训较少。对失地农民，要加强技能培训，增强他们的求生本领。以前，我们这里有个菜市场，老表的就业率比较高，但当时大多数人主要做的是体力劳动，如卖菜、帮人拉货等。现在，菜市场拆掉了，很多人就在家打麻将，找不到事做呀！这样，家庭矛盾也就多起来了。（访谈 ID：49）

农民在技能培训方面的话语目标指向明确。在访谈过程中，除少部分农民笼统地提出要多搞农技培训、关注进城务工农民出路而未提出具体要求之外，多数农民对技能（术）培训提出了明确、具体的诉求，希望提高技术培训的针对性、专业性和培训效果。

目前来讲，政府提供的培训在次数和水平上都有限，大多是只针对大众进行培训，没有针对个体进行培训。也就是说，只提供大众化培训，专业性和针对性不高。（2016 年 7 月 21 日，× 村种养专业户、外出返乡人

员，访谈 ID：121）

通过梳理，除未明确提出具体培训要求者之外，受访者技能培训方面的要求主要集中在农村新兴产业和传统产业两大方面。

第一，农民在涉及农村新兴产业培训方面的话语。

由于种种原因，近年来返乡务农的中青年农民日益增多。由于具有一定的外出务工经历和社会阅历，这些返乡务农人员一般具有见识较广、思想活跃、敢闯敢试敢表达等特点。与农村原有从事农业生产的传统农民、特别是老年农民相比，他们在人生规划、产业发展等方面均有明确的诉求，其话语也更加强烈、直接和多元。

希望政府能为我们这里想办新兴产业的人员找到相关技术人员进行技术指导和培训。搞农业没有技术指导和培训的话，会走很多弯路。农业生产一年只有一次，季节性很强，过了时间就只有等明年啦，所以，在技术培训方面，希望政府多提供帮助，特别是找专业技术人员来指导。（访谈 ID：111）

电子商务和大棚蔬菜等农村新兴特色产业方面的技术指导和培训，是当前“三农”发展中较为迫切的需求。

其一，关于电脑和互联网电商销售方面的技能培训。通过发展农村电商平台来推动农业发展和农产品销售，是各地普遍重视和关心的工作。由于历史和现实的原因，我国农民在电脑和互联网销售方面的技能还较缺乏。特别是文化水平不高、年纪偏大的农民，在学习新技能方面反应较慢。

我是 2015 年初开始做电商的。一开始的时候，我也很生疏，想打退堂鼓。我对电脑真是什么都不会，要从开机和关机开始学。输入就用手写板，慢慢地才学会用键盘输入，主要是自己年纪大了学东西慢，没年轻人那样方便。年轻人在记性和手脚等各方面都比我们好些。（访谈 ID：72）

鉴于互联网电商销售具有拓宽农产品的供销渠道和信息来源等益处，多地都在大力推动农村电商平台建设，农民的认知程度和积极性也较高。

目前，农村信息化和网络方面的培训在乡镇一级很缺乏，需要加强。用互联网推销脐橙销路很好，能提高脐橙的销售产量和知名度。目前，我们急需互联网销售和农业生产方面的专业培训。（访谈 ID：75）

我在外面打工时就做电商，后来因为孩子才 8 个多月就回家带孩子。做电商主要通过 ×× 网站做。现在的趋势就是这样，网上购物的人越来

越多。目前，我遇到的主要问题是怎样提高网上的销售量，想学一点网上推销的技术和方法。（2016 年 8 月 9 日，× 村外出务工返乡人员，访谈 ID：127）

其二，关于农村新兴特色产业方面的技术指导和培训。利用农业大棚发展反季节蔬菜、瓜果等特色农作物，利用山林土地发展特色养殖业，已经成为农民增产增收的重要抓手。新兴产业的技术培训，成为农民特别是外出返乡农民的迫切愿望。

我 1996 年外出打工，2002 年结婚生小孩，2015 年起正式停止外出打工，在家带孩子。我曾经想过做微商，但因为自己文化有限没有做。一是不会说话，不善于解释、跟人沟通；二是打字慢。我们希望政府能给我们提供技术培训。现在，我们家最想做种植养殖方面的事情。在我们这里，发展大棚菜、种反季节蔬菜很赚钱。我老公想发展大棚菜和养猪，但我们俩都没有什么基础，不敢随便乱弄。（2016 年 7 月 21 日，× 村外出务工返乡人员，访谈 ID：120）

其三，关于新型农业人才的培训。新型农业人才的培训，已成为当前农村从事新兴农业产业人员的重要话语。

目前，我们这些涉农企业急需既懂农业技术又懂企业策划和管理的人才！我这里打算聘请一些这样的人来帮忙管理。但是，现在农村懂农业技术又懂管理的人太少了！科班出身的大学生，多数只懂理论，缺乏实践。农村种菜的老手（土专家）吧，他们了解的品种又太单一。所以呀，我们希望政府重视农业技术人才的培养，多请专家为涉农企业进行技术指导和服务。（2017 年 1 月 12 日，× 村村民、× 农业发展有限公司总经理，访谈 ID：150）

第二，农民在涉及农村传统产业培训方面的话语。

农民在传统农业生产方面的技术培训诉求，主要涉及土壤（质）检测和日常管理，希望技术培训有效果、不走形式。

我参加过县里的三次培训，但都没学到什么实际技术。我喜欢听专家讲课，那样更有效。有一次，×× 农业局派人到我们这里讲过一次，教我们养鱼何时防病、怎样喂草、怎样喷药，等等。我从头到尾听完了，听得很有兴趣，觉得很有效果，很过瘾！现在的农业跟以前不一样了，科学技术更新变化很快，到我们这里还有个适应和熟悉的过程。我希望政府和农业高等院校多派一些专家、技术员到农村来指导农业生产。另外，因为

多年来化肥使用过多，现在农村的土壤、土质也发生了一些变化，产量下降，常发生水稻和蔬菜根部腐烂的情况。农民想要进行土壤和土质检测，存在技术困难，也找不到相应的渠道，不知从何下手，希望政府能帮助解决。（2016 年 1 月 19 日，× 村村民小组长，访谈 ID：104）

一些受年龄、文化程度和信息获取渠道限制的农民，在病虫害防治方面的技术培训指导上也提出了自己的诉求。

种田看起来简单，但做起来很复杂。稻田里经常发各种病虫害，有的就自己买农药打，实在难的就找卖农药的人来看看，对症下药。（2016 年 8 月 8 日，× 村村民、种粮大户，访谈 ID：124）

目前的困难，主要是缺乏技术，遇到以前没有遇到过的新疫情、新病源。现在很多人通过上网学，我又不会上网，手机也用老人机。所以技术上也学不到什么新技术。有时，只是通过找别人帮忙，从网上了解一下猪肉价格行情。如果有什么不会的，我只能是问技术员和卖兽药的人。（我）希望政府能在我遇到技术困难时，能派人上门服务，帮我解决。现在年纪大了，学东西会这个耳朵进、那个耳朵出——记不住！（访谈 ID：146）

4.5.3 基层干部和新型职业农民对农民素质的诉求

新型城镇化进程中农民素质的提升，是顺利完成我国新型城镇化建设所必需的基本条件。从理论上讲，新型城镇化进程中的农民素质，包括农民的思想意识、道德品质、行为习惯和知识技能等方面。

问卷调查结果显示，农民对进城定居需要具备的素质（能力）认知结果是，文明礼貌、一技之长、讲究诚信和文化知识在 11 个选项中位居前四。这四者之中，一技之长、文化知识对应的是知识技能，文明礼貌、讲究诚信对应的思想意识、道德品质和行为习惯。

普通农民对自身素质的诉求与新型城镇化进程中基层干部和部分新型职业农民的诉求既存在相同之处，也具有较大差异。相同之处在于，二者均注意到了农民自身的能力素质在城镇化进程中的重要性及现有农民素质与城镇化需求之间存在的差距。

城市化最大的矛盾，就是城市化的规划与村民的素质、文化教育之间存在很大差距。在就业压力这么大的情况下，城市化与村民的素质之间的矛盾会越来越突出。（访谈 ID：43）

不同之处在于，除强调新型城镇化进程中农民的行为习惯之外，后者

更加强调对农民的思想意识和社会心态方面的培养和引导。

此处，笔者将着重阐述农村基层干部和部分新型职业农民在农民素质方面的话语诉求。

第一，关于农民的行为习惯。调查发现，部分基层干部积极肯定新型城镇化对农民素质和生活习惯带来的正面效果。

我们这里的管理，已经融入了县城的管理模式，跟传统农村的管理模式有很大不同。这样管理的成效是很明显的，主要表现在村民的素质和生活习惯发生了翻天覆地的变化。比方说，垃圾乱扔乱放的现象得到了彻底改变。现在，村民们都会自觉地把垃圾放进垃圾箱或垃圾桶里了。你可以随时到我们圩镇上去看，现在确实很干净。（2015 年 8 月 11 日，× 镇党委委员，访谈 ID：69）

也有基层干部认为，农民原有行为习惯与新型城镇化存在不适应、不匹配的问题。特别是在一些建设时间较长的乡镇，长期受生产生活条件和环境的影响，在环境卫生、自建房屋等方面，农民素质尚存诸多不足。

我们 ×× 的乡镇建设时间较长，在管理上也遇到一些难题。比如，农民的素质就是其中之一。总的来说，农民"洗脚进城"了之后还是农民。这虽然跟他们以前的生产生活有一定关系，农民在卫生意识、乱停乱放、乱搭乱建方面存在的问题还是较多，这就给我们的市场整治、圩镇的美化亮化和绿化等工作带来了不少难度。从某种程度来说，管好一个老圩镇比建起一个新圩镇更难！这也从一个侧面体现出农民的市民化程度还不高。（访谈 ID：73）

无所事事、贪图享受、虚度时光，是基层干部认为城镇化进程中部分农民日常行为习惯方面较集中的问题。

现在，一些村民好高骛远——既想赚钱又想轻松。我们这里还有人说，他们要享受！我们一直想把家政服务这一块搞起来，解决村民的就业问题，但就是没有人愿意学、愿意做！很多农民拿到拆迁补偿的钱之后，就去买小汽车享受。现在，农村里的年轻人，包括五六十岁的人基本上都是天天打牌、打麻将。（访谈 ID：43）

第二，关于农民的社会心态。社会心态，是特定时空环境中在整个社会或某个社会群体中普遍存在的心理状态。社会心态具有特定情感（绪）特征，折射出特定时空环境下整个社会或某个社会群体的社会共识和基本社会价值取向。社会心态，反映了个人与社会之间相互建构而形成的最为

宏观的心理关系[1]。社会心态具有明显的群体性、整体性和社会性等特点。

社会心态是特定时空环境中特定社会群体利益诉求与满足的表征。我国传统城镇化进程中，普通农民的利益受到了一定影响，农民的社会心态由此发生了变化，主要表现为怨气较多，戒备心、攀比心和“红眼病”较重。对此，农村基层干部和部分新型职业农民希望政府加强引导，以消除普通农民中存在的“红眼病”和攀比心理。“红眼病”和攀比心理主要体现在拆迁补偿和农村土地流转过程中。

征地拆迁，老百姓不吃亏！最根本的是“眼红”和攀比心理。（访谈 ID：47）

现在，老百姓宁可让土地荒着，也不愿让给我们来种。政府应该加强宣传，让农民加入我们的合作社，让老百姓以土地入股。但很多老百姓宁愿让土地在那里长草长树，也不愿让给你做，这是个很大的问题。土地流转很困难！还有，一些老人在家种那么一点点地，效益很低的。另外，农民中很多人有“红眼病”，看到别人挣钱，自己挣不到也不想让别人挣。（2017 年 7 月 27 日，× 特色种植大户，访谈 ID：162）

我们农村土地都是由农民承包经营。土地在流转的过程中，难度非常大！有些老百姓的耕地，明明在撂荒，也没有资金，但如果你向他流转、租赁，他的租金就要提高，也就是不让你动。这样，土地流转难度比较大。（访谈 ID：170）

当然，农民在土地流转方面也有自己的顾虑和诉求——担心土地流转出去之后，国家政策会有变化，或可能出现转出去容易收回来难等问题。农民这方面的诉求，笔者已经在本章农民的政策或经济话语部分提及，在此不再赘述。

第三，关于农民的思想意识。新型城镇化进程中的农民思想意识，是受访者表达最多、最集中的内容。受访者认为，农民中的传统小农意识已不适应新型城镇（市）化的要求，农民虽然在居住空间、户籍、社保等方面享受了市民待遇，但思想上并未城市化。

农村城镇化的关键，在于改变农民的思想观念。如果大家老是抱着小农意识，是搞不了城市化的。（2015 年 7 月 28 日，× 报总编辑，访谈 ID：

[1] 杨宜音．个体与宏观社会的心理关系：社会心态概念的界定［J］．社会学研究，2006（4）：117–131，244.

40）

对于部分农民的思想意识，受访者指出了以下五个方面的不足。

一是原地踏步。部分农民特别是老年人或文化教育水平较低的人，在思想意识方面未能与时俱进，跟不上新型城镇化的步伐。农村基层干部直言，从事农业生产的老年人的思想意识仍停留在20世纪70年代。

现在待在农村从事农业生产的农民，多数是20世纪50年代到70年代出生的人，他们的思想意识基本上还在20世纪70年代的基础上原地踏步。这就需要有新型农民来带动。（访谈ID：31）

二是好高骛远。部分农民既想过上美好生活，但又受传统思想意识的束缚，不愿转变旧观念，存在“等、靠、要”的思维惯性。

我原来是做××加工的……现在，我在家待业已经两个月了，在等机会……找散工的话，不太稳定，有时只干个两三天就没活干了，这样就难找工作了。当然，如果去工厂做个看门的（门卫）也是可以的，但在我这样的年纪，我不去。（访谈ID：81）

三是刻板成见。农民对地方政策、基层干部普遍存在负面评价和思维定式。

现在农民有种心态——认为上面政策很好，但是下面不实行；或将少数个别官员贪污扩大化认为全部官员都贪。比如危房改造补贴，文件明明规定是1万多，有的人却偏要说有五六万，（其余的钱）是当官的贪污吃掉了。（2016年8月9日，×村第一书记，访谈ID：131）

四是个人主义。分田到户之后，部分农民在日常生产生活中偏重个人或家庭的利益，对涉及集体或他人利益的事务相对冷漠，给新型城镇化的建设与管理带来困难。

农民在八几年（20世纪80年代）分田到户单干以后，相对来说，农民的集体观念、全局意识相对就弱了一点，个人意识可能会比较强一点，会更多地从个人的角度去考虑问题。（2016年8月10日，×县农工部副部长，访谈ID：133）

现在农民的现代意识和文化意识低，基层干部很难做。目前，村民不愿配合村干部的工作，村干部要去求着村里的人做事。比如，交卫生费等方面，村民不愿意交，要村干部多次上门去催、去求他们，村民才很不情愿地交一点。（访谈ID：132）

五是看重眼前利益。部分农民在日常生产生活中具有明显的经验依赖

性，重视眼前利益，缺乏创新和敢闯敢试的精神。

针对农业生产中的散户生产与现代农业公司（企业）的规模化生产之间的关系，某农业企业负责人在接受笔者访谈时认为，现代农业公司（企业）的规模效应之所以存在困难，是因为“对于公司选的品种，农民觉得不放心、不可靠，农户种植很依赖经验主义；包产包销新品种一般第一年是试种，存在亏本的情况很正常，但与老百姓的观念不符合（只能赚不能亏，看重眼前利益）。老百姓思想保守，不愿意冒险”。（访谈 ID：150）

针对上述部分农民思想意识中的不足，受访对象强调了示范引导的重要性。

要用农民身边的人和事，引导、解决农村道德建设问题。（ID：131）

通过做家政服务致富的人员带动其他人，发挥示范效应。（ID：43）

4.5.4 农民在学校教育和娱乐方面的话语

农民在学校教育方面的诉求，主要集中在孩子就近上学、乡村教育水平与质量、学校营养餐的配备与改进三个基本方面。

其一，孩子上学不方便。农民对孩子就近上学便利性方面的诉求，主要涉及农村学校教学网点的分布、就近上学的政策条件等内容。

从现在的情况看，农村小学发展存在问题，因为生源流失太严重了。很多农村人有钱之后就在乡镇或县城买房子，这样孩子们必然随着父母进城读书，农村小学就面临生源减少的问题。我听说，××乡有两个村就取消了小学（合并了）。这样一来，村子里的孩子上学就更麻烦了。（访谈 ID：24）

教学网点的兼并式重组，特别是小学和幼儿园教学网点的重组，给处于偏僻地区农村孩子上学带来了很大不便，已成为农民在学校教育方面较突出的话语。

现在，乡下孩子读幼儿园和小学很不方便。刚才你来的路上有一座桥，很窄，又没有护栏。幼儿园的校车来接孩子，但不会过桥，要求我们很早的时候把孩子送过去。但小孩子又起不了那么早，怎么办呢？小孩到了初中可以住校，但在幼儿园和小学的时候，学校远真的很难啊，希望政府能解决。（访谈 ID：112）

对进城务工农民或新近城市化的农民而言，孩子就近接受较好的学校教育并非易事，需要提供相应证件（明），如暂住证、房产证等。在现实

生活中，由于种种原因，部分地区在城镇化进程中拆迁安置的步伐快于证件的办理速度，致使农民居住在城市，但其孩子读书上学却因证件未齐不能就近上学。

农民安置房的房产证没有拿到手。这不仅牵涉（影响）到贷款，也牵涉（影响）到子女就近读书。（访谈 ID：49）

其二，教育教学质量不高。近年来，各级政府在提高农村中小学教育教学质量方面出台了很多政策，财政扶持力度很大，学校硬件建设明显改进。但优秀师资的缺乏和流失，导致农村教育教学质量差强人意。

提高农村教育教学质量，是农民长期而普遍的诉求。调研中，受访农民普遍表达了对当前农村教育教学质量的担忧。

养老、就医和上学是当前农村的三大难题，乡村教育水平不高。（访谈 ID：34）

有一定文化程度的青年农民，对农村学校教育教学质量更为重视，诉求更强烈。

农村教育文化较落后，很多幼儿园的老师没有上岗证，也不是正规师范或幼师毕业的。我对这方面很在意，觉得如果孩子的幼儿教育不好就会输在起跑线上。（访谈 ID：34）

其三，学校营养餐配置低。2012 年 1 月，国务院办公厅正式印发《关于实施农村义务教育学生营养改善计划的意见》。根据该意见，中央每年拨款 160 多亿元，按照 3 元 / 天 / 生的标准，为农村义务教育阶段学生提供营养膳食补助。此政策大约可惠及 680 个县市的 2600 万在校学生。

然而，政策在实际执行过程中却出现了偏差，主要表现为营养餐的配置低、质量差等。

我以前在县人大开会时多次提出，中小学搞营养餐实际上都是一些部门或私人老板赚走了钱，真正弄到学校里的东西并不好。……钱用掉了，但下面得到的实惠却很少。……不如把营养餐的钱，用来改作助学金帮助那些家庭贫困的学生。（访谈 ID：114）

农民在业余文化娱乐方面的诉求，主要集中在硬件建设和丰富内容两大方面。调研发现，新农村示范点基本上都建有文化广场等文化娱乐设施，但仍有不少农村缺乏必要的文化娱乐设施，农民文化娱乐项目较缺乏（以跳广场舞为主）。

现在农村最需要的，一是搞好水利、道路交通等基础设施；二是搞好农村文化娱乐设施（如文化广场），丰富农民文化生活。（2016年8月8日，×村委主任，访谈ID：128）

4.6 新型城镇化进程中农民的生态话语

随着传统城镇化进程中农村生态环境问题日益突显，党和政府对生态环保的重视度不断上升，农民的生态环保意识也不断增强。

4.6.1 新型城镇化进程中农民生态话语概况

农民的生态话语主要集中在环境卫生、工业污染、卫生习惯和水土流失四个方面。在深度访谈中，共有10位受访者在生态环境保护方面明确表达了自己的看法和需求，涉及环境卫生的有6例，环境污染的有4例，农民行为习惯的有5例。本节结合访谈材料展开相应阐述。

传统城镇化为农村生态环境带来了诸多负面影响。城乡社会断裂是农村生态环境恶化的深层结构性原因，农村生态环境恶化又造成城乡社会断裂的再生产。[1]农村生态环境问题因地域不同差异明显。受调研地域局限，农村生态环保方面的很多问题及农民在此方面的话语本书未能全面涉及，如耕地重金属超标、化肥农药超量、白色污染严重、生活污水和垃圾增多、土（耕）地退化和沙化、森林被毁、野生动植物资源减少，等等。

农村生态环境恶化是“村庄个体间复杂利益博弈的结果”[2]。由于我国农民的生态环境保护意识还不强，针对农村生态环境治理的公众参与总体上处于高度关注、低度参与的状态。[3]因此，在我国农村生态环境面前，不能

❶ 李锦顺.城乡社会断裂和农村生态环境问题研究[J].生态经济，2005（2）：28-32，35.

❷ 沈费伟，刘祖云. 农村环境善治的逻辑重塑——基于利益相关者理论的分析[J].中国人口·资源与环境，2016（5）：32-38.

❸ 李咏梅.农村生态环境治理中的公众参与度探析[J].农业经济，2015（12）：94-99.

仅将农民视为“环境的破坏者或受害者”，而应视为“利益相关者”。[1]要解决农村生态环境问题，既要加快城市化进程、提升政府环境治理的能力和公众参与度[2]，又要重视政策顶层设计与基层落实执行[3]，加强舆论引导[4]，等等。

根据实地调查所获材料，本节重点阐述新型城镇化进程中农民在生态环境方面的话语，同时呈现基层组织在农民环保行为习惯方面的话语。

4.6.2 农民在环境卫生方面的话语

农民在环境卫生方面的诉求，主要是针对农村、城乡接合部及农民集中安置住宅区环境卫生的脏乱差现象，希望能拥有一个干净、有序的居住环境。特别是垃圾乱扔乱放、无专人管理或处理不及时等，给村民的居住环境和居住品质带来了负面影响。

我们组安置的地理位置也偏僻……我们那里的环境也是乱七八糟。……我们被安排在厂区围墙后面，路灯也没有，卫生也没人打扫，真是脏死了，你去看一下就知道了，还不如我们原来居住的老房子干净。住在老房子的时候，我们还会自己打扫自己的（房子附近）。现在，没有人管了。住进来的都是些乱七八糟的人，脏死了！（2014 年 11 月 14 日，× 村小组长，访谈 ID：6）

卫生费是制约农村和农民集中安置小区环境卫生的主要问题。城镇化进程中农村集体经济薄弱，农民集中安置小区的卫生费无稳定来源，导致农村和农民集中安置小区环境卫生脏乱差。

村民住进小区后，有个小区物业管理费的问题。请人搞环境卫生、路灯照明和维修等都要钱。问题是，这些钱从哪里来？以前，村里有些公共用地可以出租。现在，土地全被征了，村集体也没有经济来源了。小区里的电费、水费、卫生费、人工费等一年下来起码要 20 万～30 万元。但是，村里集体资产少了，村里集体经济来源也少了，甚至基本没有了。（访谈 ID：43）

---

❶ 祁新华，叶士琳，程煜，等．生态脆弱区贫困与生态环境的博弈分析［J］．生态学报，2013（19）：6411-6417.

❷ 李咏梅．农村生态环境治理中的公众参与度探析［J］．农业经济，2015（12）：94-99.

❸ 李尧磊．农村生态环境治理中环保与生计的博弈——以华北 A 村为例［J］．广西民族大学学报（哲学社会科学版），2018（4）：37-43.

❹ 俞兆程．农村生态环境主要问题及对策研究［J］．环境与发展，2019（1）：184，186.

为解决新型城镇化进程中农民环境卫生方面的诉求，各地采取的政策举措不尽相同。东部沿海发达地区（如广东“珠三角”地区）由于其农村集体经济发展较好，对城中村或农民集中小区的环境保洁采取了公司外包制——由专业的保洁人员负责环境卫生工作；在中西部地区，由于其农村集体经济发展较弱，无力聘请专业保洁公司负责，农村及农民集中安置小区的环境卫生主要受当地政策安排。有的地方政府采取了物业置换的政策（如给安置小区一定的店面物业），使农民集中安置小区能利用物业出租解决卫生费的资金来源。

关于这个问题（卫生问题），我们有一个地方做得较好，投入较大。当时，市政府考虑比较周全——他们考虑到老百姓的文明素质比较差，要收老表的物业管理费比较难。那个小区有拆迁户 700 多户、2000 多人，市政府就给了安置小区 30 多个店面，小区可用来出租收租金填补物业管理费、卫生费等费用。（访谈 ID：49）

有的地方政府则采取了向居民收取一部分卫生费，不足部分由政府公共财政补充的做法。

对于建成的小区，日常事务由小区自己管理；公共设施，则由政府维护。我们会向居民收一些卫生费，每个居民户是每月 20 ～ 30 元，每个店户每月是 50 元。这些卫生费，每月收入约有 2 万元，但支出要 60 万～ 70 万元，其中的缺口由镇财政承担。我们在管理中，从没有对村民罚过款，我们不罚款，重点是做好硬件建设、发挥示范效应。……时间一久，他们的观念也发生了积极转变。我们的这种做法，没有引起农民的抵触。相反，他们还很支持配合。（访谈 ID：69）

在新型城镇化进程中，农民希望自己所处地区的环境卫生能按城市管理模式进行管理，享受干净、舒适的人居环境。但在多数地区，因集体经济较弱，卫生费无保障。

城中村的管理非常难，具体来说是村集体无资金来源。环境卫生，每年要投入大量资金。原来，每个村组有些产业或家底的，可用自有资金投入环境改造；现在，我们是自收自支，主要靠上级的转移付款。当年，政府拆迁征地时，没有给村集体预留一点土地。村集体没有任何经济来源，但日常保洁和垃圾清运等都要请人、要付钱。基层组织的运转每年至少 25 万元，日常管理和运转很头痛。（访谈 ID：47）

4.6.3 农民在环境污染方面的话语

土壤和水质污染，是农村环境污染的主要表现。土壤污染，主要表现为：一是农业生产环节因农民长期过量使用化肥、农药而导致的毒害化学物污染；二是农民生活垃圾乱堆乱放等导致的土壤污染。农民因土壤污染引发的诉求，笔者已在前文农民经济话语部分作了必要阐述。

在此，笔者着重就水质污染等其他方面的环境污染展开论述。总体来看，当前我国农民对生态环境的关注和重视度明显上升，具体体现在农民的相关话语表达之中。

我们小组附近有个生姜加工厂，对居民用水有影响，希望政府另给一块土地让我们自己建二三层的楼房住。（访谈 ID：8）

以前人们常说农村生态好，其实不一定。现在，农村也有空气污染，有时雾霾也较重，公路和采石场附近的噪音和灰尘也较重。以前农村的垃圾到处都是，近几年好一些了。（访谈 ID：34）

生态环境直接关系广大农民的健康和福祉，农民对农村生态环境的系统性改进充满期待。

就全村整体而言，目前要解决的问题主要在于水土流失和环境污染。水土流失和环境污染有关联，主要是我们这里以前有矿厂和水泥厂等，挖煤、挖矿对山上树木破坏很严重，水土流失也很严重。另外，这些矿厂和水泥厂又排出不少污水，水泥厂排出的粉尘还会对空气产生污染。现在，很多矿厂和水泥厂都关掉了，但多年来的污染已经进入地下，特别是对地下水产生了较大影响，很多村民喝了自己压水井里的水，都会产生程度不同的肝、肾疾病。近几年，政府对这方面也采取过一些行动，但要系统解决问题还需要下大力气。（2015 年 8 月 4 日，× 村委会主任、村党支部副书记，访谈 ID：62）

尽管如此，农民并不愿轻易放弃自己在其他方面的合法利益。在中部某地调研时，笔者发现，当地在征地拆迁时采取了较简单的工作方法而导致农民上访事件不断。这是我国新型城镇化进程中应予以规避的。

最初，我们采用了别的地方的做法——采用“村主任签字、整体拆迁、群众不参与”的办法。因为他们那个村子靠近 ×× 厂，空气污染、水污染和土壤污染非常严重，大部分老百姓愿意折，他们就采用了“村主任签字、整体拆迁”的办法。后来，发现这种办法行不通，老百姓到处上访。

原因是有极少数不愿意拆，他们主要是看到了自己的利益。（访谈 ID：42）

4.6.4 基层组织对农民行为习惯的话语

大多数受访者积极肯定了新型城镇化和拆迁农民集中安置，在改善农民的居住环境、卫生习惯和民风民情方面起到的积极作用，同时也希望政府和新闻媒体引导和改进农民日常行为习惯，使农民适应新型城镇化需要。

以前，我们这里的村容村貌很差，农具、车辆等东西和垃圾乱丢乱放比较普遍，影响了村民的日常生活。改造之后，我们的村容村貌大大改善，变化真是翻天覆地——家家户户全通电，电灯、电话、电脑和网络都有得用了，还用上了自来水（山上接下来的山泉水），门前屋后的绿化和下水道都做好了，还有环卫工人专门负责打扫卫生。现在，我们村民已经能自觉地将垃圾和烟头放到垃圾箱（桶）里去了。主要原因是，我们这里的环境变好了，村民和民风都在发生可喜的变化。环境的改变对人的影响还是蛮大的。（2015 年 8 月 11 日，× 村村民，访谈 ID：71）

当然，也有受访农民认为集中安置导致生活不习惯、生活成本更高了。

新房子卫生干净是真的，但住得不习惯，特别是日常生活和生产劳动起来有些不习惯。比如，有些农具，特别是较大型的农具不好堆放，种菜、养鸡等不方便，生活成本更高了，等等。（访谈 ID：24）

农村垃圾分类难，是当前农村基层干部反映较多的问题。

垃圾分类，在城市的小区里还可以（实行），但在农村比较难。有用的垃圾，农民会自己留下来卖，一些还会被用到田里作肥料。另外，在一些流动人口较多的村，垃圾量也比较多。（访谈 ID：79）

为改变农民行为习惯、增强其环保意识、实现农村清洁化，一些地方开展了有益尝试，提出了相应建议。

我们通过给农户印发公开信，要求各学校开展“三个一”活动[1]、建立垃圾兑换银行，等等。这样做取得的社会效果大于它的实际效果。社会效果体现在哪些方面呢？一是老百姓产生了垃圾收集意识，养成了良好卫生

[1] 指以农村垃圾分类为主题，在农村中小学校，给学生上一堂环境卫生知识课、出一版普及农村保洁和垃圾分类知识的宣传栏、开展一次以班级为单位的卫生评比活动。

习惯，不乱丢垃圾，这是最重要的；二是老百姓对垃圾有了分类意识。实际效果的体现，就在于农村的路旁、水沟、桥头、河道等地方散落的垃圾、卫生死角，明显减少了。（2016年8月10日，×市委农工部干部，访谈ID：134）

在运用大众传媒提高农民的综合素质这方面，我们做得比较少。我们主要在建设新农村、落实党和政府的惠民政策等过程中，积极引导农民强化集体观念。（2016年8月10日，×市委农工部副部长，访谈ID：133）

目前农村“清洁工程”的硬件投入大，但运转模式不成熟、不可持续。主要问题在于，推动乏力、垃圾去向不明、农民主体不作为。要解决这个问题，得政府加大投入、提出标准，从整个面上开展工作，提高百姓的认知度，新闻媒体可在其中发挥大作用。（2014年12月9日，×县新农办主任，访谈ID：12）

5 主流媒体呈现的新型城镇化与农民话语

新闻媒介对现实环境具有积极、能动的再造功能。本章运用内容分析和话语分析法对国内若干主流媒体进行个案分析，旨在勾勒国内主流媒体对新型城镇化和农民话语的媒介呈现，为后续研究提供现实依据。

5.1 个案研究的设计与实施

个案研究是以特定的个人、团队、组织或事件为研究对象，通过广泛搜集各种资料，综合运用各种方法和分析技术，对复杂情境中的现象进行深入探究的研究方法。本书中的个案研究属于综合型研究。

5.1.1 个案研究的理论依据

本章的理论依据是媒介镜像理论。法国著名心理学家拉康（Lacan）1936年提出了“镜像理论”（mirror stage thoery）。20世纪50年代前后，拉康又对该理论做了必要补充。拉康的“镜像理论”意在表明，现实世界的主体会通过“镜中的自我”来确定自己的身份，进而完成其真实身份的确定和认同；在此进程中，“镜像阶段”是主体认知乃至主体真正形成的必经之路——主体的确定和认同建立在“想象”“象征”“实在”三个结构基础之上。“想象”，是主体把自我视同现实生活或镜像中的他者，是主体的建构过程——将自我想象成镜像中的他者，把他者指认为自我的过程。“象征”，是想象的主体向真实主体的过渡。“实在”并非指客观现实，而是主体无法接近和支配的场域，是一种脱离语言秩序的“缺场的在场”。[1]三者存在着逻辑上的发展和包容贯通的关系。

---

[1] 黄汉平．拉康与后现代文化批评［M］．北京：北京大学出版社，2005：75.

新闻报道是一种再现的文本和意义的生产者，“对报道对象的形象塑造具有至关重要的作用”[1]。新闻报道是大众传媒通过特定形式再现出来的文本，这种再现的文本总是或明或暗地建构或形塑着不同社会主体的形象。

罗兰·巴特（Roland Barthes）将文本的符号意义分为明示义（denotation）和隐含义（connotation）。前者强调符号真实的具体指涉，后者强调符号传递的抽象文化价值和信念。符号隐含义传递的特定讯息形塑着特定的社会意像。因此，新闻报道，就是新闻媒体将特定的社会意像或人们主观意念重新符号化和文本化的过程，是对社会意像的镜像再构、再意义化和再传播的表征。

媒介镜像理论认为，社会主体（受众）的自我认知、社会认同是建立在对“他者”的想象和建构基础之上的；文本，则是媒介建构“他者”的基本策略——通过特定的或知识体系来建构文本所涉他者的形象，隐含特定的权力、权利、利益和意识形态。媒介镜像要对社会主体（受众）的自我认知和社会认同产生影响，须先后经历凝视、认同和幻象三个基本阶段。

我国已进入高度发达的媒介化社会，随时随处可见的媒介镜像不断衍生出媒介幻象。一旦媒介幻象被受众接受，媒介镜像就由虚幻变成了现实。如此一来，媒介镜像就成为人们内在世界和外部世界的连接物，实现了人们在想象和现实间的勾连与互动。新闻报道因其对真实性的刻意追求，而使其媒介镜像天然地具有强大的现实反映和建构功能。这也是本书将媒介镜像理论视作个案研究的主导性理论的根本原因所在。

5.1.2 案例研究的设计实施

从实施程序上看，个案研究程序包括确定问题、设计方案、收集数据、分析数据及撰写个案研究报告。[2]本书在研究实施过程中将遵循这些程序。

首先，是样本选择与确定。样本选择确定的首要标准，是能从样本中

---

❶ 童兵，潘荣海．“他者”的媒介镜像——试论新闻报道与“他者”的创造［J］．新闻大学，2012（12）：72–79.

❷ 罗伯特·K.殷．案例研究：设计与方法［M］．周海涛，李永贤，李虞，译．重庆：重庆大学出版社，2004：14 — 86.

获得最大的信息[1]，应坚持关键性、独特性和启示性的原则[2]。

其次，是个案分析与处理。除前文提及的内容分析法之外，还将用观察、访谈、文件分析、网络资源[3]等方法。

案例研究拟解决的两个主要问题是：进入21世纪以来，特别是党的十八大以来，国内主流新闻媒体正以怎样的视角、方式与策略，呈现我国新型城镇化进程和农民话语？其传播效果如何、存在哪些不足，其制约因素与作用机制如何？为解决上述两个主要问题，本书在具体实施过程中结合利益理论，运用内容分析法和话语分析方法进行研究，以保证案例研究的深度和广度。

在个案研究的样本选择方面，本书涵盖纸质媒体、电子媒体和网络媒体。纸质媒体，主要选择《人民日报》为研究样本；电视媒体，主要选择中央电视台的《聚焦三农》为研究样本；网络媒体，主要选择中国江西新闻网的《问政江西》为研究样本。为保证研究结论的科学性和严谨性，本书结合上述三种媒体的特质，采用复合构建周法、立意抽样和等距离抽样等方法研究具体样本后，再对之进行内容分析和话语分析。

5.2 《人民日报》新型城镇化报道的内容分析

中华人民共和国成立后，《人民日报》一直是中共中央的机关报，在全国和全世界有强大影响力和传播力，是我国的主流新闻媒体。因此，本书以《人民日报》为研究个案具有内在必然性和合理性。本节运用内容分析法，重点分析该报有关新型城镇化报道的基本特征。

5.2.1 样本遴选与确定

为考察《人民日报》媒介镜像呈现的新型城镇化图景，笔者通过人民网的“人民日报图文数据库（1946—2019）”中的高级搜索，将检索时间

---

1. BARBBIE E. The Practice of Social Research[M]. 5th Edition. Belmont：Thomson Wadsworth, Inc.1989：254.
2. 风笑天 . 方法论背景中的问卷调查法 [J] 社会学研究，1994（3）：13-18.
3. 麦瑞尔姆 . 质化方法在教育研究中的应用：个案研究的扩展 [M]. 于泽元，译. 重庆：重庆大学出版社，2008：44-45.

设置为“1978.01.01—2018.12.31”，文章标题和文章正文设置为含有“新型城镇化”，结果设置为“日期正排序”，不限定报纸版次和报纸名，结果共得到相关文献 176 篇。在排除转版（内容雷同）的相关内容、政策文件原文、理论版文章和专版（刊）上刊出的明显带有个体（单位或个人）宣传性质的文章之后，实际获得新闻报道和评论共 129 篇，如表 5.1 所示。在此基础上，笔者通过对上述 129 篇文献逐一阅读，发现有 2 篇文献并无实质性内容，最终得到研究样本 127 篇。

表 5.1 《人民日报》涉及新型城镇化的研究样本

ID 编号与文章	时间（年 / 月 / 日）	版面
1.《新型城镇化：远离“大城市病”》	2007/03/10	第 5 版 两会特刊
2.《看新乡如何确保农民利益》	2010/10/23	第 1 版 要闻
3.《让农民生活更美好——三位十八大代表眼中的新型城镇化》	2012/08/21	第 10 版 迎接党的十八大 特刊·使命
4.《“三化”协调 城乡巨变》	2012/08/21	第 6 版 迎接党的十八大特刊·历程
5.《重庆着力推进新型城镇化》	2012/09/24	第 4 版 要闻
6.《李克强在资源型城市与独立工矿区可持续发展及棚户区改造座谈会上强调 加快资源型城市转型发展及棚户区改造 破解城市二元结构难题 走新型城镇化道路》	2012/09/26	第 1 版 要闻
7.《新型城镇化 让生活更美好》	2012/11/04	第 8 版 迎接党的十八大特刊·数说辉煌
8.《河南南阳市委书记李文慧代表 以新型农村社区推进新型城镇化》	2012/11/10	第 9 版 欢庆党的十八大 特刊
9.《新型城镇化，生态要优先》	2013/01/05	第 9 版 生态周刊
10.《城镇化，不要急着脱离乡土》	2013/01/11	第 12 版 连线基层
11.《新型城镇化，必须增进人的幸福》	2013/01/13	第 1 版 要闻
12.《城镇化：让发展更科学、生活更美好》	2013/01/13	第 5 版 观察

续表

ID 编号与文章	时间（年 / 月 / 日）	版面
13.《长三角地区城镇化的特点和方向》	2013/01/13	第 5 版 观察
14.《城镇化助圆“中国梦”》	2013/01/13	第 5 版 观察
15.《以人为本是新型城镇化的实质》	2013/01/13	第 5 版 观察
16.《同步化、特色化、人本化支撑新型城镇化》	2013/01/13	第 5 版 观察
17.《新型城镇化的难点是人的城镇化》	2013/01/16	第 20 版 议政建言
18.《保障农民土地财产权益》	2013/01/16	第 20 版 议政建言
19.《城镇化，不能“化”成一个样》	2013/01/18	第 14 版 连线基层
20.《人居委专家提出 发展“绿色住区”助推新型城镇化》	2013/01/21	第 19 版 产经广场
21.《中国城镇化的国际视野（下）新型城镇化 重点在质量》	2013/01/31	第 23 版 国际
22.《新型城镇化，关键是质量》	2013/03/10	第 1 版 要闻
23.《新型城镇化不是城市“吃掉”农村》	2013/03/14	第 17 版 综合
24.《国开行助力安徽新型城镇化建设》	2013/03/19	第 6 版 要闻
25.《江苏镇江 网格化诉讼服务体系化解新型城镇化矛盾》	2013/03/21	第 11 版 政治
26.《新型城镇化要提升规划水平》	2013/03/27	第 20 版 议政建言
27.《李克强在江苏上海考察时强调 以扩大开放释放改革红利 以农业现代化支撑新型城镇化》	2013/03/31	第 1 版 要闻
28.《网友畅议新型城镇化》	2013/04/19	第 18 版 百姓生活
29.《新型城镇化应是改革战略》	2013/05/13	第 17 版 经济周刊
30.《新型城镇化——缩小福利差距 扩大景观差异》	2013/05/16	第 8 版 社会

续表

ID 编号与文章	时间（年 / 月 / 日）	版面
31.《山东临沂临港经济开发区推进新型城镇化 怎么建，群众说了算》	2013/05/19	第 11 版 新农村
32.《推进新型城镇化 全国重点镇将增补调整》	2013/08/17	第 2 版 要闻
33.《沈阳经济区步入改革“深水区”，如何推进区域一体化、新型城镇化、新型工业化 八城抱团闯三关》	2013/08/30	第 1 版 要闻
34.《七星拱月新辽沈——辽宁推进沈阳经济区综合配套改革综述》	2013/08/30	第 6 版 要闻
35.《李克强听取中科院、工程院城镇化研究报告并座谈指出 科学论证 周密谋划 让新型城镇化路子走好走顺 张高丽出席座谈会》	2013/09/08	第 1 版 要闻
36.《新型城镇化应治“乡村病”》	2013/09/10	第 5 版 评论
37.《新型城镇化不仅是住在城中》	2013/10/15	第 5 版 评论
38.《城市规划：改来改去为哪般》	2013/10/22	第 20 版 读者来信
39.《城乡一体化不能“城乡一样化”》	2013/10/22	第 20 版 读者来信
40.《城市规划 岂是面团》	2013/10/22	第 20 版 读者来信
41.《征地应予公正合理补偿》	2013/10/22	第 20 版 读者来信
42.《网友热议随意更改城镇规划》	2013/10/22	第 20 版 读者来信
43.《小镇新区“握手楼”最小间距一两米》	2013/10/22	第 20 版 读者来信
44.《乡镇道路 反复开膛破肚》	2013/10/22	第 20 版 读者来信
45.《新型城镇化 应有“顶层设计”》	2013/10/22	第 20 版 读者来信
46.《城镇化进程中的不良倾向》（注：无实质性内容）	2013/10/22	第 20 版 读者来信
47.《浙江新型城镇化快速推进 城镇化水平已达百分之六十三点二》	2013/12/09	第 13 版 中国区域经济发展论坛 特刊——浙江篇
48.《小城市培育“点亮”新型城镇化——浙江省改革创新推进小城市培育的探索与经验》	2013/12/09	第 13 版 中国区域经济发展论坛 特刊——浙江篇

续表

ID 编号与文章	时间（年 / 月 / 日）	版面
49.《山东积极探索新型城镇化健康发展的体制机制》	2013/12/10	第 13 版 中国区域经济发展论坛 特刊——山东篇
50.《农民变市民 进城不离乡 山东："就地就近"，城镇化提质增速》	2013/12/10	第 13 版 中国区域经济发展论坛 特刊——山东篇
51.《陕西新型城镇化试验区，强化产业支撑，让农民—— 不离土、不离乡就地城镇化》	2013/12/15	第 11 版 新农村
52.《 河南省委书记郭庚茂谈新型城镇化 没有就业的城镇化，必将走入死胡同》	2014/01/02	第 11 版 政治
53.《 新型城镇化关键在"化人"——浙江省省长李强日前在全省经济工作会议上说》	2014/01/07	第 5 版 评论
54.《走中国特色、科学发展的新型城镇化道路》（注：无实质性内容）	2014/01/19	第 5 版 观察
55.《城镇化也需转型升级》	2014/01/19	第 5 版 观察
56.《新型城镇化道路"新"在哪》	2014/01/19	第 5 版 观察
57.《用改革推进新型城镇化》	2014/01/19	第 5 版 观察
58.《破除提高城镇化质量的制度障碍》	2014/01/19	第 5 版 观察
59.《实施居住证制度、探索城市群建设、推动农民工市民化 地方两会 聚焦新型城镇化》	2014/01/30	第 11 版 政治
60.《北京 实施交通一体化缓解"城市病"》	2014/01/30	第 11 版 政治
61.《陕西 居住证堵住流动人口管理盲点》	2014/01/30	第 11 版 政治
62.《河北"盖新楼"与"造饭碗"同步推进》	2014/01/30	第 11 版 政治
63.《山东 让留守群体享受到贴心服务》	2014/01/30	第 11 版 政治
64.《神州数码控股有限公司董事局主席郭为委员 智慧城市助推新型城镇化》	2014/03/07	第 10 版 两会特刊
65.《拓宽新型城镇化投融资渠道》	2014/03/08	第 6 版 两会特刊
66.《新型城镇化，要城更要人》	2014/03/09	第 6 版 两会特刊
67.《关键词 打破城乡二元结构》	2014/03/09	第 6 版 两会特刊

续表

ID 编号与文章	时间（年 / 月 / 日）	版面
68.《中共中央、国务院印发〈国家新型城镇化规划（2014—2020 年）〉》	2014/03/17	第 1 版 要闻
69.《坚定不移走中国特色新型城镇化道路》	2014/03/17	第 12 版 综合
70.《如何有序推进农业转移人口市民化》	2014/03/18	第 13 版 综合
71.《以全面深化改革引领新型城镇化发展 番禺，扬帆起航！》	2014/03/18	第 17 版 中国城市特刊
72.《城镇化为何以城市群为主体形态》	2014/03/19	第 10 版 经济
73.《六部委负责人解读 新型城镇化，新在哪》	2014/03/20	第 2 版 要闻
74.《不断提高城市规划管理科学水平》	2014/03/21	第 23 版 国际
75.《如何用科学布局推动城镇化绿色发展》	2014/03/24	第 8 版 综合
76.《新型城镇化中该如何保护和传承历史文化》	2014/03/26	第 8 版 综合
77.《如何推进城乡发展一体化》	2014/03/27	第 8 版 综合
78.《如何提高城镇建设用地效率》	2014/03/28	第 8 版 综合
79.《〈国家新型城镇化规划（2014—2020 年）〉闪亮登场，专家详解四类主要指标 新型城镇化，到底什么样？》	2014/03/31	第 17 版 经济周刊
80.《如何创新新型城镇化投融资机制》	2014/03/31	第 8 版 综合
81.《长三角新型城镇化建设专业委员会成立》	2014/03/31	第 8 版 综合
82.《新型城镇化试点的历史使命》	2014/04/01	第 16 版 综合
83.《〈国家新型城镇化规划（2014—2020）〉提出，城区人口 500 万以上的特大城市将严格控制人口规模——落户更难，还漂在北上广吗？》	2014/04/04	第 17 版 民生周刊
84.《以人为核心全面提高城镇化质量》	2014/04/09	第 10 版 经济
85.《加快人、地、钱、房、生态等方面体制机制创新 新型城镇化力推五大改革》	2014/04/20	第 2 版 要闻
86.《新型城镇化不是砖瓦砂浆》	2014/04/25	第 10 版 经济

续表

ID 编号与文章	时间（年/月/日）	版面
87.《城镇化率每提高 1%，需新增 6000 万吨标煤能源消费——新型城镇化，呼唤清洁能源》	2014/04/28	第 19 版 产经广场
88.《浙江云和推进就业培训，改革户籍、产权制度 农民进城，安家又安心》	2014/06/06	第 10 版 经济
89.《新型城镇化　不可简单化》	2014/06/06	第 10 版 经济
90.《李克强在山东考察时强调 继续简政放权放管结合进一步激发市场活力 统筹城乡发展协调推进新型城镇化和农业现代化》	2014/07/26	第 1 版 要闻
91.《德州农信社助力新型城镇化　让进城农民安居乐业》	2014/08/24	第 9 版 新农村周刊
92.《尹家圩念活"流转"经——一个浙江村庄的土地流转调查》	2014/08/24	第 9 版 新农村周刊
93.《李克强在推进新型城镇化建设试点工作座谈会强调 改革创新 试点先行 扎实推进以人为核心的新型城镇化 张高丽出席》	2014/09/17	第 3 版 要闻
94.《湖南常德推动城市"三改四化"不留死角 新型城镇化 不能落下背街小巷》	2014/11/07	第 12 版 政治
95.《中农办赵阳谈〈国务院关于进一步推进户籍制度改革的意见〉新型城镇化决不是一纸户口的事》	2014/11/23	第 9 版 新农村周刊
96.《李克强在国家博物馆参观人居科学研究展时强调 以创新理念打造和谐宜居环境　用科学方法提升新型城镇化质量》	2014/11/29	第 1 版 要闻
97.《新型城镇化政策落地生根》	2014/12/16	第 3 版 要闻
98.《积极探索中小城市新型城镇化之路——福建省晋江市推进新型城镇化的经验与启示》	2014/12/22	第 13 版 社会
99.《62 城试点新型城镇化 探索转移人口市民化成本分担机制》	2015/02/05	第 2 版 要闻
100.《四川阆中试点新型城镇化建设 留住古城，也能城镇化》	2015/02/25	第 2 版 要闻

续表

ID 编号与文章	时间（年 / 月 / 日）	版面
101.《新型城镇化与流动人口社会融合论坛举办》	2015/07/17	第 19 版 健康时空
102.《李克强主持召开国务院常务会议（2015 年 7 月 28 日）》	2015/07/30	第 1 版 要闻
103.《李克强在河南考察时强调推动大众创业万众创新形成企业和经济发展新动能让新型城镇化与农业现代化相辅相成互促共进》	2015/09/26	第 4 版 要闻
104.《李克强主持召开国务院常务会议（2015 年 9 月 29 日）》	2015/09/30	第 1 版 要闻
105.《62 个城市（镇）列为新型城镇化综合试点地 今年尽快在市民化和投融资方面突破》	2015/10/12	第 2 版 要闻
106.《李克强主持召开国务院常务会议》	2015/10/22	第 3 版 要闻
107.《大美琼海，圆幸福田园梦 ——海南省琼海市新型城镇化建设纪实》	2015/12/03	第 13 版 区域经济特刊
108.《专家研讨新型城镇化与东北振兴》	2016/01/17	第 2 版 要闻
109.《“中国新型城镇化论坛 2016”举行》	2016/01/24	第 3 版 要闻
110.《李克强主持召开国务院常务会议》	2016/01/25	第 1 版 要闻
111.《国务院印发〈意见〉深入推进新型城镇化建设》	2016/02/07	第 1 版 要闻
112.《习近平对深入推进新型城镇化建设作出重要指示强调 坚持以创新、协调、绿色、开放、共享的发展理念为引领 促进中国特色新型城镇化持续健康发展》	2016/02/24	第 1 版 要闻
113.《奋勇迈上城镇化新阶段——党的十八大以来深入推进以人为核心的新型城镇化纪实》	2016/02/27	第 1 版 要闻
114.《〈国民经济和社会发展第十三个五年规划纲要（草案）〉（摘编）推进新型城镇化》	2016/03/06	第 10 版 要闻
115.《政府工作报告和“十三五”规划纲要草案都要求推进以人为核心的新型城镇化别让农民工“身在城里脚在村里”》	2016/03/11	第 10 版 两会特刊

续表

ID 编号与文章	时间（年 / 月 / 日）	版面
116.《李克强主持召开国务院常务会议》	2016/03/31	第 1 版 要闻
117.《 李克强主持召开国务院常务会议》	2016/05/05	第 1 版 要闻
118.《让小社区发挥大作用——九三学社中央赴广东调研“新型城镇化与社区服务业发展”》	2016/07/13	第 20 版 议政建言
119.《俞正声主持召开调研协商座谈会 就深入推进新型城镇化进行座谈交流》	2016/09/03	第 3 版 要闻
120.《新型城镇化建设做到“三个顺应”》	2016/09/07	第 20 版 议政建言
121.《国家新型城镇化大数据库建设启动》	2016/10/19	第 4 版 要闻
122.《 全国政协召开双周协商座谈会 围绕“完善住宅房地产调控，有序推进新型城镇化建设”建言献策 俞正声主持》	2017/05/26	第 1 版 要闻
123.《探寻中国经济新动力 以促进农业转移人口进城落户为切入点 充分发挥新型城镇化的增长引擎作用》	2017/06/11	第 5 版 观察
124.《推进新型城镇化 构筑戍边新堡垒——访新疆生产建设兵团司令员彭家瑞》	2017/09/19	第 13 版 砥砺奋进的 5 年 · 迎接党的十九大特别报道 · 兵团篇
125.《 2018 年特色小镇创新发展年会暨新型城镇化论坛举行 特色小镇如何“特”起来》	2018/01/22	第 13 版 企业天地
126.《 一座城市需要多少车位？我们的停车场缺口究竟有多大——今晚，我的车停哪儿？》	2018/04/13	第 17 版 民生周刊
127.《“城中村”，变样啦！》	2018/04/20	第 17 版 民生周刊
128.《好社区，是温暖的港湾》	2018/05/04	第 17 版 民生周刊
129.《身边机会多 上班不奔波——河北推动新型城镇化促就地就近就业》	2018/08/20	第 12 版 社会

5.2.2 研究方法与路径

为保证研究结论的严谨性和科学性，本书对《人民日报》关于新型城镇化的媒介镜像考察采取内容分析法进行，具体方法与路径如下。

内容分析主要从样本的分布年份、所涉地域、内容篇幅、主题类别、报道体裁、总体态度、叙事框架等方面进行分析。同时，采用 Excel 和 SPSS 软件进行后期数据统计分析。

（1）分布年份，指刊发样本的年份。

（2）所涉地域，指样本内容所涉的地域。为方便研究，本书以样本内容主要涉及的地域为主。样本的地域划分，以国家现行行政区域划分（以省级行政区为单位）和 1986 年全国人大六届四次会议对我国东部、中部和西部省区的划分为标准。

（3）内容篇幅，以全文字数为统计单位，含标题和正文，以 Word 软件的字数自动统计结果为准。

（4）主题类别，根据样本内容涉及的中心思想、内容主题为标准进行判断。本书个案研究的主题类别包括：时政类、经济类、文化类、社会类、生态类和其他类。上述六类主题的操作定义如下。

①时政类。归入此类的内容有国家方针政策、领导人活动、领导人讲话、领导指（批）示、外交、军事、国际政治、战争、法律法规和反腐倡廉等。

②经济类。归入此类的内容有经济政策、贷款（信贷、融资、帮扶小微企业）、扶贫、工农业生产、商业活动、经济消费、追讨债务、清理拖欠工资等。

③文化类。归入此类的内容有科技、教育、文化、卫生、体育、娱乐等。

④社会类。本书将在社会一定范围内普遍存在，其他领域可能涉及、但并未（或不太可能）深入涉及的议题（内容）纳入本范围，如城乡居民的劳动保障、教育、就业、社保、医保、低保、“失独”、留守儿童、老龄化社会、养老送终等。

⑤生态类。主要指涉及生态资源的开发、利用和保护，以及生态环境的破坏、治理和保护等方面的内容，包括相关政策、法规、制度、理念、做法、效果等。

⑥其他类。主要指上述五类主题之外或兼及上述两个及以上主题的样本。

（5）报道体裁，指根据国内常见的报道体裁划分方法，将研究样本划分为消息、评论（言论或观点）、通讯或深度报道、特写（稿）、专访（题）和其他，共六个选项。

（6）总体态度，分为正面、中性和负面三个向度。正面，是指样本总体对所涉内容持积极肯定或表扬态度；中性，是指样本在指出所涉内容优点的同时也指出其不足；负面，是指样本总体表现出对所涉内容持负面批评的态度。

5.2.3 《人民日报》新型城镇化报道的特征

根据上述操作规则，统计发现，《人民日报》中新型城镇化报道的内容特征主要通过报道的周期、地域、主题、体裁、框架和态度等方面得以体现。

5.2.3.1 报道周期：呈现明显的时间阶段性

2007 年 3 月 10 日《人民日报 · 两会特刊》（第 5 版）刊发的《新型城镇化：远离“大城市病”》是《人民日报》最早关于新型城镇化的报道。该篇报道是时任全国政协委员、江苏省社会科学院院长宋林飞研究员结合西方发达国家和我国部分发达地区传统工业化和城镇化进程中出现的“城市病”而提出的“实行新型城镇化”提案。

从数量统计结果来看，《人民日报》涉及新型城镇化的样本分布，在 2013 年和 2014 年两年时间达到了顶峰值（分别为 42 篇、46 篇），此后相应报道数量迅速减少，呈现出明显的时间阶段性。具体数据为：2007 年 1 篇，2010 年 1 篇，2012 提 6 篇，2013 年 42 篇，2014 年 46 篇，2015 年 9 篇，2016 年 14 篇，2017 年 3 篇，2018 年 5 篇。

5.2.3.2 报道地域：东部省区较多，中西部省区较少

从所涉地域来看，在《人民日报》关于新型城镇化的样本中，有 73 篇样本存在地域泛指现象，未指明所涉及的具体地域，约占分析样本的 57.5%。其中，71 篇未指明所涉地域，1 篇指涉全国，1 篇指涉东北地区。

在可辨明具体指涉地域的样本中，东部地区有 42 篇，约占分析样本的 33.1%。其中，山东 8 篇，浙江 6 篇，北京、上海、广东、江苏各 4 篇，

辽宁、河北各 3 篇，福建、长三角（未具体指明省市）各 2 篇，天津 0 篇。

中部地区有 11 篇，约占分析样本的 8.7%。其中，河南 7 篇，黑龙江、安徽、湖北、湖南各 1 篇，吉林、江西、山西均为 0 篇。

西部地区有 10 篇，约占分析样本的 7.9%。其中，四川、重庆、陕西各 2 篇，贵州、甘肃、宁夏、新疆各 1 篇，云南、西藏、青海、广西、内蒙古均为 0 篇。

5.2.3.3　报道主题：以经济和时政为主

《人民日报》新型城镇化样本的主题分布，经济类最多，有 56 篇，约占分析样本的 44.1%；居第二位的是时政类，有 40 篇，约占分析样本的 31.5%；居第三位的是社会类，有 22 篇，约占分析样本的 17.3%；文化类和生态环保类较少，各有 5 篇、4 篇，分别约占分析样本的 3.9%、3.1%。

据此可知，《人民日报》关于新型城镇化的样本呈现重经济、时政，轻社会、文化和生态的基本态势。

鉴于我国经济社会发展在不同地区发展不平衡的基本国情，《人民日报》在涉及不同地域时，其报道的主题、体裁、总体态度和叙事框架是否存在着地域性的差别？为此，笔者结合相关数据进行了交叉列联分析。结果发现，除涉及“其他”[1]地域的相关报道（共计 74 篇，占 58.3%）外，涉及时政、经济、社会、文化和环保等主题时，《人民日报》的新型城镇化报道均以东部地区为主要报道地域，总数有 37 篇；其中，时政报道 10 篇，经济报道 16 篇，社会报道 8 篇，文化、环保和其他报道各 1 篇，共计 37 篇，占 29.1%。中部和西部地区，分别有 7 篇，各占 5.5%。涉及中部地区的报道中，经济类报道有 3 篇，社会类和其他类报道各有 2 篇，时政、文化和环保类报道均为 0 篇。涉及西部地区的报道中，经济类报道有 3 篇，时政和社会类报道各 2 篇，文化、环保和其他类报道均为 0 篇。

上述数据表明，在突出经济主题的共性前提下，《人民日报》的新型城镇化报道对东部地区的报道主题较全面，对中西部地区的报道则以经济和社会为主，对文化和环保方面的主题较少涉及。

5.2.3.4　体裁类别：体裁丰富多样，以消息为主

新闻体裁，是新闻媒体及其从业人员在新闻信息传播过程中，通过

---

[1] 指内容涉及东部、中部、西部不同地区的省（市、区）的相关报道。

文本表现出来的、相对稳定的表现形态。新闻体裁，对新闻文本的信息含量、内容组成及外在结构均有约束力。新闻体裁分为新闻报道和新闻评论两大类。除新闻评论外，在个案研究时本书根据国内对新闻体裁的惯常划分，将新闻报道进一步细分为消息、通讯（深度报道）、特写（稿）和专题（访）四种。这四种与新闻评论、其他类一起六项共同构成了个案研究的体裁选项。

《人民日报》关于新型城镇化的相关内容，在体裁方面呈现体裁较丰富多样但以消息类为主且消息体裁主导下信息量不足的特点。

体裁分布具体数据如下。消息 57 篇（约占 44.9%），评（言）论 29 篇（约占分析样本的 22.8%），通讯（深度报道）22 篇（约占 17.3 %），专访（题）2 篇（约占 1.6%），其他 17 篇（约占 13.4 %）。从篇幅来看，1000 字（含）之内的样本有 44 篇（约占 34.7 %），1001 ~ 2000 字的样本有 41 篇（约占 32.3%），2001 ~ 3000 字的样本有 21 篇（约占 16.5%），3001 ~ 4000 字的样本有 14 篇（约占 11%），4001 字（含）以上的样本有 7 篇（约占 5.5%）。体裁与篇幅二者共同制约信息量，使《人民日报》在反映新型城镇化时呈现信息量有限的特点。

交叉列联分析发现，《人民日报》新型城镇化报道，在涉及东、中、西部地区时，不同体裁的数据分布如下：消息，各有 18 篇、4 篇、4 篇；评论，各有 7 篇、0 篇、1 篇；通讯（深度报道），各有 10 篇、3 篇、2 篇。从数据统计结果来看，《人民日报》新型城镇化报道，在单纯涉及东、中、西部地区时，均未用到专题（访），但涉及“其他”地域的“专题（访）”有 2 篇。

据此可知，《人民日报》的新型城镇化报道，总体上以消息体裁为主。

5.2.3.5　叙事框架：对比为主，兼顾因果和点面

叙事框架（叙事结构），是指叙事主体围绕特定主题，运用特定逻辑思维方式在文本中呈现出来的基本叙事结构。话语理论认为，特定话语叙事框架的背后隐含着特定的叙事目的和意识形态，与文本的总体态度有内在关联。

研究发现，《人民日报》涉及新型城镇化的样本主要运用了因果式和对比式的叙事框架，也有少量运用了点面结合式的叙事框架。具体数据如下。因果式叙事框有 68 篇（约占 53.6%），对比式叙事框架有 23 篇（约占

18.1%），“因果＋对比”式叙事框架有32篇（约占25.2%），点面结合式叙事框架有4篇（约占3.1%）。

交叉残联分析表明，因果、对比、点面等几种基本叙事框架在东部地区均有使用，在涉及中西部地区的样本中未使用对比式的叙事框架，在涉及其他地域（指全国、未明确地域）时未使用点面结合的叙事框架。具体数据如下：东部地区的报道，因果框架有22篇，对比框架有3篇，“因果＋对比”框架有10篇，点面框架有2篇；中部地区的报道，因果框架有5篇，对比框架和“因果＋对比”框架各有1篇；西部地区的报道，因果框架有4篇，“因果＋对比”框架有2篇，点面框架有1篇；其他地区（兼顾东中西不同地区）的报道，因果框架有36篇，对比框架有20篇，“因果＋对比”框架有18篇。

5.2.3.6 报道态度：以中性为主，兼具肯定和批评

统计后发现，在总体态度方面，持“中性”态度的样本最多，有78篇，如《长三角地区城镇化的特点和方向》（2013/01/13）、《新型城镇化应治“乡村病”》（2013/09/10）等，约占61.4%；持“肯定”态度的样本有42篇，如《“三化”协调 城乡巨变 》（2012/08/21）、《“城中村”，变样啦！》（2018/04/20）等，约占33.1%；持“否定”态度的样本有7篇，如《城市规划：改来改去为哪般》（2013/10/22）、《小镇新区“握手楼”最小间距一两米》（2013/10/22）等，约占5.5%。

经交叉列联分析发现，东部和西部地区均有正面、中性和负面态度的样本；涉及中部地区的样本仅有正面态度的样本，无中性和负面态度的样本。具体数据如下：正面、中性和负面态度的样本，东部地区各有25篇、11篇、3篇，中部地区各有7篇、0篇、0篇，西部地区各有3篇、3篇、1篇，其他（不明确）地区各有7篇、64篇、3篇。样本内容方面的特点，将在后文展开，此不赘述。

5.3 《人民日报》呈现的新型城镇化图景和农民话语

本节重点考察《人民日报》的总体叙事框架及其呈现的新型城镇化图景和农民话语。总体叙事框架，是在细读样本全文的基础上，根据样本的

内在逻辑关系进行建构，并通过量化分析以勾勒样本的叙事框架全貌。媒介图景和农民话语分析，主要运用话语分析和扎根研究的方法进行。

5.3.1 《人民日报》中的新型城镇化图景

《人民日报》呈现的新型城镇化图景比较全面、立体地分析了新型城镇化的动因，时政、经济、社会、文化和环保五大类报道合力共现了我国在新型城镇化建设进程中的现实图景。

5.3.1.1　新型城镇化动因：扩内需调结构等现实需要

通过对《人民日报》新型城镇化新闻报道的文本分析，笔者发现该报对新型城镇化重要性和必要性的阐述，主要是从扩内需调结构等现实需要的角度进行。统计显示，涉及此角度或从此角度进行阐述的样本，共有 34 个，数量最多。鉴于《人民日报》是纸质媒体，其描绘的媒介图景主要是通过文字予以呈现，笔者将相关文字视同其媒介图景。

在《人民日报》关于新型城镇化新闻报道的样本中，最早将扩内需与新型城镇化相联系的是《人民日报》2012 年 9 月 26 日 第 1 版刊发的《李克强在资源型城市与独立工矿区可持续发展及棚户区改造座谈会上强调 加快资源型城市转型发展及棚户区改造 破解城市二元结构难题 走新型城镇化道路》。该报道的导语说：

25 日，中共中央政治局常委、国务院副总理李克强在全国资源型城市与独立工矿区可持续发展及棚户区改造工作座谈会上强调，要深入贯彻落实科学发展观，加快资源型城市可持续发展，推动独立工矿区转型，加大棚户区改造力度，“三位一体”推进，着力破解城市内部二元结构难题，带动内需扩大和就业增加，走可持续的新型城镇化道路。

据此可知，国家推行新型城镇化的目的，在于“破解城市内部二元结构难题，带动内需扩大和就业增加”。

《人民日报》2013 年 1 月 13 日第 5 版刊发的评论《城镇化助圆“中国梦”》（作者：马宏伟），是研究样本中党的十八大之后较早明确将城镇化与国家现代化、扩大内需等联系起来的文章。

城镇化应成为一个化解制约我国科学发展、和谐发展突出问题的过程。我国发展中仍然存在不平衡不协调不可持续的问题，其中最为突出的就是内外需失衡、经济增长的内生动力不足，投资与消费失衡、消费动力

不足。城镇化是我国现代化建设的历史任务，也是扩大内需的最大潜力所在。

在这段文字中，作者强调了“城镇化是我国现代化建设的历史任务，也是扩大内需的最大潜力所在”。

《人民日报》2013年3月27日第20版刊发的《新型城镇化要提升规划水平——访全国政协副主席、台盟中央主席林文漪》一文中，采用对话实录体体现了林文漪对新型城镇化重要性和必要性的阐述。

城镇化是历史发展的必然阶段，积极稳妥的新型城镇化是扩内需的最大潜力，也是稳增长的最大动力，城镇化的进程也应成为我国转变经济发展方式的过程。[1]

当然，《人民日报》也通过刊发专家学者文章和观点评论等方式，提出了“新型城镇化应是改革战略”而非仅仅是“扩大内需、提振经济的工具”的观点。如《人民日报》刊发的北京大学光华管理学院院长蔡洪滨的文章中提出：

我国正处于深化经济体制改革和转变经济发展方式的关键时期，我们应以新型城镇化为支撑，系统设计未来改革战略。也就是说，新型城镇化应当是系统改革战略，而不仅仅是增长和发展战略。应当以城镇化为契机……大力推进体制改革……推动我国经济未来20年的健康可持续发展。[2]

5.3.1.2 现状与治理：时政报道呈现的媒介镜像

《人民日报》中涉及新型城镇化的时政类新闻报道共有40篇。笔者发现，这40篇中的相关内容主要围绕“现状（原因）—治理”的逻辑脉络展开，强调开展新型城镇化建设的重要性、必要性，以及应重点从制度（体制机制）建设上解决人的问题。例如，通过破解城乡二元结构、尊重农民权益、消除认知分歧、推动城乡公共服务一体化等政策举措，实现农民市民化和人的城镇化，同时又要防止形形色色的“城市病”和“乡村病”，等等。

将时政类样本所涉的主题内容进行二次归类后发现，涉及制度建设和

[1] 廖文根，潘跃．新型城镇化要提升规划水平——访全国政协副主席、台盟中央主席林文漪［N］．人民日报，2013-03-27（20）．

[2] 蔡洪滨．新型城镇化应是改革战略［N］．人民日报，2013-05-13（17）．

试点经验做法的报道最多（27 篇），其次是具体治理的样本（6 篇）和关于农民市民化的样本（5 篇），涉及防止“城市病”的样本 3 篇，涉及人的城镇化、城乡一体化、城乡二元结构、城镇化认知、公共服务、尊重农民权益和防止“乡村病”的样本各 2 篇。❶

有关市民化、人的城镇化、城乡二元结构和城镇化认识四个主题的样本，主要涉及新型城镇化的现状（原因）；有关城乡一体化、公共服务、尊重农民权益、具体管理、防止“城市病”和“乡村病”六个主题的样本，涉及新型城镇化的微观治理；有关制度建设和试点经验的样本，涉及新型城镇化的宏观治理。

当然，笔者做上述区分，主要是为了研究和行文的方便。事实上，许多样本往往兼具现状和治理两大方面的内容，只是各有侧重而已。

（1）现状：破解城乡二元社会结构的媒介镜像。

《人民日报》涉及“现状（原因）”的分析样本中，虽有市民化、人的城镇化、城乡二元结构和城镇化认识四个主题，但这四个主题中的核心是城乡二元结构。因此，《人民日报》涉及新型城镇化建设“现状（原因）”的样本，总体呈现出来的是破解城乡二元社会结构的媒介镜像。

传统城乡二元社会结构对我国城镇化和经济社会发展带来的全局性负面影响，是近年来政界、学界和业界讨论较多、共识较明显的话题。如：

现行户籍管理、土地管理、社会保障、财税金融、行政管理等制度，固化着已经形成的城乡利益失衡格局，阻碍了城镇化健康发展。……传统高投入、高消耗、高排放的工业化城镇化发展模式难以为继；……农业富余劳动力减少和人口老龄化程度提高、资源环境瓶颈制约日益加剧、城市内部二元结构矛盾日益凸显，……城镇化发展由速度型向质量型转型的要求日益迫切。❷

武汉大学经济与管理学院教授简新华直言，“我国城镇化之所以出现了一些突出问题，根本原因在于相关制度不完善，特别是城乡分割的二元制度依然存在。只有深化改革、创新制度，才能有效……”❸

因为城乡二元社会结构的长期存在，使农业转移人口的市民化、城

❶ 因部分样本同时涉及多个不同的二级主题，故数据累计总数会超过 40 篇。

❷ 徐绍史. 坚定不移走中国特色新型城镇化道路 [N]. 人民日报，2014-03-17（12）.

❸ 简新华. 破除提高城镇化质量的制度障碍 [N]. 人民日报，2014-01-19（5）.

镇化成为我国新型城镇化进程中最重要最突出的现实问题。为此，在谈及“市民化”时，全国政协副主席、台盟中央主席林文漪认为，“推进农业转移人口市民化是我国城镇化过程中最突出的问题。要使已达2.63亿，还以每年3%～4%的速度增长的农业转移人口成为真正的市民，是世界历史上最大的社会发展系统工程”❶。

中国科学院、中国工程院组织上百位专家，历时1年多就城镇化问题开展深入研究后认为，“城镇化已成为不可逆转的趋势。……我国城镇化取得了长足进步，但也确实存在质量不高、缺乏科学规划等问题。尤其是城镇化率虚高，1亿多农民工进城后享受不到同等公共服务，只能算是‘半城镇化’”❷。

城乡二元结构的存在使进城农民因为户籍限制无法享受同等的公共服务，因此，全国人大代表中的农民工代表曹勇认为，“教育、就医等公共服务都和户籍捆绑在一起，其实进城农民更看重户口背后的权益。……最好允许具有一定年限连续社保缴费、有稳定工作的人员能无房市民化”❸。

2016年3月“两会期间”，政府工作报告和“十三五”规划纲要草案都要求推进以人为核心的新型城镇化，强调破除城乡二元结构户籍制度改革是突破口，继续深化农村土地制度改革，让农民进城真正无后顾之忧，要加大对农村基础设施投入力度，推进公共服务的城乡并轨。❹

《人民日报》时政类样本还呈现了政界、学界探讨如何破除城乡二元社会结构导致的“乡村病”（土地流失、农村空心化等）和“城市病”（质量不高、缺乏规划，资源、环境和生态压力大等）、促进城乡一体化、有利于农民市民化和实现人的城镇化的政策建议、制度规划等方面的内容。

（2）治理：制度创新与试点先行并重的媒介镜像。

《人民日报》时政类样本中涉及微观和宏观治理两大基本部分。前者

---

❶ 廖文根，潘跃.新型城镇化要提升规划水平——访全国政协副主席、台盟中央主席林文漪[N].人民日报，2013-03-27（20）.

❷ 新华社.李克强听取中科院、工程院城镇化研究报告并座谈[N].人民日报，2013-09-08（1）.

❸ 王伟健.新闻目击：农民工曹勇代表建言市民化　没有户口，先有待遇[N].人民日报，2014-03-09（6）.

❹ 王浩，寇江泽，柴秋实.政府工作报告和“十三五”规划纲要草案都要求推进以人为核心的新型城镇化　别让农民工“身在城里脚在村里”[N].人民日报，2016-03-11（10）.

的指向，一般比较明确、具体；后者的指向一般较宏观、宽泛。但是，微观和宏观治理二者之间并非泾渭分明，而是有着内在紧密的联系。因此，《人民日报》在治理层面，总体呈现制度创新与试点先行并重的媒介镜像。

首先，来看《人民日报》微观治理方面的媒介镜像。

就微观治理层面而言，《人民日报》重点就农民集中居住小区的物业管理、城市规划理念与质量、城市地下基础设施建设、“城市病”和“乡村病”的防治、人们对新型城镇化的认知等方面展开。这些微观治理层面的媒介镜像，是宏观治理的缩影，也是我国新型城镇化进程中隐藏的深层问题的表征。

《江苏镇江　网格化诉讼服务体系化解新型城镇化矛盾》一文报道了江苏省镇江市经济开发区法院在社区的常驻法官主动上门调解、化解邻里纠纷之事，该报道在导语中呈现的纠纷起因是，“从农村迁入城市，部分农民的生活习惯也随之带进了社区，不少居民毁坏绿化擅自种菜，引发邻里纠纷。物业公司多次协调，收效甚微”[❶]。

根据笔者前文所述，部分农民在小区内毁坏绿化擅自种菜，不能简单归因于农民的生活习惯，也有部分进城农民经济来源不稳定的原因。这涉及“盖新楼”与“造饭碗”并重、让农民“洗脚上楼”和安居乐业并重等深层次的问题。为此，《人民日报》呈现了河北“盖新楼”与“造饭碗”同步推进的媒介镜像，重点报道了当年河北省政府工作报告提出的城镇化“十要十不要”和代表委员提出的“盖新楼”与“造饭碗”的要求[❷]。

《人民日报》还呈现了针对城市地下基础设施落后、“马路拉链”和“空中蜘蛛网”等突出问题，以及国务院部署推进城市地下综合管廊建设、扩大公共产品供给提高新型城镇化质量的媒介镜像。该报道还把推进城市地下综合管廊建设与满足民生之需、打造经济发展新动力相联系。

针对长期存在的城市地下基础设施落后的突出问题，要从我国国情出发，借鉴国际先进经验，在城市建造用于集中敷设电力、通信、广电、给排水、热力、燃气等市政管线的地下综合管廊，作为国家重点支持的民生工程。这是创新城市基础设施建设的重要举措，不仅可以……提高城市综

❶ 王伟健，朱远明，徐吉梅．江苏镇江　网格化诉讼服务体系化解新型城镇化矛盾 [N]. 人民日报，2013-03-21（11）.

❷ 杨柳．河北“盖新楼”与“造饭碗”同步推进 [N]. 人民日报，2014-01-30（11）.

合承载能力，满足民生之需，而且可以带动有效投资、增加公共产品供给，提升新型城镇化发展质量，打造经济发展新动力。❶

针对人口集聚、交通拥堵、空气污染、水资源短缺等“城市病”，《人民日报》呈现了北京将实施交通一体化缓解“城市病”的媒介镜像。

为破解城市发展难题，北京市提出“加强人口规模调控”“全力治理大气污染”“深入推进区域合作发展”等举措。尤其是“区域合作”方面，今年的政府工作报告更为明确具体……为推进区域内的基础设施互联互通，北京市年内将抓好京沈客运专线……重点项目，促进交通一体化。❷

在人们对新型城镇化的认知方面，《人民日报》试图展现的媒介镜像是当前人们对新型城镇化的认识存在五大分歧，这些分歧与我国城镇化的特殊性有关，应通过深化改革推进。

该报 2014 年 1 月 19 日刊发的《用改革推进新型城镇化》说，“当前，在推进新型城镇化的认识上存在较大分歧，主要有：一是把城镇化误解为城镇建设和投资……。二是脱离当地经济社会发展实际，盲目提高城镇化率……。三是认为城镇化就是推动新区建设……。四是以发达国家成熟的城镇化结果作为参照，忽视我国国情……。五是对城镇化可持续发展理念缺乏深入理解，……忽略了可持续发展的实质是集约、效率和以人为本”❸。

为匡正人们的认知，《人民日报》在 2014 年 1 月 19 日第 5 版的“互动”栏目中，以回答读者提问的形式刊发《新型城镇化道路“新”在哪》一文，重点阐释了与传统城镇化相比较新型城镇化应表现为“六新”，即核心新、理念新、动力新、方式新、格局新和重点新❹。

其次，来看《人民日报》宏观治理方面的媒介镜像。

笔者将涉及相关政策文件、制度规定、方案草案和体制机制方面的报

---

❶ 新华社．李克强主持召开国务院常务会议 部署推进城市地下综合管廊建设，扩大公共产品供给提高新型城镇化质量；确定促进旅游投资和消费的政策措施，打造稳增长调结构惠民生新支点；通过《中华人民共和国反家庭暴力法（草案）》[N]. 人民日报，2015-07-30（1）.

❷ 余荣华．北京实施交通一体化缓解“城市病”[N]. 人民日报，2014-01-30（11）.

❸ 李铁．用改革推进新型城镇化 [N]. 人民日报，2014-01-19（5）.

❹ 张占斌．新型城镇化道路“新”在哪 [N]. 人民日报，2014-01-19（5）.

道，均纳入制度建设的范畴。

研究发现,《人民日报》重点报道并解读了《新型城镇化规划（2014—2020）》（以下简称《规划》），要求各地结合实际认真贯彻执行[1]，并在同一天（2014年3月17日）第9–12版刊载了《规划》全文，在第12版刊发了时任国家发改委主任徐绍史的文章《坚定不移走中国特色新型城镇化道路》，并在2014年3月18日推出“新型城镇化规划专家解读”专栏，刊发了时任国务院发展研究中心副主任韩俊[2]等人的文章。

《规划》和相关领导、专家的解读，给读者呈现的媒介图景是：城镇化是现代化的必由之路，是解决农业农村农民问题的重要途径，是推动区域协调发展的有力支撑，是扩大内需和促进产业升级的重要抓手。《规划》是今后一个时期指导全国城镇化健康发展的宏观性、战略性、基础性规划。[3]

《人民日报》时政类报道样本中，还呈现了国家通过《关于深入推进新型城镇化建设的若干意见》[4]《第十三个五年规划纲要（草案）》[5]《成渝城市群发展规划》等引领新型城镇化[6]的宏观媒介图景。

围绕这些国家宏观层面的规划,《人民日报》还凸显了国家为推进新型城镇化进而在户籍制度改革、取消城乡户口界限、助力农业转移人口市民化等方面的相应政策、制度和要求。

2014年3月18日《人民日报》在第13版推出了“新型城镇化规划专家解读”专栏，刊发的首篇文章就是时任国务院发展研究中心副主任韩俊

---

[1] 新华社．中共中央、国务院印发《国家新型城镇化规划（2014—2020年）》[N]．人民日报，2014-03-17（1）．

[2] 韩俊．如何有序推进农业转移人口市民化[N]．人民日报，2014-03-18（13）．

[3] 徐绍史．坚定不移走中国特色新型城镇化道路[N]．人民日报，2014-03-17（12）．

[4] 新华社．国务院印发《意见》深入推进新型城镇化建设[N]．人民日报，2016-02-07（1）．

[5] 国民经济和社会发展第十三个五年规划纲要（草案）》（摘编）推进新型城镇化[N]．人民日报，2016-03-06（10）．

[6] 新华社．李克强主持召开国务院常务会议 决定新设一批国家自主创新示范区，部署推进上海加快建设科技创新中心；通过《成渝城市群发展规划》，引领西部新型城镇化和农业现代化；原则通过《中华人民共和国国防交通法（草案）》[N]．人民日报，2016-03-31（1）．

撰写的《如何有序推进农业转移人口市民化》。2014 年 3 月 20 日，《人民日报》第 2 版刊发《六部委负责人解读 新型城镇化，新在哪》。该报道重点向世人展示了国家拟将进城落户农民完全纳入城镇住房保障体系以实现基本公共服务均等化、拟出台户籍制度改革意见以提高大中专院校学生和技术工人的城镇落户率进而解决人的城镇化问题、加大棚户区改造以改善人居环境并注重防范和化解财政金融风险，为城市发展设定四条控制线以防止"城市病"的媒介图景。

《人民日报》还向世人展示了国家在人、地、钱、房、生态等方面加快体制机制创新[1]的媒介图景。在制度规则的创新方面，户籍制度、居住证制度、城镇住房保障制度、农村转移人口市民化成本分担和健康服务保障应对人口老龄化等方面的创新和实践，是《人民日报》报道较多和着力展现的媒介镜像。

要积极推进农业转移人口市民化，加快落实户籍制度改革政策，全面实行居住证制度，推进城镇基本公共服务覆盖常住人口。要加快城镇棚户区改造和基础设施建设，推动新型城市建设，……完善土地利用机制，创新投融资机制，完善城镇住房制度，为新型城镇化提供科学合理的制度保障。要进一步深化新型城镇化综合试点，努力在建立人口市民化成本分担机制、多元可持续城镇化投融资机制、完善农村宅基地制度、创新设市设区模式等方面，尽快实现突破。[2]

结合《国务院关于进一步推进户籍制度改革的意见》，《人民日报》展示的媒介镜像如下。

城镇化的持续推进，将为数亿农民工在城市创造更高水平新生活；城乡户口界限取消，不意味着农民消失，农民将来更多是职业称谓。[3]

2015 年 2 月 5 日《人民日报》展示的媒介镜像，则是国家发改委印发《国家新型城镇化综合试点方案》、将 62 个城市（镇）列为国家新型城镇化综合试点地区，探索转移人口市民化成本分担机制，并突出了时间节点

[1] 江夏．加快人、地、钱、房、生态等方面体制机制创新 新型城镇化力推五大改革［N］．人民日报，2014-04-20（2）．

[2] 新华社．习近平对深入推进新型城镇化建设作出重要指示［N］．人民日报，2016-02-24（1）．

[3] 高云才．中农办赵阳谈《国务院关于进一步推进户籍制度改革的意见》新型城镇化决不是一纸户口的事［N］．人民日报，2014-11-23（9）．

和目标任务。❶

在制度建设、体制机制创新方面，《人民日报》还通过引用中外历史经验与现实，以及专家学者、人大代表和政协委员的建议等展示了我国新型城镇化建设加强顶层设计、制度建设和体制机制创新的紧迫性和必要性；并结合前文所提及的国家出台的相关规划和建设意见，形成了时间上先后有序和逻辑上因果相成的媒介图景。例如，2013 年 10 月 15 日，《人民日报》在“纵横”栏目刊载题为《新型城镇化不仅是住在城中》的评论中写道：

农村经济学家迈克尔·利普顿曾提出“城市偏向理论”：当今世界穷国的最重要的阶级斗争，既不是资本和劳动的斗争，也不是外国利益与本国利益的斗争，而是农村居民与城市居民之间的斗争。我国的新型城镇化，就是在城乡共同发展中从制度上消除和防止这种矛盾和斗争，使农村居民与城镇居民共享发展成果。❷

在此基础上，作者进一步阐述了推进新型城镇化必须改变地方政府竞争模式、处理好中央与地方的关系，使新型城镇化不仅是住在城中，更是幸福在城中。

2014 年 1 月 19 日，《人民日报》在“观察者说”栏目刊载武汉大学经济与管理学院教授简新华的评论《破除提高城镇化质量的制度障碍》。作者在评论中说：“我国城镇化之所以出现了一些突出问题，根本原因在于相关制度不完善，特别是城乡分割的二元制度依然存在。……我国城镇化之所以存在这些问题，原因是多方面的……但主要原因在于户籍、社会保障、土地、住房、就业、教育等方面城乡分割的二元制度。……如果只有户籍制度改革的单兵独进，没有社会保障、土地、住房、就业、教育等制度的协调配套改革，其效果就可能大打折扣，即使给了农民城镇户口，他们也难以在城镇安居乐业，难以实现稳定的城镇化。因此，必须全面贯彻中央精神，全面深化相关改革。”❸

2014 年 3 月 9 日，《人民日报》在“两会特刊”上以新闻报道的形式，刊发了部分全国人大代表的发言，进一步阐明了推动我国新型城镇化必须

❶ 朱剑红 . 62 城试点新型城镇化 探索转移人口市民化成本分担机制 [N]. 人民日报，2015-02-05（2）.

❷ 李旭章 . 新型城镇化不仅是住在城中 [N]. 人民日报，2013-10-15（5）.

❸ 简新华 . 破除提高城镇化质量的制度障碍 [N]. 人民日报，2014-01-19（5）.

从体制机制上进行改革的紧迫性和必要性。

曹勇认为，因为现有的教育、就医等公共服务都和户籍捆绑在一起，进城农民其实更看重户口背后的权益；进城务工农民最关心子女上学，为此政府也投入了不少。因为城市房价高，不少进城务工农民感觉压力大，曹勇呼吁政府最好允许具有一定年限连续社保缴费、有稳定工作的人员能无房市民化。❶

全国人大代表蔡继明（清华大学教授）认为，“当前城镇化进程中的主要矛盾是人口的城镇化严重滞后于空间的城镇化。……只有统筹解决进城农民的户籍、福利问题，拆除城乡二元体制的篱笆墙，让农民变成真正消费主体，才能使城镇化真正转变为经济发展的动力”。全国人大代表毕于瑞（江苏省徐州市铜山区委书记）强调，“农民工市民化是一项高成本的改革；不能单纯追求土地的城镇化、房地产化。当务之急是进行制度创新，消除体制机制障碍，全面提升城镇化质量”。全国人大代表王金会（黑龙江省绥化市市长）建议，“从财税、社保等方面健全农业转移人口市民化成本的分担机制，增强流入城市吸引人口定居的动力”❷。

全国人大代表虞爱华（安徽省安庆市委书记）认为公共服务均等化慢不得，“推进新型城镇化，关键是实现基本公共服务均等化，着力于制度改革、制度创新”。全国人大代表王清宪（山西省运城市市长）认为城镇化是破除城乡二元结构的重要依托，“建立城乡一体化发展机制的过程，就是城乡统筹发展的过程”。全国政协委员车迎新（中国农业银行监事长）认为金融支农是世界性难题，“解决难题要进一步强化改革，加强制度创新”，并建议“加强财政和金融协作来解决贫困地区资金瓶颈问题”❸。

《人民日报》时政类报道中所呈现的新型城镇化媒介镜像，总体上可用图 5.1 进行概括。

---

❶ 王伟健．新闻目击：农民工曹勇代表建言市民化　没有户口，先有待遇 [N]．人民日报，2014-03-09（6）．

❷ 冯华，王伟健，袁泉，等．让进城农民后顾无忧 [N]．人民日报，2014-03-09（6）．

❸ 吴月辉，冀业，朱隽．关键词　打破城乡二元结构 [N]．人民日报，2014-03-09（6）．

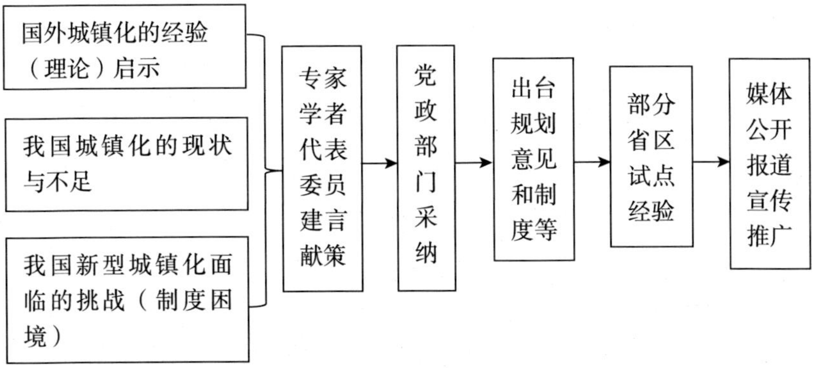

图 5.1 《人民日报》时政报道中的新型城镇化媒介镜像

在制度试点和相关经验方面，《人民日报》主要以东部经济社会发展和城镇化水平程度较高的省、市为范本报道其相关经验和做法，同时以中西部省市区为例进行相关报道。例如，2013 年 12 月 9 日，《人民日报》在第 13 版“中国区域经济发展论坛特刊——浙江篇”中，刊发《小城市培育“点亮”新型城镇化——浙江省改革创新推进小城市培育的探索与经验》，重点介绍了浙江通过城乡联动、民生为先、民资建城、产城融合和制度创新推进新型城镇化建设的做法和经验；刊发《浙江新型城镇化快速推进 城镇化水平已达百分之六十三点二》，重点推介了浙江新型城镇化建设取得的积极成效。

此外，《人民日报》呈现的媒介镜像还包括：辽宁推进沈阳经济区综合配套改革，区域内分工合理的现代产业体系已初步建立；[1]陕西开放户籍限制助力城镇化、发放居住证堵住管理盲点；[2]山东走出具有地域特色的就地就近城镇化道路、城镇化已进入提质加速发展阶段；[3]为推进新型城镇化，浙江今年（2014 年）将重点做好三件事，引导进城落户农民尽快转化为市民，并提供城乡一体的公共服务促进城乡发展一体化；[4]北京实施交通

❶ 孙健，何勇，万重 . 七星拱月新辽沈——辽宁推进沈阳经济区综合配套改革综述 [N]. 人民日报，2013-08-30（6）.

❷ 方敏 . 陕西居住证堵住流动人口管理盲点 [N]. 人民日报，2014-01-30（11）.

❸ 鲁建宣 . 山东积极探索新型城镇化健康发展的体制机制 [N]. 人民日报，2013-12-10（13）.

❹ 王慧敏 . 新型城镇化关键在“化人”——浙江省省长李强日前在全省经济工作会议上说 [N]. 人民日报，2014-01-07（5）.

一体化缓解“城市病”；[1]河北提出城镇化“十要十不要”要求，“盖新楼”与“造饭碗”同步推进；[2]各地通过落实居住证制度、探索城市群建设、推动进城务工农民市民化具体政府举措落实，以推进新型城镇化建设。[3]

5.3.1.3　转型与成效：经济报道呈现的媒介镜像

转型与成效是《人民日报》经济类报道展示的基本媒介镜像，其主要是通过凸显“产业结构转型”“发展模式（道路）转变”“制度保障”和“典型示范”四个方面来体现。

《人民日报》的新型城镇化样本中，经济类主题数量最多，共56篇。其中，涉及“发展模式（道路）转变”的样本29篇，涉及“产业结构转型”的样本19篇，涉及“典型示范”的样本11篇，涉及“制度保障”的样本2篇。[4]

（1）发展模式：凸显城市化和农村城镇化并重。

《人民日报》对于我国城镇化转型发展道路的镜像呈现，是从历史和现实对比的维度上展开的：既指出了传统城镇化对我国经济社会发展带来的正面效应，也客观展示了传统城镇化发展的不足。例如，有文章认为，我国长三角地区城镇化的优势突出但问题也日益凸显，主要表现为“结构不够合理、同构色彩浓厚、软件设施较弱、联动功能不足”[5]等；我国城镇化走过的曲折道路，主要体现为城乡差距扩大、城市中形成的新二元结构及行政力量对城市化的扭曲。新型城镇化应由以物为主转向以人为主，遵循城市化规律、发挥市场作用；[6]解决我国进城务工农民市民化至少要10年，要防止有城市无产业、有速度无质量和大城市病、半城镇化、房地产化倾向，坚持城市化与农村城镇化并重。[7]

---

❶ 余荣华．北京实施交通一体化缓解“城市病”[N]．人民日报，2014-01-30（11）.

❷ 杨柳．河北“盖新楼”与“造饭碗”同步推进[N]．人民日报，2014-01-30（11）.

❸ 何璐．实施居住证制度、探索城市群建设、推动农民工市民化 地方两会 聚焦新型城镇化[N]．人民日报，2014-01-30（11）.

❹ 因许多样本同时涉及几个方面的内容，故累计总量会超过经济类报道样本的实际总量。

❺ 范恒山．长三角地区城镇化的特点和方向[N]．人民日报，2013-01-13（5）.

❻ 蔡洪滨．新型城镇化应是改革战略[N]．人民日报，2013-05-13（17）.

❼ 廖文根，万善朝．新型城镇化的难点是人的城镇化——访民建中央副主席辜胜阻[N]．人民日报，2013-01-16（20）.

涉及“发展模式（道路）转变”的样本中，城市化发展和农村城镇化发展道路是《人民日报》重点展示的媒介镜像。关于城市化转型发展道路的媒介镜像呈现，主要体现在“产城融合”、城市化与经济社会发展（含城建规划、征地补偿）、城市化与环境治理的关系等方面。

①产城融合。《人民日报》关于产城融合的报道，始于2012年9月24日的《集群 协调 绿色 可持续 重庆着力推进新型城镇化》。

重庆将抓好国家级新区两江新区、两路寸滩保税港区和西永综合保税区、7个国家级和市级开发区、36个特色工业园区建设，统筹推进工业园区及其周边开发，促进园区城市形态化，建成产城融合、园城互动的产业新城。两江新区发挥龙头带动作用，将通过产业、城市、生活与社会等功能的协调发展，加快形成大产业、大功能、大人群集聚态势。❶

《人民日报》强调“产城融合”的报道还有多篇。例如，2013年8月30日第1版刊发的《沈阳经济区步入改革“深水区”，如何推进区域一体化、新型城镇化、新型工业化 八城抱团闯三关》等。

沈阳经济区新型工业化综合配套改革试验区上升为国家战略后……注重省内顶层设计，打破地区间行政、行业壁垒……通过市场要素的一体化，实现资源要素低成本、快捷高效流动，打造区域协调发展格局；城镇化和新型工业化双轮驱动、紧密结合，产城互动、产城融合；传统产业调整升级，以新兴产业的“增量”调整结构，从而实现城市和产业的双重转型。❷

2013年8月30日第6版刊发的《七星拱月新辽沈——辽宁推进沈阳经济区综合配套改革综述》认为，产城融合有助于加快城乡一体化发展，能起到“一箭三雕”的功效——“破解了主城区空间不足的难题，拉开了城市发展新空间；破解了原有产业单一的难题，新产业推动结构调整、经济发展方式转型；破解了农民进城难题，以产业带动就业，以就业推动农民市民化”❸。

---

❶ 王建新.集群 协调 绿色 可持续 重庆着力推进新型城镇化[N].人民日报，2012-09-24（4）.

❷ 孙健，何勇.沈阳经济区步入改革“深水区”，如何推进区域一体化、新型城镇化、新型工业化 八城抱团闯三关[N].人民日报，2013-08-30（1）.

❸ 孙健，何勇，万重.七星拱月新辽沈——辽宁推进沈阳经济区综合配套改革综述[N].人民日报，2013-08-30（6）.

2013年12月9日第13版刊发的《小城市培育“点亮”新型城镇化——浙江省改革创新推进小城市培育的探索与经验》，展示了截然不同的媒介镜像——浙江发挥自己民营经济发达、民营资本充裕的优势，注重城乡联动、民生为先，特别是在产城融合方面，撬动民营资本共同参与建城，促进小城镇与大中小城市协调发展。[1]

此外，《人民日报》还先后报道了山东、福建、新疆等其他省区在产城融合、促进新型城镇化建设发展方面的探索和经验，以及加速东北振兴等方面的内容。

②城市化发展模式。主要体现在《人民日报》对城市建设与经济社会发展（含城市建设规划、征地补偿及生态环境等）方面的关注。

2013年10月22日，《人民日报》于第20版“关注城镇化中的不良倾向”专栏中，刊发了《城市规划：改来改去为哪般》等8篇文章，从不同角度指出了原有城建规划中的不足和未来发展方向。

《城市规划：改来改去为哪般》指出了城市规划随意修改备受社会批评的现状，分析了城市规划经常“变脸”的原因，提出了相关对策建议。《城乡一体化不能“城乡一样化”》批评了套用城市小区模式、用一个“版本”改造乡村的做法，认为该做法不但浪费资源，“也割断了农村的历史和传统，毁掉了田园风光”。《城市规划 岂是面团》批评了我国城市建设和新农村建设中的趋同现象和城市规划中的乱象，分析了其原因和后果。《征地应予公正合理补偿》指出了各地征地中存在的不规范现象，对我国农村土地征收补偿提出了建议。《网友热议随意更改城镇规划》认为，要多角度看待城镇化问题，才能避免好心办坏事。《小镇新区“握手楼”最小间距一两米》指出了部分开发商为了少掏钱多赚钱，将小区住房建成“握手楼”的问题。《乡镇道路 反复开膛破肚》指向部分乡村主干道为了铺设管线反复开挖施工导致经常堵车的问题。《新型城镇化 应有“顶层设计”》认为，应充分吸收各方不同意见，周密谋划新型城镇化的顶层设计。《城镇化也需转型升级》认为，我国城镇化发展需要转型升级，进入靠特色取胜、靠创新驱动的阶段。

在指出传统城镇化的不足之后，《人民日报》通过“新闻评论”“读者

[1] 郁建兴，胡金生．小城市培育“点亮”新型城镇化——浙江省改革创新推进小城市培育的探索与经验［N］. 人民日报，2013-12-09（13）.

来信”等形式向社会传达国家在新型城镇化发展方面所作的努力。

除前文提及的样本外,《新型城镇化、新型工业化、新型农业现代化统筹推进“三化”协调 城乡巨变》[1]《城镇化为何以城市群为主体形态》[2]展示了开展新型城镇化建设和建设城市群体的合理性、必要性。前者以河南统筹推进新型城镇化、新型工业化、新型农业现代化带动全省城乡发生巨变的事实为例，阐明了新型城镇化推进城乡协调发展的正当性和可行性。后者则从世界城市化发展的一般规律和我国资源环境承载能力的客观要求两个方面，阐述了我国新型城镇化建设为何要以城市群为主体形态，并阐述了实现“一群城市”向城市群转变的基本路径，建议发挥城市群在经济社会发展中的示范带动效应。

此外,《人民日报》重点呈现了应着力缩小城乡之间、区域之间社会福利差距[3]，着力根治正在加重的“乡村病”(生产要素非农化、社会主体老弱化、建设用地空废化和水土环境污损化等)[4]，严守土地红线、提高城镇建设用地集约化程度[5]，以及城镇化要“以人为核心”重点解决“三个1亿人”的问题[6]、开展六大优先领域的改革[7]，强调新型城镇化是综合载体，具有多种功能，需要因地制宜、分类实施和试点先行[8]等媒介镜像。

③城市化与环境治理。在新型城镇化发展模式方面,《人民日报》从城镇化与生态环境关系的角度呈现了国家重视基础设施、海绵城市建设，支持新能源和小排量汽车发展促进调结构扩内需[9]，注重经济目标与环境目标并行、避免“先污染再治理”老路[10]的媒介镜像。

[1] 戴鹏，任胜利，等.新型城镇化、新型工业化、新型农业现代化统筹推进 “三化”协调 城乡巨变[N].人民日报，2012-08-21(6).

[2] 樊杰.城镇化为何以城市群为主体形态[N].人民日报，2014-03-19(10).

[3] 赵实.新型城镇化——缩小福利差距 扩大景观差异[N].人民日报，2013-05-16(8).

[4] 刘彦随.新型城镇化应治“乡村病”[N].人民日报，2013-09-10(5).

[5] 林坚.如何提高城镇建设用地效率[N].人民日报，2014-03-28(8).

[6] 韩俊，何宇鹏.以人为核心全面提高城镇化质量[N].人民日报，2014-04-09(10).

[7] 刘志强，英卓华.新型城镇化不是砖瓦砂浆[N].人民日报，2014-04-25(10).

[8] 新华社.李克强在推进新型城镇化建设试点工作座谈会强调 改革创新 试点先行 扎实推进以人为核心的新型城镇化 张高丽出席[N].人民日报，2014-09-17(3).

[9] 新华社.李克强主持召开国务院常务会议[N].人民日报，2015-09-30(1).

[10] 丁小希，等.中国城镇化的国际视野[N].人民日报，2013-01-31(23).

（2）产业结构：改造旧产业与培育新产业。

《人民日报》关于产业结构的报道和媒介呈现，主要体现在报道新型城镇化进程中经济社会发展对产业结构调整需要、新兴产业的培育和金融等相关产业的支撑等方面。产业结构调整之需方面，《人民日报》呈现了国内部分资源枯竭型城市面临发展困境、急需新兴产业支撑的媒介镜像。2012年9月26日第1版刊发的《李克强在资源型城市与独立工矿区可持续发展及棚户区改造座谈会上强调　加快资源型城市转型发展及棚户区改造 破解城市二元结构难题 走新型城镇化道路》（以下简称《资源型城市转型和棚户区改造》），重点阐述了资源枯竭型城市面临的问题与挑战。该报道向世人呈现的媒介镜像，如图5.2所示。

资源型城市及独立工矿区
- 形成原因——中华人民共和国成立后，为实现我国从农业国向工业国转变，因矿设市、因厂设区，形成了职工集聚的城镇。
- 历史贡献——大规模资源开采和加工，提供了大量煤炭、原油等基础产品，建立独立完整的工业体系、推进国民经济发展。
- 现　状——资源逐步枯竭、接续产业跟不上、就业困难、生态环境严重破坏、社会保障负担重，与其他城市差距拉大；相当一部分资源枯竭城市及工矿区的居民还住在棚户区。
- 出　路——国家推动资源型城市转型和棚户区改造，增加转移支付，扶持替代产业发展，用新型城镇化破解城市二元结构矛盾。

图5.2 《资源型城市转型和棚户区改造》报道呈现的媒介镜像

在产业结构转型调整和新兴产业培育方面，《人民日报》还报道了走出“土地依赖”，通过发展旅游产业、现代农业（农业现代化）、清洁能源、社区服务业等破解传统城镇化的困境，实现城乡一体，促进农业发展农民增收，维护农民权益等内容。

《城镇化，不要急着脱离乡土》一文报道了海南保亭县三道镇什进村走出“土地依赖”、依托大景区发展生态农业旅游、探索出“大区小镇”开发模式使农民得到实惠后积极支持城镇化的做法。[1]同时，该报道还指出“大区小镇”模式不能遍地开花，城镇化要与产业培育发展有机结合，要让老百姓（特别是失地农民）有造血机能，跟上社会发展。《新型

---

[1] 黄晓慧．城镇化，不要急着脱离乡土［N］．人民日报，2013-01-11（12）．

城镇化不是城市“吃掉”农村》一文强调新型城镇化要坚持城乡融合共生、实现城乡一体，要让农民带着劳动力和土地两个资本进城。❶《新型城镇化，呼唤清洁能源》一文认为，新型城镇化绕不开能源硬制约，绿色建筑节能潜力大，应大规模推广使用新能源，且当前大力推广新能源的时机已成熟。❷《让小社区发挥大作用》一文则强调了新型城镇化与社区服务业发展的关系，社区服务业是发展经济促进就业的“催化剂”，但发展任务艰巨。❸

发展现代农业、实现农业现代化、促进农民增收、维护农民权益，是《人民日报》较重视的议题，在产业结构主题类样本中数量也较多。

《以扩大开放释放改革红利 以农业现代化支撑新型城镇化》一文强调通过发展现代农业固本强基，有序释放城镇化的内需潜力，肯定了通过土地流转发展现代农业、促进农业发展和农民增收的做法，明确了国家重视发展现代农业、保障农民合法权益的决心。❹《如何推进城乡发展一体化》是“新型城镇化规划专家解读”专栏中的政策解读文章，强调以农业现代化支撑新型城镇化是中国特色新型城镇化道路的必然要求，推进城镇化不能忽视农业农村发展，更不能以牺牲农业农村为代价。❺《继续简政放权放管结合进一步激发市场活力 统筹城乡发展协调推进新型城镇化和农业现代化》一文强调发展现代农业要改变传统农业模式，在尊重农民意愿基础上，适度发展规模经营。❻《尹家圩念活“流转”经》一文通过今昔对比的框架，展示了现代农业机械帮助种粮大户完成3000多亩农田全程管理、农业专业合作社和民营企业帮助农民解决就业、农业保险助力土地流转等方面的效果。❼

《人民日报》对房地产业的转型发展也有涉及。《李克强主持召开国务

❶ 王军．新型城镇化不是城市“吃掉”农村［N］．人民日报，2013-03-14（17）．

❷ 冉永平，刘志强．新型城镇化，呼唤清洁能源［N］．人民日报，2014-04-28（19）．

❸ 李昌禹．让小社区发挥大作用［N］．人民日报，2016-07-13（20）．

❹ 陈仁泽．以扩大开放释放改革红利 以农业现代化支撑新型城镇化［N］．人民日报，2013-03-31（1）．

❺ 叶兴庆．如何推进城乡发展一体化［N］．人民日报，2014-03-27（8）．

❻ 新华社．李克强在山东考察时强调 继续简政放权放管结合进一步激发市场活力 统筹城乡发展协调推进新型城镇化和农业现代化［N］．人民日报，2014-07-26（1）．

❼ 王慧敏．尹家圩念活“流转”经——一个浙江村庄的土地流转调查［N］．人民日报，2014-08-24（9）．

院常务会议》一文报道了国家培育和发展住房租赁市场，改善居民尤其是新市民住房条件、推动新型城镇化的政策决定。❶《全国政协召开双周协商座谈会》一文呈现了全国政协围绕“完善住宅房地产调控，有序推进新型城镇化建设”建言献策的镜像。❷

《人民日报》还呈现了通过金融业服务助推新型城镇化建设的媒介图景，如展示了国家开发银行与安徽签订合作备忘录助力安徽新型城镇化建设的图景❸，以及全国政协委员建议拓宽、创新新型城镇化投融资的渠道和机制❹的图景。

（3）典型示范：东中西部兼顾 突出特色。

《人民日报》关于新型城镇化的报道，重视发挥先进典型的示范作用。经济类主题中有关典型示范的研究样本，地域涉及东中西部但以东部地区为主。研究样本中，东部地区主要包括山东、辽宁、广东、长三角、福建，中部地区主要指湖南，西部地区主要包括重庆、陕西、四川。

《人民日报》呈现了2015年全国62个城市（镇）被列入新型城镇化综合试点地区，在市民化和投融资方面有所突破。❺山东临沂用全局视角规划新城镇，根据实际将乡镇分类，尊重百姓意愿，突出个性化发展，避免同质化竞争；❻尊重群众意愿推进新型城镇化，实现公共服务全覆盖效果明显。❼沈阳经济区开启共同规划公共资源共享的“同城化”之路。❽广东番禺全面深化改革，建设幸福美丽番禺，引领新型城镇化发展。❾长三角

❶ 新华社．李克强主持召开国务院常务会议［N］．人民日报，2016-05-05（1）．

❷ 李昌禹．全国政协召开双周协商座谈会 围绕“完善住宅房地产调控，有序推进新型城镇化建设”建言献策 俞正声主持［N］．人民日报，2017-05-26（1）．

❸ 许志峰．国开行助力安徽新型城镇化建设［N］．人民日报，2013-03-19（6）．

❹ 王金海．拓宽新型城镇化投融资渠道［N］．人民日报，2014-03-08（6）；胡怀邦．如何创新新型城镇化投融资机制［N］．人民日报，2014-03-31（8）．

❺ 赵展慧．62个城市（镇）列为新型城镇化综合试点地区［N］．人民日报，2015-10-12（2）．

❻ 卞民德．城镇化，不能“化”成一个样［N］．人民日报，2013-01-18（14）．

❼ 邵明典．山东临沂临港经济开发区推进新型城镇化怎么建，群众说了算［N］．人民日报，2013-05-19（11）．

❽ 孙健，何勇．八城抱团闯三关［N］．人民日报，2013-08-30（1）．

❾ 刘泰山，李刚．以全面深化改革引领新型城镇化发展 番禺，扬帆起航！［N］．人民日报，2014-03-18（17）．

地区成立新型城镇化建设专业委员会。❶福建晋江发挥自身优势，走出特色鲜明的新型城镇化发展之路。❷湖南常德推动城市“三改四化”不留死角——推进城市道路改造、水系改造、棚户区改造，实施“美化、绿化、亮化、数字化”工程。❸重庆结合自身特色，推进城镇集群、协调、绿色和可持续发展。❹陕西通过强化产业支撑，让农民不离土不离乡实现就地城镇化。❺四川阆中兼顾古城保护与新型城镇化建设。❻

《人民日报》还重视制度保障在新型城镇化建设中的作用。例如，呼吁通过确权颁证和市场机制保障农民土地财产权益；❼解读国家出台的新型城镇化的四大类指标（城镇化水平、基本公共服务、基础设施和资源环境）；❽等等。

纵观《人民日报》关于典型示范和制度保障方面的报道，重点在于突出新型城镇化进程中的地方特色和保障农民合法权益的做法与成效。

5.3.1.4 服务与民生：社会类报道呈现的媒介镜像

关于《人民日报》的研究样本中，涉及社会民生类的样本共计 22 篇，主要聚焦于政府改进服务、提升民生福祉。围绕这两个方面，《人民日报》着重呈现了新型城镇化进程中，政府积极改进服务、民生幸福感提升又尚存改进空间的媒介镜像。

对于该媒介镜像，《人民日报》主要通过对比、因果和点面结合等叙事框架实现。《人民日报》的社会类报道强调新型城镇化坚持以人为本、增进人民幸福的价值取向，对城镇化进程中存在的若干现实问题也进行了

❶ 郝洪，屠知力．长三角 新型城镇化建设专业委员会成立［N］. 人民日报，2014-03-31（8）.

❷ 庄致平，赖进财．积极探索中小城市新型城镇化之路——福建省晋江市推进新型城镇化的经验与启示［N］. 人民日报，2014-12-22（13）.

❸ 周立耘．湖南常德推动城市“三改四化”不留死角［N］. 人民日报，2014-11-07（12）.

❹ 王建新．重庆着力推进新型城镇化［N］. 人民日报，2012-09-24（4）.

❺ 姜峰．陕西新型城镇化试验区，强化产业支撑，让农民——不离土、不离乡就地城镇化［N］. 人民日报，2013-12-15（11）.

❻ 刘畅．四川阆中试点新型城镇化建设 留住古城，也能城镇化［N］. 人民日报，2015-02-25（2）.

❼ 徐涛，刘维涛．保障农民土地财产权益［N］. 人民日报，2013-01-16（20）.

❽ 陈仁泽．新型城镇化，到底什么样？［N］. 人民日报，2014-03-31（17）.

公开报道。

（1）凸显公共服务的价值取向。

《人民日报》的社会类报道，强调新型城镇化要坚持以人为本、增进人的幸福感、维护人民利益的价值取向。其向全社会展示了国家严格控制特大城市人口规模、积极推进居住证制度、逐步解决户籍限制等历史遗留问题、促进城市新老居民社会融合的媒介图景；[1]向全社会及时传递了国家通过《居住证暂行条例（草案）》以法治助推新型城镇化建设的国家意志。[2]

（2）凸显提升民生福祉的目的。

《城镇化助圆“中国梦”》一文认为，城镇化涉及国家、民族发展和每个人的切身利益，既要创造更多社会财富，又要使包括农村转移人口在内的全体人民合理分享发展成果和城镇化红利，还要全面提高人民生活水平和幸福指数。[3]

《以人为本是新型城镇化的实质》一文指出，城镇化是人类生存方式的系统性变迁，不以人为本的城镇化将导致城镇化的异化，新型城镇化的精髓在于增进人的幸福。[4]

《新型城镇化，必须增进人的幸福》一文强调，新型城镇化的精髓是坚持以人为本、增进人的幸福。[5]《新型城镇化建设做到“三个顺应”》一文则明确指出，人民群众对新型城镇化的期待与诉求，主要集中在养老、医疗、教育、住房和就业等基础民生问题方面；新型城镇化要顺应规律、顺应时代和民意，为人民群众谋福祉。[6]

（3）呈现成绩与不足的手法。

对于部分地区城镇化建设中出现的问题与不足，《人民日报》也有所涉及或披露，但主要采取正面宣传与典型示范相结合的方式呈现。

《新型城镇化，必须增进人的幸福》一文指出，一些城市软件建设相对滞后，交通拥堵、环境污染等城市病逐渐出现，城市管理水平有待提

---

❶ 陈仁泽，曹玲娟，李刚．落户更难，还漂在北上广吗？［N］. 人民日报 2014-04-04（17）.

❷ 新华社．李克强主持召开国务院常务会议［N］. 人民日报，2015-10-22（3）.

❸ 马宏伟．城镇化助圆“中国梦”［N］. 人民日报，2013-01-13（5）.

❹ 金碚．以人为本是新型城镇化的实质［N］. 人民日报，2013-01-13（5）.

❺ 金碚．新型城镇化，必须增进人的幸福［N］. 人民日报，2013-01-13（1）.

❻ 陈昌智．新型城镇化建设做到“三个顺应”［N］. 人民日报，2016-09-07（20）.

升；城市范围内城乡分割的状况没有实质性解决，基本公共服务全面惠及农村进城人口的制度体系没有真正建立。[1]《乡镇道路　反复开膛破肚》一文则指出，乡镇街道被反复开挖给百姓生活带来诸多不便，甚至引发矛盾。[2]

《人民日报》2018 年 4 月 13 日起在《民生周刊》中推出“新型城镇化，如何更舒心？”系列报道，先后于 2018 年 4 月 13 日、4 月 20 日和 5 月 4 日推出《今晚，我的车停哪儿？》《“城中村”，变样啦！》和《好社区，是温暖的港湾》报道。《今晚，我的车停哪儿？》一文主要针对城市中停车难的问题，指出了城市中停车位供给不足、夜间停车供需矛盾突出的问题，并提出了“扩大供给、强化管理、控制需求”等建议；[3]《“城中村”，变样啦！》一文通过对广州和鞍山两个社区中的“城中村”和老旧小区改造后大变样的报道，运用今昔对比的叙事框架，呈现新型城镇化给当地居民带来幸福的媒介镜像；[4]《好社区，是温暖的港湾》一文展示了社区服务尚存盲区和漏洞，社区工作任务重、要求细致耐心，但社区工作又面临人员待遇低、队伍不稳定等困境。[5]

《人民日报》关于社会类主题的研究样本中，有 11 篇用正面先进典型报道的方式展示了当地政府落实中央政策、积极为百姓谋幸福的媒介图景。

《看新乡如何确保农民利益》一文展示了河南新乡市统筹城乡发展、推进镇村一体化、切实保障农民利益的做法和成效。[6]《让农民生活更美好》一文展示了河南三个村通过新型城镇化建设达到了改善农村面貌、提升农民生活水平和素质、改进基层党组织建设能力的媒介图景。[7]《以新型

---

❶ 金碚．新型城镇化，必须增进人的幸福［N］．人民日报，2013-01-13（1）．

❷ 李利．乡镇道路　反复开膛破肚［N］．人民日报，2013-10-22（20）．

❸ 刘志强．今晚，我的车停哪儿？［N］．人民日报，2018-04-13（17）．

❹ 贺林平．“城中村”改造工程，让广州市沙美社区温馨宜居、活力四射——这里不再是“城市孤岛”［N］．人民日报，2018-04-20（17）；刘洪超，胡婧怡．协同推进、一次搞定，鞍山老旧小区改造 力争“不折腾”——居民代表全程当“监工”［N］．人民日报，2018-04-20（17）．

❺ 付文．有人情味儿、有热乎劲儿，把居民的难处和诉求放在心上——好社区，是温暖的港湾［N］．人民日报，2018-05-04（17）．

❻ 曲昌荣．看新乡如何确保农民利益［N］．人民日报，2010-10-23（1）．

❼ 任胜利，王汉超．让农民生活更美好［N］．人民日报，2012-08-21（10）．

农村社区推进新型城镇化》一文展示了河南南阳把新型农村社区纳入城镇体系、加快推进新型城镇化，实现农村劳动力离土不离乡和就地市民化的媒介图景。❶《同步化、特色化、人本化支撑新型城镇化》一文则重点呈现了山东省昌乐县走同步化、特色化和人本化道路推动新型城镇化建设的媒介图景。❷

《人民日报》还报道了山东形成以城市群为主体、区域中心城市为依托、县域中心城市为支撑、小城镇和农村新社区为基础的发展格局；❸山东某地通过建设"留守儿童之家"让留守群体享受贴心服务；❹浙江省云和县通过推进就业培训、改革户籍和产权制度，使农民进城安家又安心；❺山东德州农信社用信贷助力新型城镇化让进城农民安居乐业；❻海南琼海打造"田园城市"、建设"幸福琼海"的做法；❼河北省通过办微工厂、做大产业、引进物业等，促进农业转移人口就近就地就业、推进新型城镇化建设。❽

5.3.1.5　传承与创新：文化类报道呈现的媒介镜像

本书对文化采取广义界定，涉及教科文卫体等方面的内容。《人民日报》研究样本中，关于文化类主题的样本不多，共5篇，主要涉及我国新型城镇化建设中文化的传承与创新。

《新型城镇化中该如何保护和传承历史文化》一文指出大量建筑文化遗产正遭到毁灭性破坏，保护历史文化遗产是当前城市建设的当务之急，

---

❶ 曲哲涵．以新型农村社区推进新型城镇化［N］．人民日报，2012-11-10（9）．

❷ 张新强．同步化、特色化、人本化支撑新型城镇化［N］．人民日报，2013-01-13（5）．

❸ 山东省城镇化工作领导小组办公室．山东："就地就近"，城镇化提质增速［N］．人民日报，2013-12-10（13）．

❹ 潘俊强．山东 让留守群体享受到贴心服务［N］．人民日报，2014-01-30（11）．

❺ 林琳，江南，王思牧．浙江云和推进就业培训，改革户籍、产权制度　农民进城，安家又安心［N］．人民日报，2014-06-06（10）．

❻ 顾仲阳，杨波．山东德州农信社助力新型城镇化 让进城农民安居乐业［N］．人民日报，2014-08-24（9）．

❼ 董欣，谢文相．大美琼海，圆幸福田园梦——海南省琼海市新型城镇化建设纪实［N］．人民日报，2015-12-3（13）．

❽ 马晨．身边机会多 上班不奔波——河北推动新型城镇化促就地就近就业［N］．人民日报，2018-08-20（12）．

强调在城乡建设中要科学、正确地保护历史文化遗产。[1]《新型城镇化与流动人口社会融合论坛举办》一文则报道了国家卫计委和复旦大学联合举办论坛，专题研讨经济新常态下人口流动迁移与政策制定、社会融合国际经验与工作实践等议题。[2]

新型城镇化的管理与评价，也是《人民日报》文化类报道关注的内容。例如，全国政协委员建议用智慧城市助推新型城镇化，认为智慧城市的核心是城市公共信息服务云平台；依托此平台，百姓只需进一个门就能办很多事，还可获取政务、公共和商业服务，达到方便快捷、降低成本的目的；[3]国家启动新型城镇化大数据库建设，为我国城镇化发展提供有力支撑；[4]新型城镇化进程中特色小镇打造和评价的标准，认为特色小镇既要能安居又要能乐业。[5]

5.3.1.6　防范与建构：环保类报道呈现的媒介镜像

《人民日报》研究样本中涉及环保类主题的样本共 4 篇，呈现了新型城镇化进程中可能或业已存在的环境问题和相应防范机制的建构路径。

（1）防范城市（镇）化之弊。

对于环境问题，《人民日报》研究样本主要提到要防止出现“大城市病”“孤岛城市”和“空壳城镇”等。

最早提及“新型城镇化”的样本是《新型城镇化：远离“大城市病”》。该报道在呈现了污染、堵车、犯罪、“圈地”等若干“大城市病”表征后，强调“一定要实行新型城镇化……包括适度积聚、节约土地、合理布局、规模效应、环保优先、普及保障等鲜明特征”，防止出现“孤岛城市”“空壳城镇”。[6]

---

❶ 伍江．新型城镇化中该如何保护和传承历史文化［N］．人民日报，2014–03–26（8）．

❷ 白剑峰．新型城镇化与流动人口社会融合论坛举办［N］．人民日报，2015–07–17（19）．

❸ 王珂．神州数码控股有限公司董事局主席郭为委员　智慧城市助推新型城镇化［N］．人民日报，2014–03–07（10）．

❹ 赵展慧．国家新型城镇化大数据库建设启动［N］．人民日报，2016–10–19（4）．

❺ 高城．2018 年特色小镇创新发展年会暨新型城镇化论坛举行　特色小镇如何“特”起来［N］．人民日报，2018–01–22（13）．

❻ 鲍洪俊，许志峰．新型城镇化：远离“大城市病”［N］．人民日报，2007–03–10（5）．

（2）倡导新型城镇化道路。

《新型城镇化，生态要优先——访中国科学院生态环境研究中心研究员王如松院士》一文明确提出了新型城镇化建设要坚持“生态优先、文明发展”的原则。

该报道通过采访著名城市生态专家、中国科学院生态环境研究中心研究员王如松院士，指出“污水处理厂、垃圾填埋场和公园绿化并不是城市生态建设的全部……快速城镇化在显著改善人民生活水平的同时，也带来了一系列的环境问题，如城市生态的多色效应：红色的热岛效应、绿色的水华效应、灰色的灰霾效应、黄色的拥堵效应、白色的采石秃斑效应和杂色的垃圾效应等。一些城镇盲目追求高、快、宽、大、亮等形象工程，沿袭先污染后治理、先规模后效益、先建设后规划和摊大饼式扩张的发展途径，生态服务功能和生态文明建设被严重忽略”。在此基础上，提出了要“将生态文明理念和原则融入城镇化全过程”的主张、生态城市建设的具体目标和指标，以及实践中需要解决的问题。❶

《发展“绿色住区”助推新型城镇化》一文指出，城市住区围墙把城市无情地割成了碎片，导致住区自身的交通和服务也存在问题。该报道呈现了人居专家提出的“绿色住区”主张和“绿色住区”发展模式的量化指标，建议将住区内的绿地资源和服务设施与城市共享，使住区与城市联成一个有机体。❷

《网友畅议新型城镇化》一文以“网友微评”的形式，呈现了网友对于北京、上海等地的“大城市病”在全国多地蔓延、公共资源分布不均和建设特色鲜明的小城镇等议题的观点和态度，强调推进城镇化要防“大城市病”，公共资源应向二三线城市倾斜，多建特色鲜明的小城镇，“如果城镇化就是简单化的农民都进城，城市病只会越来越严重”❸。

---

❶ 孙秀艳. 新型城镇化，生态要优先——访中国科学院生态环境研究中心研究员王如松院士 [N]. 人民日报，2013-01-05（9）.

❷ 王炜. 人居委专家提出 发展“绿色住区”助推新型城镇化 [N]. 人民日报，2013-01-21（19）.

❸ 网友畅议新型城镇化 [N]. 人民日报，2013-04-19（18）.

5.3.2 《人民日报》中的农民话语

《人民日报》研究样本中共有13个样本较集中地呈现了农民话语。笔者对上述样本进行编码后发现，从主题看，农民话语主要体现在政治、经济、社会民生和文化科教四个方面，在生态环保方面未体现；从主体看，普通农民占多数；从态度看，以正面肯定的态度为主；从框架看，以因果联系、今昔对比和先进典型示范为主。

5.3.2.1 政策支持与组织保障：农民在政治方面的话语

农民在政治方面的话语，主要体现在国家出台相应政策、加强农村基层党组织领导和群众支持三个方面。

在政策方面，主要是农民希望国家出台居住证制度、完善土地流转政策和城市落户政策等方面的话语。例如，《陕西 居住证堵住流动人口管理盲点》[1] 在报道中说——

在西安一家科技公司工作两年多的王能……没有西安户口，让他一直很揪心。而就在去年，居住证制度落实后，他成功申领到了居住证，“感觉自己变成真正意义上的西安人了”。除了心理上的认同感，更让他欣慰的是，自己可以在西安参加社会保险和相关职业资格考试，享受政府保障性住房等。

上段文字，通过直接引语和间接引语、前后对比的框架，体现了外来务工人员在陕西落实居住证制度前后的话语和心理变化；整段较真实、客观地体现了当事人的话语和期待——变成真正意义上的西安人，可以在西安当地交社保、参加职业资格考试、享受政府保障性住房等。

土地流转政策是农民和农村基层干部普遍关心的问题。《人民日报》刊发的《尹家圩念活“流转”经》一文以浙江某村庄为个案，展示了土地流转的诸多益处与政策保障方面应做的相关工作。

该报道突出了土地流转的好处是“有利于整合村里的土地资源，推进统一规划、有序开发”[2]。在介绍了当地推动土地流转的政策和做法后，该报道还呈现了土地流转中存在的困难和政府需要强化的工作。

---

[1] 方敏．陕西 居住证堵住流动人口管理盲点［N］．人民日报，2014-01-30（11）．

[2] 王慧敏．尹家圩念活“流转”经——一个浙江村庄的土地流转调查［N］．人民日报，2014-08-24（9）．

对于外来务工人员在城市落户政策方面的诉求,《人民日报》也有相应报道。《新型城镇化，要城更要人》一文报道了全国人大代表对进城务工农民市民化的关心和政策提议，“进城农民更看重户口背后的权益……最好允许具有一定年限连续社保缴费、有稳定工作的人员能无房市民化”❶。

党组织领导，主要体现为加强农村基层党组织的领导。《让农民生活更美好》一文用村民和村支书的话语，彰显了加强农村基层党组织和群众支持的重要性。

俺这又穷又冷的山沟沟能过上城里人的日子，多亏有个好领路人！”“建设新型农村社区，工作千头万绪，离不开一个坚强的领导核心。”“农民要富裕，新农村要健康发展，离不开农村党组织的坚强领导。”“在基层开展各项工作，特别是新型城镇化建设，群众的拥护与支持少不了。”❷

《人民日报》还强调要获得群众支持，关键在尊重农民意愿、为群众办实事。

“没有稳定就业渠道，‘转地’后又无利可图，谁愿意心甘情愿配合工作？也就是说，土地流转，你得尊重农民意愿。”❸“村干部以‘为群众办实事’为突破口，建公厕、安路灯、治河坝，一件件实事办到了村民心里，赢得了全体村民的支持。”❹

5.3.2.2 产业发展与经济增收：农民在经济方面的话语

《人民日报》研究样本中所呈现的农民经济方面的话语，篇幅较多、内容也较丰富，但主要集中在增加经济收入和发展现代农业等方面。

首先，就业和收入来源是《人民日报》在涉及农民增收时重点呈现的内容。

《看新乡如何确保农民利益》一文写道：“日子之所以祥和，是因为他没有了后顾之忧，‘妻子在产业集聚区当仓库保管员。儿子跟我开卡车往

❶ 王伟健 . 新闻目击：农民工曹勇代表建言市民化　没有户口，先有待遇 [N]. 人民日报，2014-03-09（6）.

❷ 任胜利，王汉超 . 让农民生活更美好——三位十八大代表眼中的新型城镇化 [N]. 人民日报，2012-08-21（10）.

❸ 王慧敏 . 尹家圩念活“流转”经——一个浙江村庄的土地流转调查 [N]. 人民日报，2014-08-24（9）.

❹ 同❷.

集聚区的企业里送货，儿媳在金鑫鞋业做验收员，女儿也开了个服装店，全家年收入10多万元'。"❶《城镇化，不能"化"成一个样》一文则写道："拿老村的地做开发，建起了……新型农村社区，沿街楼出租又增加了集体和居民的收入。"❷

《山东德州农信社助力新型城镇化 让进城农民安居乐业》一文着重展示了金融信贷支持农业发展、带动农民增收的图景❸

其次，规范土地流转，实现农业机械化、规模化经营和发展现代农业，是《人民日报》产业发展报道中呈现的农民主要诉求。《尹家圩念活"流转"经》一文通过种田大户孙梅金的话语予以呈现。

一家6口人，种3300亩田……基本不用雇人……一架无人遥控直升机在稻田上空扶摇穿梭……孙梅金正叉着腰站在田埂上看飞机洒药，眯着眼，一脸满足。"别看块头不大，1分钟能喷两亩地哩。可顶170个人用。"孙梅金眉眼里全是笑。老孙很感慨，扩大种植规模，没有机械不行。他说，他有"血的"教训。……"机械化，不能只盯着耕作，粮食储备和加工都要跟上。……其实，种地只要规模上去了，效益就来了。规模越大，成本就越低。"❹

金融信贷的支持和农业规模化的好处使农民尝到了现代农业的甜头，《人民日报》一方面展示了部分农民扩大生产规模的话语，也及时提醒他们要注意把握尺度。如《尹家圩念活"流转"经》一文在报道土地流转给当地经济社会发展带来诸多好处的同时，也强调：

"适度规模经营的适度定在什么标准？"……在这个问题上，孙梅金与在座的区、镇干部们意见不太一致。孙梅金嫌规模小，希望继续扩大面积。而八里店镇农业综合服务中心主任唐明方则认为：不能盲目追求"规模"，而应注重"度"的把握。❺

最后，产业发展、经济有保障并注意维护农民利益，有助于农民对新

---

❶ 曲昌荣．看新乡如何确保农民利益[N]．人民日报，2010-10-23（1）．

❷ 卞民德．城镇化，不能"化"成一个样[N]．人民日报，2013-01-18（14）．

❸ 顾仲阳，杨波．山东德州农信社助力新型城镇化 让进城农民安居乐业[N]．人民日报，2014-08-24（9）．

❹ 王慧敏．尹家圩念活"流转"经——一个浙江村庄的土地流转调查[N]．人民日报，2014-08-24（9）．

❺ 同❹．

型城镇化的认知和态度转变，是《人民日报》中着力呈现的农民话语。

《尹家圩念活“流转”经》一文通过引用村党支部书记孙新江的话语，体现了农民希望在土地流转过程中得到土地增值带来的长期效益的诉求。

土地流转，当下的一般做法……往往碰到土地不成片的尴尬，导致项目无法顺利开展。即使成功，农民往往只能得到较低的一次性流转费。一流转就是 20 年以上，农民无法分享土地增值带来的收益。❶

在产业开发中保障农民的利益是农民的基本诉求，如地方政府切实做到这一点则有助于促进农民态度的转变。《城镇化，不要急着脱离乡土》一文就展示了这种转变。

“开发……用的多是村集体所有的林边地和坡地，铲掉的青苗、水井、猪圈等地上附着物，每样都列清楚赔给我们。”村民董开精说，最初他强烈反对，还和其他村民联名到法院起诉公司。而今他鼎力支持，还说服那些不肯和公司合作的农户，因为村民利益有保障。……“农田要是租给公司，我们还可以接着种，收成归我们，还有租金拿，这样还不够吗？”高秋艳跟那些不肯合作的村民说。……村民对城市生活的态度也变了。吉秀美……说：“我也想去镇上或县城生活，可是去了干什么呢？得有工作，要么就得有铺面。”❷

加快当地产业发展和就近择业、就业，是农村土地流转后农民的话语诉求。《城镇化，不能“化”成一个样》写道：

一年前还在家赋闲的屠志秋正在一家饮水机厂内忙活……她最新的计划，是要在镇上卖得正火的楼盘里买一套房子。“以前就是在家带带孩子，也没啥事，现在一个月能挣个 1500 多元钱，厂子都这么红火，安心在这干呗。”❸

解决好老家农田和闲置的房子（宅基地），是在外务工农民的话语。《农民进城，安家又安心》一文在介绍浙江某市的做法与经验时，反映了农民这方面的话语。

在一家木制玩具厂打工的邱伟英……老家的房子一直空着，还有两三亩农田借的借、荒的荒，倒成了她的一桩心事。黄玉娥也有同样的烦

❶ 王慧敏．尹家圩念活“流转”经——一个浙江村庄的土地流转调查［N］. 人民日报，2014-08-24（9）.

❷ 黄晓慧．城镇化，不要急着脱离乡土［N］. 人民日报，2013-01-11（12）.

❸ 卞民德．城镇化，不能“化”成一个样［N］. 人民日报，2013-01-18（14）.

恼……老家的两三亩农田都送给别人种了。老房子也已经拆了，宅基地一直空着。❶

5.3.2.3 住房、就业与市民待遇：农民在民生方面的话语

《人民日报》样本中呈现出来的农民在社会民生方面的话语，主要集中在改善住房（人居环境）、就业和市民待遇等方面。这些诉求主要通过今昔对比的正面报道予以呈现。

第一，农民改善住房（人居环境）诉求的媒介呈现。研究样本中，涉及住房（人居环境）方面的报道较多，共有10篇。这些报道篇目，既涉及传统农村地区，也涉及城乡接合部和城中村。

《看新乡如何确保农民利益》《让农民生活更美好》《城镇化，不要急着脱离乡土》《城镇化，不能“化”成一个样》《农民进城，安家又安心》《让进城农民安居乐业》主要反映了传统农村地区农民在改善住房和人居环境方面的诉求；《这里不再是“城市孤岛”》一文则反映了城中村和城乡接合部地区农民在改善住房和人居环境方面的诉求。例如，《看新乡如何确保农民利益》一文在报道中写道：

站在自家别墅前，村民崔增连笑呵呵地告诉记者：“以前是一辈人盖三次房，又花钱又占地。现在是盖一次房住三辈人。俺家这三层楼，政府补贴10吨水泥，协调解决3万元贴息贷款，总共才花了10多万元。”

眼看有邻居搬进新社区、住上“小洋楼”，延津县王楼乡小城村村民刘自芳直后悔自家房屋早翻盖了两年。她说：“新社区上水、排水全都有，我们还在原地方蹲旱厕、烧开水洗澡，这可实在没法比。”❷

《让农民生活更美好》一文通过展示农村社区的新面貌和农民的赞扬，体现了农民在改善人居环境方面的诉求。

走进南街村，只见一条条道路宽阔平坦，一排排楼房别具风格，医院、学校、银行、公园配备齐全。村民臧舒巧告诉记者：“我们几乎家家户户都免费住上公寓式楼房，免费用上家用电器、免费用水电气。城里人还想到我们这儿生活呢！”

20年前……村里民谣说：“吃粮靠统销，穿衣靠救济，小伙打光棍，闺女嫁外地。”……如今，这个……落后村一跃成为第一富裕村，村里又

---

❶ 林琳，江南，王思牧．农民进城，安家又安心［N］．人民日报，2014-06-06（10）．

❷ 曲昌荣．看新乡如何确保农民利益［N］．人民日报，2010-10-23（1）．

有了新民谣："你有我有咱都有，下辈还生冷水沟。"

（村支书）杨岳说，山区居住分散，处处都要通自来水、天然气，配医院、建学校，根本不可能，新社区恰好解决了这个问题。冷水沟有山有风景，以后的新型城镇化建设一定会让城市人也羡慕。[1]

《人民日报》还呈现出村民在住房和人居环境得到改善后的满足和积极评价，如《城镇化，不要急着脱离乡土》[2]和《城镇化，不能"化"成一个样》[3]等。前者用村民小组长的话表达了村民对生活的评价和满足，后者则凸显了农民对降价住房成本的期待。

《农民进城，安家又安心》[4]《让进城农民安居乐业》[5]，主要展现了地方政府或银行通过出台相关政策帮助农民改善住房的事例。

《这里不再是"城市孤岛"》一文既强调了农村对城中村改造的期待，又体现了村民对改造后环境的好评。[6]

第二，改善人居环境与发展产业、方便就近就业、增加收入来源、改善生活品质相结合，是《人民日报》较多呈现的农民期待。

《"三化"协调 城乡巨变》[7]《山东："就地就近"，城镇化提质增速》[8]和《尹家圩念活"流转"经》[9]三篇稿件均间接呈现了农民在此方面的期待。例如：

坐在自家的楼房里，66岁的殷生说："新家比以前方便不说，因为离旅游景区近，还有条件发展农家乐，俺儿子以前在外地打工，现在回来了，就在家门口就业。"……"俺县的产业聚集区有纺织服装、食品加

---

❶ 任胜利，王汉超．让农民生活更美好——三位十八大代表眼中的新型城镇化[N]．人民日报，2012-08-21（10）．

❷ 黄晓慧．城镇化，不要急着脱离乡土[N]．人民日报，2013-01-11（12）．

❸ 卞民德．城镇化，不能"化"成一个样[N]．人民日报，2013-01-18（14）．

❹ 林琳，江南，王思牧．农民进城，安家又安心[N]．人民日报，2014-06-06（10）．

❺ 顾仲阳，杨波．山东德州农信社助力新型城镇化 让进城农民安居乐业[N]．人民日报，2014-08-24（9）．

❻ 贺林平．这里不再是"城市孤岛"[N]．人民日报，2018-04-20（17）．

❼ 戴鹏，任胜利．"三化"协调 城乡巨变[N]．人民日报，2012-08-21（6）．

❽ 山东省城镇化工作领导小组办公室．山东："就地就近"，城镇化提质增速[N]．人民日报，2013-12-10（13）．

❾ 王慧敏．尹家圩念活"流转"经——一个浙江村庄的土地流转调查[N]．人民日报，2014-08-24（9）．

工、尾毛加工、医药日化等企业近百家。家门口厂多了，不用出去打工也能找到工作，每月能挣2000多块钱。”周口市鹿邑县护理佳纸业员工朱荷花说。❶

第三，享受市民待遇和培育新型农民也是呈现较多的农民话语诉求。

不仅要有就业，还要享受和城里人一样的待遇。……辉县市孟庄镇的涧头村王焰文老人乐呵呵地说：“城里有的，俺也有了！”❷

以新型城镇化为引领，加快推进新型农村社区建设，顺应了农民祖祖辈辈的期待。但住进新社区不是最终目标，关键是要提高农民素质，培养“有文化、懂技术、会经营”的新型农民。❸

教育、就医等公共服务都和户籍捆绑在一起，其实进城农民更看重户口背后的权益。“……最好允许具有一定年限连续社保缴费、有稳定工作的人员能无房市民化。”❹

5.3.2.4　娱乐健身和教育培训：农民在文化方面的话语

研究样本中，《人民日报》共有4篇报道提及农民在文化方面的话语诉求，主要体现在娱乐健身和教育培训两大方面。

娱乐健身，主要体现在农民自编自唱歌曲和跳广场舞健身方面；教育培训，主要体现在外出务工人员子女就近在当地公办学校读书和进城务工农民希望参加技术培训、增加收入方面。

在茹岗社区的文化广场上，人们总能听到社区老年合唱团自编自演的歌曲。“牧野大地兰花香，俺来说说新茹岗！俺们可是市里比赛的第一名哩！”合唱团的几位村民争相向记者说。❺

下楼进大棚干活就是农村人，回家换身衣裳就是城里人，吃穿不愁，闲下来去广场上跳跳舞。❻

许多进城务工农民最关心子女上学。去年他12岁的孩子从老家转到

---

❶ 戴鹏，任胜利．“三化”协调 城乡巨变［N］．人民日报，2012-08-21（6）．

❷ 曲昌荣．看新乡如何确保农民利益［N］．人民日报，2010-10-23（1）．

❸ 任胜利，王汉超．让农民生活更美好——三位十八大代表眼中的新型城镇化［N］．人民日报，2012-08-21（10）．

❹ 王伟健．新闻目击：农民工曹勇代表建言市民化　没有户口，先有待遇［N］．人民日报，2014-03-09（6）．

❺ 同❸．

❻ 卞民德．城镇化，不能“化”成一个样［N］．人民日报，2013-01-18（14）．

了太仓，“上的是公立学校，挺满意的”。❶

“我听说崇头镇不少人参加培训，有的领了证，一年挣20万的都有。”前来咨询的人叫叶炳来，虽然最近这次培训的报名时间已经截止了，但他还是想再试试。❷

5.4 《农民日报》中的新型城镇化与农民话语

本节以2012年11月14日至2018年7月20日《农民日报》“综合新闻”版中的新闻内容为研究对象，运用符合构建周和系统抽样法，经排除无效内容后，共获得396篇报道作为研究样本。根据前文规则和方法，本节重点研究《农民日报》新型城镇化报道的基本特征、呈现的新型城镇化图景与农民话语。

5.4.1 《农民日报》新型城镇化报道的特征

《农民日报》在上述时间段关于新型城镇化的报道，总体特征是紧扣“三农”定位、体裁上以消息为主、主题以经济居多、地域以东部为主、态度以正面居多。

5.4.1.1 定位：紧扣“三农”❸

本节对《农民日报》文稿内容主要采用词频分析方法进行。具体来说，包括以下两大基本步骤：第一步，将396篇《农民日报》文稿样本，借助词频分析工具生成如图5.3所示的热词词云图；第二步，用谷尼舆情图悦热词分析工具进行分析。该工具包含热词词频指标TF（term frequency）和权重指标（score）两个数据。TF指标是指一个词在文章中出现的频次，一般来说，该词出现的次数越多，则表明该词越重要。

---

❶ 王伟健．新闻目击：农民工曹勇代表建言市民化　没有户口，先有待遇［N］．人民日报，2014-03-09（6）．

❷ 林琳，江南，王思牧．农民进城，安家又安心［N］．人民日报，2014-06-06（10）．

❸ 毕郸．当前国内农业媒体中农民话语表达现状与重构——以《农民日报》为例［D］．南昌：江西师范大学，2019：15-16．（该论文作者系笔者指导的硕士生，其选题源自本课题，引入本书时，笔者对相关内容进行了复核和删改，以下同。）

Score（权重）指词在文章中的重要性，权重指数越大，其字号在图 5.3 中越大。

图 5.3 《农民日报》报道热词词云图

分析显示，在样本数据中，“农业”一词在样本文本中出现的频次最多，达到 1921 次，权重为 1.0000，在图 5.4–1 中以最大号字体显示；“农民”出现频次为 1179 次，权重为 0.9627，排名第二；“建设”出现频次排第三；“农村”一词在统计中排名第四，词频为 932 次，权重为 0.9398；“产业”出现频次排名第五。相关热词的词频排名（第 1 ~ 15 名）情况，如表 5.2 所示。

表 5.2 《农民日报》热词词频及权重指标

排名	关键词	词频（单位：次）	权重指标（%）
1	农业	1921	1.0000
2	农民	1179	0.9627
3	建设	1013	0.9267
4	农村	932	0.9398
5	产业	736	0.9144
6	生产	674	0.8952
7	改革	638	0.9029
8	合作	501	0.8731
9	合作社	444	0.9345
10	技术	440	0.8554
11	经济	411	0.8569
12	经营	397	0.8564

续表

排名	关键词	词频（单位：次）	权重指标（%）
13	创新	396	0.8623
14	农产品	394	0.8841
15	安全	372	0.8502

从表5.2可知，“农业”“农村”“农民”在《农民日报》关于新型城镇化报道中的分量和地位十分突出；另外，与农民息息相关的“建设”“产业”等也是高频词汇。

5.4.1.2 体裁：以消息为主

按照报道体裁分类，《农民日报》有消息、专题报道、深度报道、图片消息、读者来信和评论共6种报道体裁。分析发现，《农民日报》的报道体裁以消息为主，具体数据分别为：文字消息253篇，占63.9%；图片消息34篇，占8.6%；专题报道（通讯/深度报道）94篇，占23.7%；评论11篇，占2.8%；读者来信4篇，占1%。

5.4.1.3 主题：经济类居多

报道主题，是指新闻报道在主题内容上所侧重的领域和范畴。根据前文规定，报道主题主要有时事政治、经济金融、社会民生、教科文卫体和生态环保五个。统计发现，《农民日报》的报道主题中，经济类主题报道居多，“经济金融”类205篇（占总体的52%），“时事政治”类56篇（占总体的14.1%），“教科文卫体”类69篇（占总体的17.4%），“社会民生”类53篇（占总体的13.4%），“生态环保”类12篇（占总体的3.0%），其他类1篇（占0.3%）。

5.4.1.4 地域：以东部为主[1]

根据《中共中央国务院关于促进中部地区崛起的若干意见》《国务院关于实施西部大开发若干政策措施的通知》有关规定，将报道地域分为东部、中部和西部地区。

[1] 毕郦.当前国内农业媒体中农民话语表达现状与重构——以《农民日报》为例[D].南昌：江西师范大学，2019：19.

按比例来看，报道地域由多到少依次为：山东 8.3%，北京 7%，河北 4.5%，河南 4.2%，江苏 4.0%，陕西 3.5%，新疆、四川、山西、湖南各 2.7%，辽宁、湖北、贵州各 2.5%，甘肃、青海、福建、黑龙江各 2.0%，广东、浙江、云南、内蒙古各 1.7%，上海 1.5%，安徽、广西、宁夏各 1.2%，海南、重庆、江西、吉林各 1.0%，西藏 0.5%，天津 0.2%。以上是单独涉及某个省（市、自治区）的研究样本数据，共占总样本的 76.3%。另外，涉及不同省（市、自治区）和未明确标明报道区域的样本，占总研究样本的 23.7%。

按经济区域划分来看，根据各地区经济发展水平我国对东中西三大区域的划分标准，《农民日报》的报道呈现出东部为主的态势。统计数据显示，东部地区报道占总体的 46.2%，西部和中部各占总体的 30.8% 和 23.0%。

东部地区中，山东 33 篇，北京 28 篇，河北 18 篇，江苏 16 篇，辽宁 10 篇，福建 8 篇，广东、浙江各 7 篇，上海 6 篇，海南 4 篇，天津 1 篇，共计 138 篇；中部地区中，河南 16 篇，山西、湖南各 11 篇，湖北 10 篇，黑龙江 8 篇，安徽 5 篇，江西、吉林各 4 篇，共 69 篇；西部地区中，陕西 14 篇，新疆、四川各 11 篇，贵州 10 篇，甘肃、青海各 8 篇，云南、内蒙古各 7 篇，广西、宁夏各 5 篇，重庆 4 篇，西藏 2 篇，共 92 篇。其他［同时涉及上述三个地区不同省（市、自治区）的］样本有 97 篇。

5.4.1.5 态度：以正面肯定为主

态度倾向，主要是新闻中的报道立场和态度，包括媒体态度和新闻人物态度；分为“肯定”“中立”和“否定”三个方面。“肯定”，是指对报道的内容或现象表现出明显的正面表扬、认可、支持；“中立”，是指对报道内容持客观中立的态度，或既肯定其优点又有指出其不足；“否定”，指对某一现象、事物进行揭露、监督、批评，具有明显的倾向性。

统计数据显示，《农民日报》在总体态度倾向上，以中立（客观）和正面报道为主——正面（表扬）的报道最多，共 319 篇，占总体的 80.6%；中立（客观）的报道有 65 篇，占总体的 16.4%；负面（批评）态度的报道最少，仅 12 篇，占总体的 3.0%。

5.4.2 《农民日报》呈现的农民话语

通过对研究样本的统计，发现《农民日报》呈现的话语主要集中在经

济方面，隐蔽式呈现是该报呈现农民话语的主要方式，点面、因果和对比式叙事是该报呈现农民话语的三大叙事方式。

5.4.2.1　主体：以非农群体为主要话语主体

结合社会分层理论，以职业和主要收入来源为划分标准，本书将《农民日报》中的话语主体划分为农业种养散户、农业种养专业户、企业普通打工者、私营业主（店主、老板）、专业技术人员（泥工、木工等）、企（事）业单位管理干部、党政单位管理干部、记者（媒体）及其他共 9 大类。

以上述话语主体的出现频次为标准，统计发现，记者（媒体）、党政单位和企（事）业单位的管理干部是《农民日报》的三大话语主体。具体数据如下：农业种养散户 72 次（占总体的 5.6%）、农业种养专业户 18 次（占总体的 1.4%）、企业普通打工者 15 次（占总体的 1.2%）、私营业主 9 次（占总体的 0.7%）、专业技术人员 46 次（占总体的 3.6%）、企（事）业单位管理干部 105 次（占总体的 8.2%）、党政单位管理干部 352 次（占总体的 27.4%）、记者（媒体）662 次（占总体的 51.6%），其他 5 次（占总体的 0.4%）。[1]

鉴于实际生活中，企（事）业单位管理干部、党政单位管理干部和记者（媒体）三类人员已不是农民，“其他”人员数量较少，本书将农业种养散户、农业种养专业户、企业普通打工者、私营业主和专业技术人员共 5 类人员归入“农民”，将企（事）业单位管理干部和党政单位管理干部合并为“管理干部”。

进行第二次归类统计后发现，“农民”作为主体，在《农民日报》中共出现 160 次（占总体的 12.5%）；“管理干部”作为主体，在《农民日报》中共出现 457 次（占总体的 35.6%）；“记者（媒体）”作为主体，在《农民日报》中共出现 662 次（占总体的 51.6%）；“其他”人员，共出现 5 次（占总体的 0.4%）。

5.4.2.2　方式：以隐蔽式呈现和因果式叙事为主

《农民日报》中呈现的农民话语，主要体现在经济金融方面，具体数据如下：经济金融占总体的 50.8%，社会民生占总体的 14.7%，教科文卫体占总体的 19.0%，时事政治占总体的 12.1%，生态环保占总体的 3.2%，其他类占总体的 0.2%。利益呈现方式，隐蔽式呈现占总体的 55.5%，外显

---

[1] 因同一样本中常有多个主体，故主体频次累计超过样本总数。

式呈现占总体的 44.5%；态度倾向以正面为主（占总体的 81.1%），中立和负面较少，占总体的 14.3% 和 4.6%。叙事结构方面，因果式叙事 278 例（占总体的 70.2 %），点面式叙事 72 例（占总体的 18.2 %），对比式叙事 21 例（占总体的 5.3 %），其他叙事 25 例（占总体的 6.3%）。

《农民日报》中，不同主体的内容（话语）在利益呈现方式上是否存在差异？为此，本书将二者进行了交叉分析。卡方检验数据显示，二者的皮尔逊卡方值（Pearson Chi-Square）为 81. 12，渐进显著性值（p）为 0.000（小于 0.05）。卡方检验的零假设是比例相等，当显著性水平小于 0.05，意味着零假设不成立。由此可知，不同主体在内容（话语）的呈现方式上存在显著差异。似然比与皮尔逊卡方值相同，也证明了同一结论。

话语主体与利益呈现交叉分析表明，从总体上看，《农民日报》中不同社会阶层主体在内容（话语）的呈现方式上以隐蔽式为主（55.5%）、外显式为辅（44.5%）；在隐蔽式呈现中，私营业主（店主、老板）和私营业主（店主、老板）所占比例较高（分别为 75.0% 和 73.0%）；而在外显式呈现中，党政管理干部和其他人员所占比例较高（分别为 60.5% 和 71.3%）。

5.4.2.3　内容：不同社会阶层话语的共性与差异

《农民日报》中的不同主体在内容（话语）方面是否一致？为此，本书将主体与内容（话语）做交叉分析。卡方检验数据显示，二者的皮尔逊卡方值（Pearson Chi-Square）为 88.59，渐进显著性值（p）为 0.000（小于 0.05）。卡方检验的零假设是比例相等，当显著性水平小于 0.05 意味着零假设不成立。由此可知，不同主体在内容（话语）方面存在显著差异。似然比与皮尔逊卡方值相同，也证明了同一结论。统计发现，《农民日报》中不同社会阶层的内容（话语）既有共性又有区别。

首先，共性方面主要体现在经济方面的内容（话语），即各社会阶层对此方面的关注普遍较高，仅专业技术人员对教科文卫体方面的诉求高于经济方面。这可以从经济方面的内容（话语）在总数和各阶层的比例中可以得到验证。另外，从总体来看，《农民日报》呈现的教科文卫体方面的内容（话语）已经超过社会民生，呈现“经济 > 教科文卫体 > 社会民生 > 时事政治 > 生态环保 > 其他”的模式。

其次，在区别方面，从社会各阶层在主体中的百分比来看，一是农业种养散户（普通农民）在经济和社会民生方面的诉求明显强于其他阶层，

呈现“经济 > 社会民生 > 教科文卫体 > 政治 > 生态环保”的模式；二是私营业主（店主、老板）的内容（话语）集中在经济方面；三是农业种养专业户和专业技术人员在教科文卫体方面的内容（话语）较高，且明显高于其他社会阶层；四是种养专业户和普通打工者呈现“经济 > 教科文卫体 > 社会民生”的模式，但专业技术人员的内容（话语），是“经济 > 教科文卫体 > 社会民生 > 时事政治 > 生态环保”的模式，与上文中提及的农民共性话语模式基本相同。

5.4.2.4 倾向：以正面为主，但主体阶层有异

《农民日报》中不同主体在内容的态度倾向上是否一致？本书将主体与相关的态度倾向作了交叉分析。

卡方检验数据显示，不同主体在内容（话语）方面，具有显著差异。交叉列联分析数据显示，《农民日报》中不同社会阶层的内容（话语）在态度倾向上，既有共性又有区别。共性主要体现在各阶层的内容（话语）在态度倾向上，正面（表扬）占绝对优势。总体计数显示，持“正面（表扬）”态度倾向者占总体的 81.2%，持“中立”态度者占总体的 14.2%，持“负面（批评）”态度者仅占总体的 4.6%。区别主要体现在不同阶层的态度在主体的百分比上。例如，在持“正面（表扬）”态度倾向者里，企业事业管理干部和专业技术人员的比例较低（分别为 66.3% 和 73.2%）；在持“中立”态度倾向者里，专业技术人员和企业事业管理干部的比例相对较高（分别为 24.4 % 和 23.8%）；而私营业主（店主、老板）和农业种养散户，在持“负面（批评）”态度倾向者里，所占比例则较高（分别为 12.5% 和 12.2%）。

5.4.3 《农民日报》呈现的新型城镇化图景

党的十八大之后，党和国家大力推进包括新型城镇化在内的“新四化”、产业结构转型升级和“城乡一体化”建设。特别是党的十九大之后，又推出了“乡村振兴”战略，农业、农村和农民面貌焕然一新，这些都成了《农民日报》呈现出来的新型城镇化的基本图景。通过对先进典型的宣传报道、以典型示范推进工作，是《农民日报》呈现上述图景的基本方法和目的。这种典型示范引领“三农”在新型城镇化进程中实现现代化的模式，在《农民日报》关于时政、经济、社会、文化和环保类的报道中均有体现。

5.4.3.1 政策与成效：时政类报道呈现的媒介镜像

《农民日报》的时政类报道，主要报道了国家出台的政策举措及其在各地落实、执行取得的积极成效。

《农业部对违规渔具清理整治工作进行督查》❶《贯彻落实五大发展理念强化农业科技成果有效供给》❷《农业部关于进一步加强转基因作物监管工作的通知》❸，主要报道农业部相关政策文件或领导讲话精神。《杨陵：深耕农村改革的“发力点”》❹《农机购置补贴政策落地见效》❺和《医改“立柱架梁”迈出重要一步》❻，主要报道了各地在落实党和国家的政策中取得的积极成效。

下面，笔者以《杨陵：深耕农村改革的“发力点”》一文为例作一简要介绍。该报道展示了国家级农业高新技术产业示范区——杨陵区以加快推进农业现代化作为突破口，在全面深化农村改革，激活农村发展动力方面的做法、经验及成效；总体上采取了因果式和今昔对比的叙事结构，即在每一部分，均先展示相应做法给百姓生活带来的实惠，再过渡到相关做法与经验。其中，既有百姓的话语，又有基层干部的话语，整篇报道很接地气，具有较强的实践指导性。

在介绍总体做法经验时，该报道选用时任杨凌示范区党工委委员、杨陵区委书记张启东的做法，意在引导各地在全面承接上级改革的同时，要注重选择符合地方特色的深化改革的“自选动作”，作为改革的“发力点”与“突破口”，予以扎实推进。从整个结构上来看，该报道用“打造全域城乡一体化范例”“实施‘一村一镇’现代农业综合改革”和“创新农村产权流转交易模式”三个小标题（即三大段落层次）向读者介绍了杨陵的做法与成效。

❶ 龙新.农业部对违规渔具清理整治工作进行督查[N].农民日报，2016-03-08（2）.

❷ 龙新.贯彻落实五大发展理念强化农业科技成果有效供给[N].农民日报，2016-04-18（2）.

❸ 农业部.农业部关于进一步加强转基因作物监管工作的通知[N].农民日报，2016-04-18（2）.

❹ 肖力伟，胡明宝.杨陵：深耕农村改革的“发力点”[N].农民日报，2016-03-08（2）.

❺ 任璐.农机购置补贴政策落地见效[N].农民日报，2017-07-27（1）.

❻ 陈聪，邓华宁.医改“立柱架梁”迈出重要一步[N].农民日报，2017-07-27（3）.

在“打造全域城乡一体化范例”部分，该报道以较大篇幅讲述了村民昝娟妮因该区打造全域城乡一体化而获得的实惠和生活上的改变。

“三室两厅一卫”“南北通透”……对陕西省杨陵区五泉镇上湾村的村民昝娟妮来说，这些本是城里人形容房屋的词汇，如今也成了她介绍自家房子的名词。

昝娟妮不离乡土就享受到城市生活，得益于杨陵区“重点示范镇”建设。五泉镇自 2011 年被确定为陕西省 31 个重点示范镇之一，着力推进“就地城镇化”。农民在享受每院宅基地补助 2.4 万元的基础上，可按照人均 40 平方米以成本价的 55% 购买城镇住房。

昝娟妮丈夫常年在外打工，她自己一个人在家照顾孩子，眼看孩子就要上学了，本想把家搬进城，但高昂的商品房价让他们望而却步。现如今，昝娟妮一家仅花了 5.98 万元就在镇上拥有了一套 100 多平方米的房子。昝娟妮说，孩子上学方便了，居住地离自家地也不过二里地，种起来也不太费事。[1]

5.4.3.2 转型与成效：经济类报道呈现的媒介镜像

与《人民日报》经济报道占比大相类似，《农民日报》中的经济报道比重也很大，这与国家的工作重心是相一致的。当然，《农民日报》经济报道主要关注的是农业生产中的产业结构调整、管理保障转型等方面的内容。

通过农业产业结构调整和发展新兴产业推动地方经济发展、促进农民增产增收，是《农民日报》经济类报道中最重要的话题。这方面的报道，在经济类报道中所占比例最高。比较典型的报道有：《宁夏：蔬菜产业成增收支柱》《山西：组建协会助力沙棘产业发展》《（山西定襄县）丘陵山区推广杂交谷》《昭通：将优质土豆送出国门》《以绿色发展理念引领果茶转型升级》《“互联网 +”激荡潇湘源头》《山沟种出“金小米”》《生态草莓卖断货》《告别“提篮小卖”，走向“现代棚膜经济”》《特色乡村游带富青海湖畔小城》《向产业结构优化要效益》《（内蒙古）乌海与葡萄的甜蜜情缘》《叶城：小核桃撑起脱贫梦》《冰雪资源也是金山银山》《笤帚产业“触网”走俏》《百色芒果进京“叫卖”》《山东临清：引导资本下乡助力产

[1] 肖力伟，胡明宝 . 杨陵：深耕农村改革的“发力点”[N]. 农民日报，2016-03-08（2）.

业兴旺》和《孟津县：袖珍西瓜俏销并非偶然》等。

上述报道主要涉及以下方面：①地方农业产业结构的转型，如《宁夏：蔬菜产业成增收支柱》《山西：组建协会助力沙棘产业发展》《告别“提篮小卖”，走向“现代棚膜经济”》《特色乡村游带富青海湖畔小城》《向产业结构优化要效益》《冰雪资源也是金山银山》《叶城：小核桃撑起脱贫梦》《山东临清：引导资本下乡助力产业兴旺》等。②农产品的升级改造，如《以绿色发展理念引领果茶转型升级》《山沟种出“金小米”》《（内蒙古）乌海与葡萄的甜蜜情缘》《生态草莓卖断货》《孟津县：袖珍西瓜俏销并非偶然》等。③农产品的销售渠道，如《昭通：将优质土豆送出国门》《“互联网+”激荡潇湘源头》《笤帚产业“触网”走俏》等。

在管理保障转型方面，《农民日报》主要关注国家或地方在农业经济制度和具体技术保障方面的做法和成效。具体来说，主要包括以下方面。①经济制度改革，如《农村集体产权制度改革新范本农村集体产权制度改革新范本——贵州六盘水市实施“三变”改革促进农村发展调查》《股改破题“三变”生金》等。②某方面具体的技术保障或支持，包括财政金融、基础设施、人员培训（技术指导），如《达川：“财政因素分配法”激发乡镇活力》《河南：供销系统经营服务网络年内覆盖98%的村》《调结构，向供需新平衡跃升》《吉林省农发行全面加大信贷支农力度》《河北财政安排1.9亿元推进中药材园区建设》《加快推进农业信息化助推农业供给侧结构性改革》《湖南3年内实现贫困村光伏工程全覆盖》《茶乡里有个“农民讲师团”》《陕西政策性鸡蛋“保险+期货”首单行权》《山东临清：引导资本下乡助力产业兴旺》等。据此可知，《农民日报》对于财政金融和基础设施方面的报道力度，大于对人员培训（技术指导）方面的。

下面，笔者以《股改破题“三变”生金》[1]为例作一简要分析。该报道以广西梧州市长洲区23年来在农村集体资产股份制改革方面的成效对比作为开篇段落，向读者呈现了当地在农村集体资产股份制改革方面的持续努力与积极成效。在主体部分，该报道用“资源变资产 村庄变身游乐园”“资本变资金 集体掌舵航向稳”和“村民变市民 社会管理谋新局”，分别回应了新型城镇化进程中必然涉及的农业与农村的现代化、发展资金的来

[1] 高飞，王小川，陈艺娇．股改破题“三变”生金——广西梧州市长洲区农村集体资产股份权能改革试点纪实［N］．农民日报，2016-11-16（2）．

源与管理、农民市民化与社会治理现代化等现实问题。对于农村集体资产股改中容易出现的社会矛盾，该报道并没有刻意回避，而是通过对比、因果叙事和讲故事的叙事方式予以客观呈现，使读者产生心理的认同感。

在“资源变资产 村庄变身游乐园”部分，该报道写道：

环岛观光道路已经铺就，岛上百年以上古建比比皆是，篱笆道道，翠竹丛丛，全村干部群众为了创建生态文明旅游村攒着一股劲儿。几年前，泗洲村的景象并非如此。多年来岛上村民深陷在人多地少的焦虑之中，村内违建众多、村民致富无门，每年都有人因为分红不均、邻里关系紧张等问题上访。这前后的巨大变化源于一场农村集体资产股份权能改革。”

在这里，该报道运用了前后对比和因果叙事，凸显了农村集体资产股权改革给当地发展带来的好处。

对于改革之前村里遇到的现实矛盾和问题，该报道并未刻意回避，而是通过引用村党总支书记覃建良的话客观地予以呈现改革前的问题和改革后的成效。

“以前村里邻里关系紧张、大户小户矛盾多，每年都有上访户，村集体想做点事情简直难于登天。”泗洲村党总支书记覃建良对记者表示，股改之后大家对村里的家底一清二楚，年底的分红按股计算得明明白白，过去的矛盾大都得到了妥善解决。

农村集体资产股权改革涉及多方面的利益，改革过程中会遇到什么问题或阻力，应如何破解？为此，该报道采用讲故事的叙事方式呈现。

股改是个好事情，但很多悬而未决的问题让其很难顺利推进。例如，户口未转出的外嫁女能不能有股权？各个村民小组政策本就不同，有了矛盾协调起来更不容易。郭雪影是第6村民小组的组长，在股改开始的时候，她认为出嫁女参与分红不合理，户口本应转走，便与村里其他有外嫁女情况的村民家庭起了矛盾。

正当此时，时任长洲区股改小组副组长、区政协副主席的陆建敏带着股改小组成员多次到泗洲村登门对郭雪影拜访和劝谈，同时积极联系外嫁女出具未在其他村庄享受分红的证明，最终成功解决了这个难题。泗洲村15个村民小组于（2016年）10月份顺利完成了集体资产股份权能改革试点工作，让领到了股权证书的村民吃下了“定心丸”。

在上述两段中，既有故事，又有工作方法和工作成效，使当地的股权改革显得更加真实、可信、可学。

5.4.3.3 服务与民生：社会类报道呈现的媒介镜像

《农民日报》在社会民生方面的报道，主要关注的是有关部门在服务“三农”和为农民谋福祉方面的努力。服务“三农”方面，主要体现在报道政府部署防灾减灾、帮助解决农业生产困难等，如《农业部紧急部署防范强降温和寒潮雨雪天气》《国家防总部署防御近期南方地区强降雨》《苏宁易购：解开果农滞销之困》；为农民谋福祉方面，主要体现在为农民解决生产生活中的现实诉求，如《直面农民工“讨薪难”》《福建集中销毁27吨假劣农资》《二十一年敬老情》和《尼玛石曲：村民交口称赞“亚古都”》等。

《苏宁易购：解开果农滞销之困》一文通过陕西和山东苹果果农的话语，表达了果农在丰收后的困难和担忧，以及农业部门和当地政府如何帮助果农解决困难。面对果农滞销之困，农业部和当地政府积极出台相关政策举措，组织各大电商开展苹果电商销售月行动，解决了果农的现实困难。例如：

> 通过当地政府，潘继选找到当地苏宁易购直营店，通过线下的“爱心助农”活动，几天时间其冷库中的苹果已经被销售一空，潘继选的眉心舒展开来。❶

《直面农民工“讨薪难”》❷一文通过采访时任人力资源和社会保障部副部长邱小平等相关人士，表明了国家帮助进城务工农民讨薪、维护进城务工农民正当权益的态度和决心。

5.4.3.4 技术与传承：文教类报道呈现的媒介镜像

《农民日报》的教科文卫体类报道，在技术方面，主要呈现的是通过对农民进行新科技、新技术的培训推动当地农业产业现代化；在传承方面，主要呈现的是城乡之间在文化上的传承与互动。

通过新技术、新科技推动当地产业结构调整、农业现代化和农民增收致富方面的报道，有《海南推广冬季瓜菜新技术》《我国将实施“科技助力精准扶贫工程”》《首个国家信息经济示范区建设在浙江乌镇启动》和《超级稻走上绿色高产高效发展之路》等。

---

❶ 李琭璐 . 苏宁易购：解开果农滞销之困 [N]. 农民日报，2016-04-18（2）.

❷ 徐博，齐中熙，樊曦 . 直面农民工“讨薪难”[N]. 农民日报，2016-11-15（2）.

《海南推广冬季瓜菜新技术》一文是一篇简短的消息稿，全文如下：

本报讯（记者邓卫哲） 日前，100 多名来自海南全省各市县农技中心、农业企业和农民专业合作社的代表，在琼海市中原镇东部瓜菜良种繁育园，现场学习观摩了多项冬种瓜菜管理新技术和新品种的示范应用。

在新品种种植示范基地，200 个品种一字排开，每个品种前都挂着标牌，上面详细记录了品种、播种日期、种子产地。该基地通过示范展示，让农技人员和农民了解新品种、新技术优势，改变传统种植习惯，调整产业结构，增加农民收入。❶

《农民日报》通过该消息向读者展现的媒介镜像是海南某瓜菜良种繁育基地通过现场教学和示范，让当地部分农技人员和农民了解新品种、新技术优势，改变传统种植习惯，调整产业结构，增加农民收入。

教科文卫体类报道中，《农民日报》关于城乡文化传承与互动的报道较多，较典型的案例有《连湾村皮影戏班进城演出送年味》《吉首农民文化进城"幸福逆袭"》《余杭开启"农民送戏进城"模式》《农民送"文化进城"有深意》《永安：城乡文化互动惠民》《（北京）北石槽镇举办"二月新春"文艺汇演》《新疆海楼镇举办"民族团结一家亲"文艺汇演》《宜昌："我到乡村过大年"感受乡村民俗新景》《（山东）嘉祥墨香溢满小乡村》《（四川）书屋过年"不打烊"》和《全国农业系统新闻发言人培训班在京举办》等。

《连湾村皮影戏班进城演出送年味》通过讲述陕西某农民皮影戏班进城演出、吸引众多市民关注之事，展示了农民"进到城里打起'文化工'，不仅丰富了城市的春节文化生活，还获得不少收入"，更达到了"将'文化农民'输入到城市里，让这些民间艺人找到用武之地，也让民间文化有了传承下去的新机缘"❷。

《余杭开启"农民送戏进城"模式》❸，呈现出新型城镇化进程中"乡土文化反哺城市、城市需求点燃农村群众文化"的媒介图景。该文用"进城演出：提升乡村演艺水平"，"搭建舞台：激发与释放民间热情"和"唤醒乡愁：'没想到老家的节目那么精彩'"三个小标题所形成的三个段落，体

❶ 邓卫哲．海南推广冬季瓜菜新技术［N］．农民日报，2016-04-18（2）．

❷ 聂建江．连湾村皮影戏班进城演出送年味［N］．农民日报，2017-02-06（3）．

❸ 冯玉宝，罗素洁．余杭开启"农民送戏进城"模式［N］．农民日报，2017-02-06（3）．

现了余杭城乡文化互动模式及其社会效果。

5.4.3.5　生态融入“三农”：生态环保类报道的媒介镜像

《农民日报》中生态环保类报道，重点展示了“生态 +”的图景，即生态环境保护全面融入农业生产、农村环境和农民生活，并产生积极成效的媒介图景，较典型的报道有《(陕西省黄龙县)生态点睛新“黄龙”》❶《山水贵州走出生态扶贫新路》❷《北京：生态公厕开满花》❸《宁夏加大农作物病虫害绿色防控》❹等。

《生态点睛新“黄龙”》一文以正面宣传的视角，报道了陕西省黄龙县立足当地绿水青山的生态优势，找到了一条符合当地实际的绿色生态发展之路，形成了具有黄龙地方特色的生态发展模式。该报道用“生态旅游集群化”，“农业产业生态化”和“一二三产融合化”三个小标题形成的三大主体段落叙事，展示了陕西省黄龙县将生态环境保护与经济社会发展、改善民生等全面深度融合的媒介图景。在结尾处，该报道用了采茶村民王小雷、精准扶贫户许存学和 72 岁的王凤卿老人三位农民的话语展示当地生态发展模式给百姓带来的利益和实惠。

5.5 《新闻联播》中的新型城镇化与农民话语

本节以 2012 年 11 月 14 日至 2018 年 7 月 20 日《新闻联播》中的新闻报道为研究对象，运用符合构建周和系统抽样法，将涉及新型城镇化和“三农”的新闻报道作为研究样本。本节主要研究《新闻联播》中新型城镇化报道的基本特征、新型城镇化的图景与农民话语。

5.5.1 《新闻联播》新型城镇化报道的特征

《新闻联播》样本中涉及新型城镇化和“三农”的新闻报道共计 108

❶ 肖力伟，胡明宝．生态点睛新“黄龙”——陕西省黄龙县践行“两山理论”结硕果 [N]．农民日报，2017-05-06（1）．

❷ 肖克，刘久锋．山水贵州走出生态扶贫新路 [N]．农民日报，2017-06-16（1）．

❸ 刘强．北京：生态公厕开满花 [N]．农民日报，2018-05-17（4）．

❹ 张国风．宁夏加大农作物病虫害绿色防控 [N]．农民日报，2018-06-27（2）．

篇。通过分析这些报道样本，发现《新闻联播》关于新型城镇化和“三农”的报道在上述时间段以东西部地区和时政、经济、五态美为主。

5.5.1.1 报道地域：全国性和东西部居多

从报道内容涉及的地域上看，《新闻联播》关于新型城镇化和“三农”的报道，涉及全国整体的有47篇，涉及东部地区的有32篇，涉及西部地区的有28篇，涉及中部地区的有14篇，“其他”报道14篇。[1]具体数据如下：东部地区，浙江6篇，河北、北京、海南各4篇，江苏、福建各3篇，天津、上海、广东、山东各2篇，共32篇；中部地区，江西4篇，河南3篇，陕西 、黑龙江各2篇，湖北、吉林、东北各1篇，共14篇；西部地区，内蒙古6篇，新疆、广西各5篇，贵州3篇，重庆、四川、云南、陕西各2篇，甘肃1篇，共28篇。

由此可知，《新闻联播》中涉及新型城镇化和“三农”的报道地域，全国性和东西部地区的报道数量较多，中部地区的报道数量较少。

5.5.1.2 报道主题：时政、经济和生态居多

统计显示，《新闻联播》样本中，时政类报道共有42篇，经济金融类（以下简称“经济类”）报道共34篇，生态环境类（以下简称“生态类”）报道共16篇，教科文卫体类（以下简称“文教类”）报道共7篇，社会民生类（以下简称“民生类”）报道共9篇。

时政类报道中，报道党和政府的立法、政策、制度、通知、意见和建议（以下简称“政策制度立法”）的样本有17篇；报道先进典型和党政干部作风（以下简称“先进典型”）的样本有14篇；报道领导活动、讲话、指示和批示（以下简称“领导讲话”）的样本有11篇。

经济类报道中，涉及消费的样本有7篇，其中，涉及房价的样本有3篇，涉及菜价的样本有4篇。涉及产业的样本数量最多，有17篇；涉及扶（脱）贫的样本，有6篇；涉及农民增收的样本，有4篇。

生态类报道中，涉及全国性和地方性的生态类样本各有8篇。文教类和民生类报道，以地方性的样本居多。例如，文教类报道，共有7篇样

---

[1] 因部分样本同时涉及几个不同的省区，故统计数据会超过样本总数；“其他”，是指涉及不同地区的省（市、区）的同一样本，如某样本涉及东北、内蒙古和新疆，就归入“其他”。

本，全为地方性的样本。民生类报道，共有9篇样本，仅1篇是涉及全国性的报道，其余8篇均为地方性的报道。

5.5.1.3　其他方面

报道体裁方面，《新闻联播》以消息为主，兼具其他。具体数据为：消息有85篇，评论有2篇，特写（稿）有3篇，专题（访）有18篇。

态度倾向方面，《新闻联播》以正面和中性为主。具体数据为：正面态度的样本有64篇，中性态度的样本有41篇，负面态度的样本有3篇。

总体叙事框架方面，《新闻联播》以点面为主，兼有对比和因果。具体数据为：点面叙事有54篇；对比叙事有32篇；因果叙事有22篇。

话语主体方面。根据社会分层理论和我国当前实际情况，本书将主体作了适当细分。不同话语主体的出现频次，统计数据如下：种养散户29次（占总体的8.0%），种养专业户30次（占总体的8.2%），企业普通打工者13次（占总体的3.6%），私营业主（店主、老板）12次（占总体的3.3%），专业技术人员21次（占总体的5.8%），普通行政人员6次（占总体的1.6%），企事业单位管理干部10次（2.7%），党政单位管理干部75次（占总体的20.6%），记者、媒体168次（占总体的46.2%）。由种养散户、种养专业户、企业普通打工者、私营业主（店主、老板）和各类专业技术人员构成的农民群体（累计占总体的28.8%），与记者、媒体（占总体的46.2%）、行政管理人员（累计占总体的25%），共同构成了《新闻联播》"三农"报道中的主体。农民群体之中，处于农业生产一线的种养专业户、散户和专业技术人员，在《新闻联播》样本中占总体的有一定比例。

话语内容方面。对相关报道样本中呈现的具体话语内容及其所涉类别进行统计后，笔者发现《新闻联播》以经济和社会民生类话语居多，具体数据是：经济类有135次（占总体的37.1%），社会民生类有105次（占总体的28.8%），生态环保类有55次（占总体的15.1%），时事政治类有49次（占总体的13.5%），教科文卫体类有20次（占总体的5.5%）[1]。

5.5.2 《新闻联播》中的新型城镇化图景

《新闻联播》中的新型城镇化媒介图景，是通过时政、经济、社会、

[1] 因不同样本有不同的话语主题，故累计频次和比率会大于研究样本总数。

文教和环保类相关报道合力呈现出来的。时政类报道，形塑了国家整体推进新型城镇化的努力与成效；经济类报道，呈现了新型城镇化进程中的产业发展和经济收支；社会类报道，呈现了政府改善民生方面的努力和百姓的获得感；文教类报道，呈现了文化、教育、科技、卫生在推动新型城镇化和“三农”现代化中的积极作用；环保类报道，呈现了国家和地方在环境治理、绿色发展方面的努力与成效。

5.5.2.1 制度与示范：时政类报道呈现的媒介镜像

《新闻联播》样本中，时政类报道总体呈现了国家通过相关政策制度立法、国家领导人的讲话（指示、批示）和先进人物（优秀基层党政干部）典型示范，这三者合力塑造了国家推进新型城镇化和“三农”发展的努力与成效。

在政策制度立法方面，共有17篇报道。在此类样本中，涉及“三农”的样本占据相当的比重，共有14篇。具体情况如下。

（1）国家推动“三农”发展、帮助农民增收的样本，共有8篇，居第一位。这些报道分别是《林权抵押贷款正式在全国推行》《正确把握农村土地制度改革》《〈关于金融服务“三农”发展的若干意见〉今天发布》《大豆政策由“临时收储”改为“直补”》《选取改革试点赋予农民更多财产权利助农增收》《制度创新助农增收》《国新办发布会：一号文件为农业发展添动能》《国务院印发〈关于探索建立涉农资金统筹整合长效机制的意见〉》。

（2）关于国家为改善进城务工农民的民生需要所出台的政策制度，共有4篇，居第二位。这些报道，分别是《国务院办公厅印发〈关于支持农民工等人员返乡创业的意见〉》《国务院办公厅印发〈关于全面治理拖欠农民工工资问题的意见〉》《国务院印发〈“十三五”脱贫攻坚规划〉》《国务院印发〈“十三五”促进就业规划〉》。

（3）关于国家出台的关于食品和农产品安全和生产的政策制度，共有2篇，居第三位。分别是《我国初步建立食品安全责任保险制度》《国务院办公厅印发〈关于推进奶业振兴保障乳品质量安全的意见〉》。

除“三农”之外，《新闻联播》关于生态环境和城市建设规划方面的政策制度报道共有3篇，分别是《十二届全国人大常委会第八次会议分组审议环境保护法修订草案》《国务院印发〈水污染防治行动计划〉》和《中

共中央国务院关于进一步加强城市规划建设管理工作的若干意见》。

通过上述分析可知，《新闻联播》呈现了近几年来国家通过政策制度方面的建设和完善推动新型城镇化和“三农”事业、环境改善协调发展的媒介图景，展示了十八大以来党和政府通过制度创新和加强顶层设计推进新型城镇化建设和“三农”现代化的努力。《新闻联播》采取的是凸显政治权威的叙事框架，以党和国家机关作为主体。[1]

《新闻联播》时政类报道关于近年来国内新型城镇化和“三农”事业协调发展的媒介图景，主要通过先进典型的示范性来得以实现。为此，《新闻联播》先后开设了“最美基层干部”“到群众中去”和“治国理政新实践·基层新实践”等专栏。“最美基层干部”专栏先后刊播了《韩丽：风风火火的女村官》《邢镭：奋斗的人生才精彩》《王胜：这个村支书能干成事》《赵文强：大瑶山里的扶贫带头人》《劳光荣：把家门口的事做好》《黄大发：一生只为一清渠》《黄树新：村里有了产业发展才有底气》；“到群众中去”专栏先后刊播了《浙江湖州干部“返乡走亲”解民忧》《河南：“老百姓难领导就要反思”》；“治国理政新实践·基层新实践”专栏刊播了《刘家土楼的今天》。

通过这些先进典型的宣传报道，《新闻联播》正面展示了广大基层干部带领当地群众，贯彻党和国家重大发展战略，为推动当地经济社会发展、全面建成小康社会而做的努力及取得的积极成效，形塑了党和国家努力推进新型城镇化和“三农”发展的媒介镜像。

《黄树新：村里有了产业发展才有底气》运用了因果、点面和对比三种叙事方式，突出了广西蒙山县北楼村党总支书记黄树新带领村民发展土猪饲养业、帮助当地群众走上致富路，进而带动当地改善基础设施和人居环境的事迹。该期节目通过讲述贫困户覃兴秀夫妇加入合作社靠养土猪脱贫的小故事，并引用贫困户覃兴秀的同期声“自己可以自繁自养，我们收入也高一点”表达了发展土猪饲养产业给自己带来的实惠。

5.5.2.2 产业与收支：经济类报道呈现的媒介镜像

《新闻联播》样本中经济类报道数量较多，仅次于时政类报道，居第二位。总体来看，《新闻联播》关于新型城镇化和“三农”经济层面的图

[1] 陈旭鑫，陈昊．国家叙事：央视《新闻联播》“三农”报道的框架与效应［J］．电视研究，2019（3）：34–36.

景，主要是通过产业发展和百姓收支方面的报道予以呈现的。

据统计，《新闻联播》关于产业发展方面的报道最多，有17篇。关于扶（脱）贫方面的报道有6篇，而且涉及扶（脱）贫的报道几乎都涉及产业发展。将关于产业发展和扶（脱）贫的报道合并到一起，则《新闻联播》经济类报道中关于产业发展的报道达到23篇。关于收支方面，《新闻联播》主要做了涉及房价、菜价和农民增收方面的报道，此类报道共有9篇。

《新闻联播》关于产业发展的报道涉及面较广。其中，支农金融业的样本有《首家台农商业银行今天营业》《破解贷款难 农村金融创新加速》《中国远洋渔业获金融支持》《进出口银行150亿元支持金融扶贫项目》。

农业发展的样本有《海南32艘渔船组队赴南沙捕鱼》《农交会成交金额破800亿元》《中储粮总公司2014年收粮1.25亿吨》《我国扩大饲料作物面积，优化种植结构》《黑龙江首开玉米专列 缓解粮食外运难》《风从草原来 内蒙古："一带一路"带来开放新契机》等反映传统农业发展的报道。更多的是关于新兴农业、特色农业和农业产业结构调整的报道，如《江西赣州：特色产业助76万群众脱贫》《云南：高原特色农业助推脱贫攻坚》《瞰春：伊犁河谷百花香》《三产融合 助力都市现代农业发展》《新春走基层：春城花市"竞"芬芳》《聚焦农业供给侧结构性改革：新理念成为农业增效新动能》《发力供给侧 做好农文章》《五年振兴发展 赣南闯出脱贫攻坚新路》《清明时节农事忙》等。

通过上述报道，《新闻联播》展示了我国农业持续发展、农业产业结构调整稳步推进、特色农业和新兴农业蓬勃兴起、欠发达地区农村脱贫成效明显等媒介图景。例如，《土地流转"转"出农村新活力》重点展示了党和国家的农村土地流转政策，将农村土地承包权与经营权分开，落实农村土地承包经营权的确权、登记和颁证工作释放出来的农村发展和农业生产新活力等。

研究样本中，《新闻联播》关于收支方面的报道主要涉及房价菜价、政府反应及农民增收。关于房价的报道主要有《53个城市新房价格环比上涨》《全国70个大中城市房价数据公布》和《我国新建商品住宅价格涨幅趋缓》。《53个城市新房价格环比上涨》一文就针对部分城市房价反弹现象，及时报道了政府有关部门的应对措施。

在支出方面，2013年1月20日《新闻联播》开辟了"关注菜价上涨"专栏，刊播了3篇消息和1篇评论，对菜价上涨的前因后果进行了报道，

具体包括《低温雨雪天气是主要推手》《价格上去了农民赚到钱了吗？》《多种措施应对 预警节后卖难》《民生政策为菜篮子菜园子兜底》。《价格上去了农民赚到钱了吗？》一文通过采访山东省平原县菜农，揭示了连续数日大雾、低温和缺乏阳光的恶劣天气造成了蔬菜减产，化肥、农药、地膜等主要农资产品价格连年上涨使农民在菜价上涨中并未实际受益，从而展示了农业生产和农民增收的困难。《民生政策为菜篮子菜园子兜底》一文则在客观分析菜价走高使老百姓负担有所增加的基础上，指出了未来的发展趋势和解决之道，强调“民生政策和公共财政将全力为菜园子和菜篮子兜底”，起到了消除社会焦虑、安抚民心的作用。

在农民收入方面，《上半年农民收入增长 9.2%》一文强调了 2013 年上半年农民收入增速继续快于城镇居民，有望延续城乡居民收入之比缩小的好势头。

5.5.2.3 创新与助力：文教类报道呈现的媒介镜像

《新闻联播》研究样本中的文教类报道共 7 篇，呈现的是我国“三农”事业注重在技术、文化和风俗方面的创新和培育，并使之成为助力“三农”发展新动能的媒介图景。

《陕西榆林 新技术改造沙荒地：“础砂岩 + 沙子”巧配方变害为宝》一文讲述了陕西榆林凭借技术创新，利用“础砂岩 + 沙子”的巧妙配方把大片沙荒地改造成了高效农田的事例。

《周元强：“自”造快乐的农民导演》一文报道了江西省景德镇市竟成镇文化站站长兼农民导演周元强，带领当地农民自编、自导、自演、自拍电影和电视剧，使当地发展成为全国首家农民影视剧制作中心的事。

《福建晋江：移风易俗 不比排场比慈善》一文报道了福建晋江通过制度村规民约，倡导简办婚丧喜庆事宜，将省下来的钱捐给公益事业、移风易俗的文明新风。

《河南汤阴：农民夜校解决乡村事务》《四川：人才振兴激发农村新活力》主要呈现了当地通过加强农民教育培训，进而推动农村经济社会发展的媒介图景。

5.5.2.4 保障与服务：民生类报道呈现的媒介镜像

《新闻联播》样本中的民生类报道共 9 篇，涉及春运出行、招聘就业、棚户区改造、食品安全、爱情生活、住房保障、搬迁扶贫等方面。

《广东地区节前出省火车票基本卖完》一文讲述了当年广铁集团推出代售点下乡新举措方便进城务工农民购票的事例。《四直辖市招聘岗位规模近22万》一文强调了人力资源和社会保障部定期对各地用工信息进行汇总发布，以帮助企业和打工者更好对接的事例。《牡丹江棚户区改造出新办法》一文重点报道了黑龙江牡丹江市政府针对当地一个叫“三角线”的棚户区内异常复杂的产权关系而采取的改造新办法和取得的积极成效。《围绕百姓关切　打造平安中国》一文彰显了2013年我国法治建设在食品安全、环境保护、平冤纠错及保障人权等方面的努力和成效。《洋媳妇努内的中国爱情》一文报道了亚美尼亚护士努内与我国山东小伙子邓忠刚婚后回到山东农村创业、共创美好生活的事迹。

此类报道还有《新疆：民生建设 福泽天山南北》《内蒙古乌海：“十个全覆盖”让百姓受益》《去年全国保障房开工783万套》《广西田阳：扶贫搬迁 让百姓拔“穷根”》等。通过上述报道，《新闻联播》民生类报道展示了我国各级政府在保障民生和改进公共服务方面的不懈努力与积极成效。

5.5.2.5　治理与改变：生态类报道呈现的媒介镜像

《新闻联播》生态类报道共有16篇，除《海南文昌突遭龙卷风袭击》属于灾情通报之外，其余15篇均涉及国家和各级政府在生态环境治理方面所做的努力和发生的改变。

《新闻联播》在生态环境治理方面的报道，包括各级政府及其职能部门出台的治理条例、情况通报、行动倡议等。此类报道主要采用“联播快讯”的体裁，如《北京大气污染防治条例开始征求意见》《环保部通报中东部地区灰霾污染情况》《全球首个“沙漠生态经济示范区”设立》《团中央启动“增绿减霾”共同行动》《环保部：新空气标准仅9城市达标》《我国湿地面积十年减少339万公顷》《广东集中整治8264公里中小河流》《我国将建设六大国家级森林城市群》《七处国家级风景名胜区整改不合格》《生态环境部启动“清废行动2018”》等。

《新闻联播》的生态类报道之中，还有部分样本呈现了我国生态环境的治理过程及取得的积极成效——生态保护与产业发展、民生改善有机结合的媒介图景，如《浙江建设美丽乡村 一张蓝图十年接力》《海南澄迈：提高门槛 打造绿色生态》《离任审计一把手“生态账”背着走》《畜禽废物变宝物 留住乡村绿水青山》《塞罕坝生态文明建设范例启示录 绿色奇迹：

茫茫荒原见证绿水青山之变》等。

《新闻联播》的生态类报道，既展示了我国坚持走“绿色、协调、可持续”发展道路的媒介图景，也对全国各地乃至世界相关地区的生态环境保护与经济社会发展提供了有益启示。

5.5.3 《新闻联播》呈现的农民话语

108份《新闻联播》研究样本之中，共有30个样本呈现了农民话语。在各类报道中，这30个样本的分布情况是：43篇时政类报道中有9篇，在同类报道中占21.4%；33篇经济类报道中有9篇，在同类报道中占27.3%；7篇文教类报道中有4篇，在同类报道中占57.1%；9篇民生类报道中有5篇，在同类报道中占55.6%；16篇生态类报道中有5篇，在同类报道中占31.3%。

《新闻联播》中的农民话语，主要集中在经济、干部作风和环境整治三大方面。这些话语，主要通过相关报道中农民（含村干部）的同期声（直接引语）和解说词（间接引语）的形式展示。

5.5.3.1 《新闻联播》呈现的农民经济话语

《新闻联播》样本共有28处反映了农民经济方面的话语，居第一位，主要涉及硬件建设、产业发展、收入支出等诸多方面，并在时政、经济、社会、文教和环保类报道中均有所体现。硬件建设，主要涉及基础设施、水利水电建设等；产业发展，主要涉及推进农业现代化、发展特色产业、调整产业结构、改良土质等；收入支出，主要涉及经济收入、成本支出、金融信贷等。

硬件建设、兴修水利、保农业增产增收，是《新闻联播》中农民经济方面的话语诉求，体现在《王胜：这个村支书能干成事》《刘家土楼的冬天》和《黄大发：一生只为一清渠》等报道之中。

《王胜：这个村支书能干成事》的解说词，运用第三人称的口吻说：“现在内丘县西石河村，街道整齐，房屋漂亮。说起村里的变化，村民们说，这都是王胜的功劳。”接着，该报道先后引用一位村民和已故原党支部书记的同期声来表达农民的话语——兴利水利、保证粮食丰收、改变村子长期贫穷的局面。

（村民）“修俺们这北河还有个大土坝，那会都是（昼）夜修的，都是

王胜带头黑夜在那修的。”（原党支部书记）“我们村从历史上就穷，主要原因就是没有水，只要有了水，就能使满岗一片绿，粮食大丰收。”

上述报道，间接呈现了村民对兴修水利、改变当地因长期缺水导致的贫穷状态的话语诉求。类似话语和报道手法，在《刘家土楼的冬天》《黄大发：一生只为一清渠》等报道中常有出现。

产业发展、增收节支、过上幸福生活，是农民在硬件建设有保障基础上提出的更高层次的话语诉求。《新闻联播》中的此类报道，具有数量多、涉及面广等特点，具体体现在《价格上去了，农民赚到钱了吗》《破解贷款难 农村金融创新加速》《“三位一体”合力扶贫》《云南：高原特色农业助推脱贫攻坚》《我国扩大饲料作物面积 优化种植结构》《新理念成为农业增效新动能》《供给侧 做好农文章》《十九大代表风采》《清明时节农事忙》《黄树新：村里有了产业 发展才有底气》和《新疆：民生建设 福泽天山南北》等报道中。

上述报道的侧重点各有不同，但均通过正面报道、前后对比的手法，间接地呈现了农民在经济方面的话语诉求。

5.5.3.2 《新闻联播》呈现的农民其他话语

《新闻联播》样本所呈现的农民其他方面的话语，主要包括政治、社会、文教和环保。

政治方面，主要通过先进典型人物报道体现农民话语，如《最美基层干部——韩丽：风风火火的女村官》《河南：“老百姓难 领导就要反思”》《邢镭：奋斗的人生才精彩》《王胜：这个村支书能干成事》《十九大代表风采 》等。这些报道主要体现了村民对基层先进典型人物在带领当地群众发展生产、建设小康社会中良好作风的赞许。而这些赞许性的话语，间接体现了农民对基层干部良好工作作风的话语。

社会民生方面，农民的话语诉求主要集中在改善居住条件、增加收入和提高生活水平方面，如《牡丹江棚户区改造出新办法》《洋媳妇努内的中国爱情》《内蒙古乌海：“十个全覆盖”让百姓受益》《新疆：民生建设福泽天山南北》和《广西田阳：扶贫搬迁 让百姓拔“穷根”》等报道。

文教方面，农民的话语主要在于发挥文化推动“三农”发展积极作用方面。《周元强：“自”造快乐的农民导演》一文先后运用了江西省景德镇竟成镇里村周润华、宁金爱、黄嘉佳等村民的访谈，间接表达了农民希望

发挥文化建设在调动村民积极性、搞活农村文化氛围、调解家庭关系等方面的话语。例如，村民宁金爱说："后来自己亲身去演这个婆婆（坏婆婆）的时候，觉得原来我就是这个样子。现在，像我们在这里面也学了很多。"村民黄嘉佳说，镇子里的人听到要拍戏，听到招呼都会来，"大家一起做一件事，非常快乐"。《河南汤阴：农民夜校解决乡村事务》则表达了农民希望在夜校认真学、认真做，以及不走形式不走过场的诉求。

环保方面，农民的话语主要在于消除环境污染对日常生产生活的负面影响、加强领导干部生态责任考核等。这方面的诉求在《新闻联播》的研究样本中，有的间接表达，有的则直接表达出来。

《海南澄迈：提高门槛 打造绿色生态》，引用了海南澄迈县福山镇村民张益利的话，表明重视生态环保与农业生产协调发展已内化为农民的话语和行动。该报道在解说词中间接引用了张益利的话语"老张说，他们家的果树严格实施无公害化标准，不仅果品质量好，对环境的影响也很小"。后面又引用了张益利的话作同期声，"农家肥我们一定经过发酵一年才使用，发酵不熟的我们不能使用，如果使用化肥污染这个土壤，板结会把这块地弄坏"。

5.6 《聚焦三农》中的新型城镇化与农民话语

《聚焦三农》栏目是中央电视台曾经播出的唯一涉农新闻专题节目，由原中华人民共和国农业部农业影视中心主办，2003 年 10 月开播，2019 年 9 月 16 日停播，持续播出 17 年，是国内连续播出历史较长的农业电视新闻栏目。该节目定位明确——紧扣"三农"领域热点话题，聚焦社会关注、农民关心、群众爱看的"三农"重点、难点和焦点。

本书以中国网络电视台（CNTV）《聚焦三农》官方网站"精彩节目点播"栏中的视频为总体研究样本，采用复合构建周、系统抽样和立意抽样相结合的方法，围绕党的十八大后《聚焦三农》播出的内容，在观看视频、文稿转换、内容分析的基础上，得出相关结论。

5.6.1 《聚焦三农》新型城镇化报道的特征

本书采用复合构建周和系统抽样法，共抽取了从党的十八大后的 2012

年 11 月 15 日至 2018 年 1 月共 55 天的样本，除 2014 年 9 月 8 日无相关数据外，获得有效样本 54 篇；采用立意抽样法，获得有效样本 22 篇（表 5.3 中，ID ：55–76）。通过以上方法共获得有效研究样本 76 篇，具体数据如表 5.3 所示。

表 5.3 《聚焦三农》研究样本

ID 编号	日期	样本
1	2012/11/15	《十八大特别节目：一号文件惠农家〈缺水村迎来幸福水〉》
2	2012/12/18	《海南烘烤槟榔现状调查》
3	2013/01/20	《直击渤海海冰》
4	2013/03/01	《解读 2013 年中央一号文件》
5	2013/04/03	《清明节前话殡葬》
6	2013/05/06	《“微田园”——别样的农家生活》
7	2013/06/15	《尴尬的扶贫新村》
8	2013/07/18	《快递员：烈日下的暴走一族》
9	2013/08/20	《小候鸟的夏天：暑期的日子（一）》
10	2013/09/22	《“爱心煤”缘何变为“闹心煤”》
11	2013/11/01	《候鸟之殇》
12	2013/12/04	《吉林松原：地震后的村民安置》
13	2014/01/06	《寒冬手记——问暖大凉山失依儿童》
14	2014/02/15	《记者回乡：我的婚姻谁做主》
15	2014/03/20	《打拼“北上广”还是回家乡（下）》
16	2014/04/22	《流向农村的劣质产品　过期食品变脸记（上）》
17	2014/05/25	《高校增招可否落在农家子弟身上》
18	2014/07/04	《小麦秸秆该去哪》
19	2014/08/06	《江苏昆山 8–2 爆炸事故追踪：不停息的生命接力》
20	2014/09/08	无
21	2014/10/19	《秋后大算账：种粮究竟划不划算》
22	2014/11/28	《广西北海新型传销大揭秘（三）》
23	2014/12/31	《三农记忆 · 三农事》
24	2015/02/02	《裘皮价格跳水　养殖户该如何应对》
25	2015/03/14	《就业：这么近　那么远》
26	2015/04/16	《福建古雷爆炸事故后的搬迁》
27	2015/05/19	《棉花种植户的两难选择》

续表

ID 编号	日期	样本
28	2015/06/21	《“中东玉 1 号”的真假迷雾》
29	2015/07/31	《天上掉下来的贷款》
30	2015/09/02	《铭记历史　铁血抗战：让敌人心惊胆寒的地道战》
31	2015/10/05	《养牛场该咋转型》
32	2015/11/14	《关注卖粮难　玉米降价引发的反应》
33	2015/12/17	《旧衣换温暖　脱不下的棉衣》
34	2016/01/19	《春节回家　您的票买到了吗》
35	2016/02/21	《漂洋过海干农业》
36	2016/04/01	《进城打工　房在哪里》
37	2016/05/04	《浪花里的青春》
38	2016/06/06	《高考倒计时》
39	2016/07/16	《河道“肠梗阻”如何不再堵》
40	2016/08/18	《村民积压的小麦该怎么办》
41	2016/09/20	《他为何烧掉课本离家出走》
42	2016/10/23	《调减后是赚还是赔》
43	2016/12/02	《产业扶贫在行动　小苹果如何甜了洛川人的心》
44	2017/01/04	《饭碗里的供给侧　博弈的平台》
45	2017/02/14	饭碗里的供给侧：变化的食谱
46	2017/03/18	《一波三折搬迁路》
47	2017/04/20	《大春耕　小串门：老果园里的新春耕》
48	2017/05/23	《扶贫周记　大山深处有人家》
49	2017/06/25	《鸡蛋价格再追踪》
50	2017/08/04	《忧心的长毛兔》
51	2017/09/06	《浙江：绿水青山就是金山银山》
52	2017/10/09	《大闸蟹上市“冰火两重天”》
53	2017/11/18	《农业生产托管　秋收有红利》
54	2017/12/21	《冬季卖手忙　船老大的海上“暗战”》
55	2018/01/23	《三农人物照亮百年讲堂（下）》
56	2015/03/12	《政府工作报告解读》
57	2015/05/20	《新型城镇化实施“一融双新工程”》
58	2015/09/15	《进城落户农民纳入城镇基本医保体系》
59	2015/12/03	《我国新增 59 个新型城镇化试点》
60	2017/11/27	《治村记：伤啥也不能伤感情》

续表

ID 编号	日期	样本
61	2017/11/28	《治村记："空心村"变形记》
62	2017/11/29	《治村记："我"为村里做点事儿》
63	2017/11/30	《治村记：小村里的"大账本"》
64	2017/12/04	《治村记：一个返乡农民工的家乡振兴计划》
65	2017/12/12	《治村记：村里要咋立规矩》
66	2018/01/05	《治村记：守着金矿是非多》
67	2018/06/07	《操纵选举之后》
68	2018/10/22	《乡村振兴，规划先行》
69	2018/10/23	《现代农业看东北》
70	2018/10/24	《生态宜居看浙江》
71	2018/10/25	《环境整治看山东》
72	2018/10/26	《给钱给物不如给个好支部》
73	2018/10/27	《乡村文化看陕西》
74	2018/10/28	《城乡融合看四川》
75	2019/03/22	《你接受城市户籍邀请函吗？》
76	2019/05/13	《大城市喊你去落户，去还是不去？》

经统计分析，党的十八大后《聚焦三农》样本中的新型城镇化报道具有以下特征。

5.6.1.1 报道地域：总体平衡、东部较多

根据国家对东中西部省市区的划分标准，在报道地域上，《聚焦三农》样本呈现东部省市（区）数量较多、中西部省区数量基本持平、报道地域总体平衡的特点。具体数据如下：东部省区有 25 篇，中部省区有 18 篇，西部省区有 17 篇，其他（指涉及全国或跨区域省市区）有 16 篇。

从具体省市（区）来看，《聚焦三农》样本中，单独涉及某个省市区的样本情况是：山东 8 篇，四川 6 篇，广西 5 篇，河北、山西各 4 篇，北京、河南、江苏各 3 篇；浙江、福建、湖南、湖北、黑龙江、陕西、甘肃、贵州各 2 篇；海南 1 篇；江西、重庆、新疆、内蒙古等地无相关报道。

5.6.1.2 报道主题：民生类与经济类居多

从报道主题看，《聚焦三农》重视社会民生和经济类报道。统计数据

显示,《聚焦三农》样本中，社会民生类报道有 38 篇，居第一位，如《扶贫周记　大山深处有人家》；居第二位的是经济类报道，有 24 篇，如《秋后大算账：种粮究竟划不划算》等；时政类有 6 篇，如《解读 2013 年中央一号文件》等；文教类、生态类报道各有 4 篇，如《高校增招可否落在农家子弟身上》《河道“肠梗阻”如何不再堵》等。

5.6.1.3　体裁与态度：以深度和中性报道为主

体裁方面,《聚焦三农》以专题报道（深度报道）为主，兼有消息。统计显示，96.3% 的研究样本采取了专题报道（深度报道）体裁，3.7% 的样本采取了短消息的体裁。

总体态度方面,《聚焦三农》的中性报道最多，正面表扬的报道居第二位，负面批评的报道居第三位。数据显示，中性报道占 59.3%，如《裘皮价格跳水　养殖户该如何应对》《鸡蛋价格再追踪》等；正面报道占 22.2%，如《饭碗里的供给侧：变化的食谱》《三农人物照亮百年讲堂（下）》等；负面批评报道占 18.5%，如《忧心的长毛兔》《河道“肠梗阻”如何不再堵》等。

5.6.2 《聚焦三农》呈现的新型城镇化图景

党的十八大后，根据“五位一体”和“新四化”的发展战略布局，新型城镇化与“三农”现代化、乡村振兴等重大发展战略紧密结合在一起。基于此,《聚焦三农》在党的十八大之后着力呈现我国“三农”事业在现代化进程中治理与调适的媒介图景，并在时政、经济、社会、文化和环保等不同领域之中各具特色。

5.6.2.1　惠农、治理与振兴：《聚焦三农》时政类报道呈现的媒介图景

《聚集三农》中的时政类报道，主要指涉及时事政治、法律法规、制度规划等方面的报道。《聚焦三农》通过具体的时政报道着力呈现我国重视发展“三农”、维护农民切身利益、治理和改变乡村落后面貌、将新型城镇化与“三农”现代化有机结合、实现乡村全面振兴的媒介图景。

首先，通过对党和国家相关支农惠农政策、制度和规划的报道，向农民和其他受众及时传递并解读相关信息，是《聚焦三农》时政类报道呈现

媒介图景的基本途径。

《解读2013年中央一号文件》运用正面报道的视角和因果分析的叙事框架，通过画面、同期声和解说词的综合运用，重点呈现了2013年中央一号文件关注“三农”，强调改革农业生产关系、保障农产品供给、农民增收和农业生产添活力的媒介图景。

《新型城镇化实施“一融双新工程”》《我国新增59个新型城镇化试点》和《乡村振兴，规划先行》，主要呈现了国家和地方政府为推进新型城镇化和乡村振兴而出台的政策规划和取得的积极成效。《乡村振兴，规划先行》，通过讲述江苏睢宁县张宋村村民一大早到村委会排队选房、积极配合搬迁的故事，展现了科学规划、合理安排、真正使农民得实惠才能赢得农民信任与支持、推动乡村发展与振兴的媒介图景。

《进城落户农民工纳入城镇基本医保体系》介绍了国家为推进新型城镇化、维护进城务工农民的切身利益而出台的将进城落户进城务工农民纳入城镇基本医保体系的医疗制度。

《你接受城市户籍邀请函吗？》《大城市喊你去落户，去还是不去？》两篇报道既真实展示了国家放宽大学生和进城务工农民在城市落户和就业政策的积极效应，也真实展示了农村籍大学生和进城务工农民进城落户、就业发展所面临的现实困难与诉求。

《你接受城市户籍邀请函吗？》通过讲述某高校毕业生王文杰与同学毕业求职的故事，凸显了国家出台的相关政策有利于二三线城市吸引优秀人才到当地就业、推动当地经济社会发展的积极效应。《大城市喊你去落户，去还是不去？》则重点反映了国家在放宽农民进城落户的政策之后，农民对户口迁到城市后的种种顾虑和现实期待，如农村已有的医保社保待遇如何接转，以及土地和宅基地收益、进城之后的就业等问题与诉求。《三农记忆·三农事》重点阐述了农民市民化的条件与要求。

其次，乡村治理与振兴是《聚焦三农》时政类报道呈现了重要媒介图景。2017年11月27日至2018年1月5日，该栏目先后播出了7篇“治村记”系列报道，其中有3篇属于时政类报道，分别是《治村记：伤啥也不能伤感情》《治村记：“空心村”变形》《治村记：“我”为村里做点事儿》。

《治村记：伤啥也不能伤感情》，以农村工作方式方法为重点，围绕农村因经济纠纷而引发的矛盾与调解展开，展示了政府推出政策性农民

保险、为发展农业兜底及做基层工作既要讲政策又要讲感情的媒介图景。《治村记："空心村"变形》展示了乡村治理中基层干部群众拆除农村"空心房"、使乡村变得更美丽的媒介图景，以及农村干部群众在此过程中的诉求与努力。《治村记："我"为村里做点事儿》通过讲述《人民日报》退休返乡记者傅振国回到家乡帮家乡做村庄规划的故事，反映了农村规划和产业发展中遇到的难题与破解之道。

《聚焦三农》于 2018 年 10 月 22—28 日推出了"乡村振兴一年间"系列报道，其中有 2 篇属于时政类报道。除上文提到的《乡村振兴，规划先行》之外，还有《给钱给物不如给个好支部》，《给钱给物不如给个好支部》，运用因果和对比式叙事框架，通过讲述陕西省洋县周家坎村民因种橘子效益不好而大量砍掉橘子树的故事，反映了基层党支部在乡村振兴、农村经济社会发展中的战斗堡垒作用。

《聚焦三农》还有部分批评监督报道。《操纵选举之后》讲述了山西省某两村原村委会主任因贿选、横行乡里、强揽工程而被严肃查处的故事。通过该报道，《聚焦三农》呈现了我国在乡村治理过程中重视惩治乡村基层腐败、维护农民合法权益的媒介图景。同时，还呈现出我国农民在维护自身权益方面更加自信、自觉和注重传播技巧的媒介图景。例如，在揭露某村干部的腐败及其给村民权益造成的损害时，该报道引用了村民张某的同期声，"村民的听证权、参与权、权以及对征收土地评估的风险权，村民根本不知情"。此外，该报道还呈现了村民在村中张贴的揭露村主任的告示，公开指控该村主任的腐败不法行径。

5.6.2.2 生产、收益与转接：《聚焦三农》经济类报道呈现的媒介图景

《聚焦三农》中的经济类报道，具有数量多、涉及面广等特点，并着力呈现了结构调整、自然灾害和价格波动等外部因素对农业生产和农民收益产生的影响，以及农民就业创业和城乡转接等媒介图景。

首先，农业生产、产业结构调整及其对农民收益的影响，是《聚焦三农》经济类报道的重点。此类报道绝大多数与农民收益紧密联系，运用因果和对比等叙事框架，共同构建出发展现代农业、进行产业结构调整有助于实现农业现代化和农民增产增收的媒介图景。

《养牛场该咋转型》，以山东、黑龙江部分奶牛场的生产发展转型为

例，运用因果和对比的叙事框架，呈现了传统养牛效益下滑，肉牛发病率高、牛犊成活率低，建高标准牛舍、发展现代养殖有发展空间，但需政策和银行贷款扶持的媒介图景。《调整后是赚还是赔》，通过讲述贵州、吉林、山东等地引导农民将农作物由玉米改种大豆、马铃薯，帮助农民实现增产增收的故事，呈现农业种植结构调整有助于农业增产、农民增收，但技术、管理和成本要求较高且当地农民仍有顾虑的媒介图景。

《产业扶贫在行动　小苹果如何甜了洛川人的心》《饭碗里的供给侧　博弈的平台》《饭碗里的供给侧：变化的食谱》《大春耕　小串门：老果园里的新春耕》《大闸蟹上市“冰火两重天”》《治村记：小村里的“大账本”》《农业生产托管　秋收有福利》和《现代农业看东北》分别从农业产业结构、生产管理理念、品种品质、生产技术等维度阐释了农业现代化对农民增收产生的积极影响。例如《产业扶贫在行动　小苹果如何甜了洛川人的心》运用因果和对比叙事，通过讲述陕西省洛川县在产业扶贫进程中引导当地农村贫困户对苹果树实施间伐、提升苹果品质和商品率，进而帮助贫困户增收脱贫的故事，展示了农业产业结构、生产管理理念和收入计算方法上的更新及提升农产品的品质和商品化率而非单一的产量对农民增收脱贫至关重要的媒介图景。

其次，自然灾害和价格波动等外部因素对农业生产和农民收益产生的影响，也是《聚焦三农》经济类报道的重点，如《直击渤海海冰》《秋后大算账：种粮究竟划不划算》《裘皮价格跳水　养殖户该如何应对》《棉花种植户的两难选择》《关注卖粮难，玉米降价引发的反应》《村民积压的小麦该怎么办》《鸡蛋价格再追踪》和《忧心的长毛兔》等。

《秋后大算账：种粮究竟划不划算》是《聚焦三农》推出的“秋后大算账”系列报道的开篇之作。该报道通过记者在河南种粮大县——滑县的采访，呈现了农资价格上涨过快、农民种粮收益下降、种粮大户规模化种植效益高于种粮散户，以及规模化、集约化生产和打造生态农业产业链仍有利润，但农业贷款是制约瓶颈的媒介景象。《忧心的长毛兔》报道了多种原因导致长毛毛兔毛滞销，以及由此给养殖户和整个产业带来的严重后果。该节目通过养殖户的同期声，展现了兔毛行情差给该行业产生的影响和严重后果，并通过采访专家揭示了其具体原因——从表面上看，是网上流传的一个活兔拔毛视频给该产业带来了灾难性的后果，但更深层次的原因是我国兔毛生产加工产业整体竞争力不够强，在国际市场上缺少定价话语权。

再次，城市化进程中农民在城乡之间的转接和产业发展，也是《聚焦三农》经济类报道关注的内容。此类报道总体呈现了我国城镇化进程中农民在城乡之间双向流动的媒介图景。具体包括以下两种图景：一是农民进城和市民化的现实图景，如《打拼“北上广”还是回家乡（下）》《政府工作报告解读》《就业，这么近，建那么远》《进城打工　房在哪里》等。二是进城务工农民从城市返回农村从事农业生产的图景，如《浪花里的青春》《扶贫周记工　大山深入有人家》《治村记：一个返乡农民工的家乡振兴计划》《城乡融合看四川》等。

《打拼“北上广”还是回家乡（下）》重点展现了农民市民化进程中进城务工农民的感知心态——习惯了大城市的高工资，回小城市工资太低、不够用；大城市更公平公开公正，小城市的人情味更重；部分返乡进城务工农民后悔离开城市回到家乡；在城市生存难度大，找稳定工作要有关系，谈恋爱成本等。所以，他们的心情很矛盾——离开了城市，又对城市心存依恋。

《“奶茶妹”的城市梦》和《“三农梦，我的梦”：“奶茶妹”的筑梦之旅》讲述了进城务工人员陈玲夫妇通过坚持和努力开奶茶店获得成功并融入城市的故事，呈现了只要政府科学决策、百姓努力奋斗，城市化并非遥不可及的媒介图景。

最后，农业生产管理中存在的问题与不足，也是《聚焦三农》经济类报道关注的内容。《“中东玉 1 号”的真假迷雾》呈现了黑龙江某县假种子坑害农民、基层市场监管不到位、农民希望相关部门给个说法的媒介图景。《天上掉下来的贷款》呈现了农村金融服务不规范、易被人钻空子谋利，需提升农村金融服务能力、强化内部风险管控、完善信贷管理制度的媒介图景。《治村记：守着金矿是非多》讲述了贵州某金矿场内农民住房搬迁补偿之事，呈现了基层干部特别是村干部工作难做、村干部不好当的媒介图景。

5.6.2.3　改善与差距并存：《聚焦三农》社会民生类报道呈现的媒介图景

《聚焦三农》样本中的社会民生类报道数量共有 11 例。通过分析发现，《聚焦三农》中社会民生类报道涉及农村人居环境、贫困群体生活、产品质量等方面的内容，呈现出农民生活日益改善但城乡之间和不同群体之间差距依然存在的图景。

首先，农村人居环境改善进程中的经验与不足，是《聚焦三农》样本社会民生类报道关注的重点，涉及道路交通、饮水、新农村建设和移民安置搬迁等方面的内容。

《缺水村盼来幸福水》主要呈现了2008年中央“一号文件”关注农村基础设施建设后，偏远地区因公路交通和用水状况得到改善而实现农业增产、农民增收和生产生活更加便利的媒介图景。《“微田园”——别样的农家生活》从正面角度展示了新农村建设中通过科学设计规划、打造微田园，达到既方便农民生产生活又改善农村人居环境的媒介图景。《尴尬的扶贫新村》披露了广东省部分地方扶贫新村住房设计中的不足。

其次，农民的日常工作生活状况，特别是贫困群体的日常生活，是《聚焦三农》社会民生类报道关注的内容。

《快递员：烈日下的暴走一族》重点呈现了进城做快递员的农民日常工作的辛苦。《吉林松原：地震后的村民安置》呈现了吉林某地地震后，当地政府及时赈灾帮助受灾群众过冬的媒介图景。《寒冬手记—问暖大凉山失依儿童》和《旧衣送温暖，脱不下的棉衣》分别呈现了四川、陕西等西部欠发达地区农村贫困孩子得到社会关爱的图景。

最后，流向农村的劣质产品，也是《聚焦三农》社会民生类报道关注的内容。《“爱心煤”缘何变为“闹心煤”》披露了山西省某地供给困难农户的冬季取暖用煤存在质量差、杂质多、含硫量高等问题。《流向农村的劣质品　过期食品变脸记（上）》曝光了北京市部分地区存在劣质和过期食品流向农村、食品监管乏力的问题。

5.6.2.4 人才培养与价值传承：《聚焦三农》文教类报道呈现的媒介图景

《聚焦三农》样本中的文教类报道，涉及农村孩子的教育成长，农村不同年龄和社会群体在婚恋、家庭和殡葬等价值观方面的变迁，乡村文化和村规民约等方面的内容。

首先，《聚焦三农》样本重点呈现了农村留守孩子的教育成长需要全社会共同关注的媒介图景。

《小候鸟的夏天：暑期的日子（一）》通过讲述农村留守儿童暑期到城市里与父母共同生活的故事，呈现了农村留守儿童渴望与父母到城市定居的媒介图景。《他为何烧掉课本离家出走》呈现出农村留守儿童因缺少关

爱而厌学离家出走、孩子父母为还清购房债务不得不离开家人外出打工的媒介图景。《偷鸭少年遭体罚事件调查》讲述了家庭变故使一个农村优秀少年因结识了不良社会青年而变成小偷遭村民体罚的故事，进而展示了家庭温暖、家庭环境和教育与孩子成长紧密相关的媒介图景。

《高校增招可否落在农家子弟身上》和《高考倒计时》则与高考、家长对孩子寄予厚望相关。

其次，农村不同年龄和社会群体在婚恋、家庭和殡葬等价值观方面的变迁，也是《聚焦三农》研究样本呈现的媒介图景。

《记者回乡：我的婚姻谁做主》揭示了农村大龄外出务工人员与父母在婚恋观、家庭观和幸福观等方面的差异，呈现了当前农村不同年龄和职业群体在价值观方面发生的变化。《清明节前话殡葬》呈现了商贩利用清明节制售冥币非法获利、农村土葬费用高，以及呼吁移风易俗、勤俭办丧事，避免污染环境和浪费资源的媒介图景。

最后，建立村规民约促进乡村社会关系好转、挖掘乡村文化推动当地经济发展，也是《聚焦三农》研究样本呈现的媒介图景。

《治村记：村里要咋立规矩——好媳妇写进村规民约》着力呈现了建立村规民约促进乡村社会关系好转的图景。《乡村文化看陕西》则呈现了陕西通过挖掘乡村文化推动当地经济发展的图景。

5.6.2.5　希望与压力同在：《聚焦三农》环保类报道呈现的媒介图景

《聚焦三农》样本中的生态环保类报道不多，共有8篇。这些报道合力呈现了我国部分农村生产生活方式有待改进、生态环保治理力度有待加强、环境整治和改善充满希望的媒介图景。

首先，《聚焦三农》环境类报道着力呈现了国内部分农村的生产生活方式有待改进，否则易对生态环境造成负面影响的媒介图景。

《海南烘烤槟榔现状调查》披露了海南某地农民土法加工槟榔对当地生态环境和交通出行造成的负面影响。《候鸟之殇》披露了广东部分地方利用候鸟迁徙非法捕杀和交易之事，建议相关部门应切实承担起监管责任，改变当地捕鸟吃鸟陋习。

其次，现有环境整治力度有待强化、政策有待完善，也是《聚焦三农》环境类报道呈现出的媒介图景。

针对农民在秋冬季节经常出现的焚烧秸秆习惯性行为,《小麦秸秆该去哪》呈现了小麦秸秆处理难、需要政府出台相关配套政策予以支持的媒介图景。

《福建古雷爆炸事故后的搬迁》报道了福建某地P× 工厂爆炸影响村民正常生产生活，导致附近几万群众离开家园的媒介图景。《河道“肠梗阻”如何不再堵》呈现了河南、湖南、浙江部分地方因在河道非法采砂造成河道受阻且治理效果不一的媒介图景。

最后，农村环境整治效果与经验、农村环境整治充满希望，也是《聚焦三农》环境类报道呈现出的媒介图景。

《浙江：绿水青山就是金山银山》呈现了浙江农村发展现代生态农业，走环保与产业有机协调、科学发展道路的媒介图景。《生态宜居看浙江》和《环境整治看山东》分别呈现了农村将生态整治与促进农业生产、改善农民生活有机结合，积极推进农村厕所改造的媒介图景。

5.6.3 《聚焦三农》呈现的农民话语

《聚焦三农》研究样本呈现出来的农民话语，主要涉及政治、经济、社会、文教和环境五个维度，并集中在经济方面。

5.6.3.1 《聚焦三农》中农民的政治话语

《聚焦三农》呈现的农民政治话语，主要表现在对改革完善政府治理和落实法律赋予农民的合法权益方面，其通过解说词以正面报道的形式间接呈现，也有一部分是以农民同期声的方式直接呈现。

首先来看《聚焦三农》呈现的农民在完善政府治理方面的诉求。

在《聚焦三农》样本中，农民对于完善政府治理的话语，主要体现在完善相关制度设计，帮助农民解决农业生产中的实际困难，惩治农村基层腐败，消除农民进城的现实顾虑等。

围绕当年中央一号文件强调发展现代农业、增强农村发展活力的主题,《解读2013年中央一号文件》运用了黑龙江省孙吴县大桦林子村村民、种粮大户吴德显的同期声“要想农业有发展，首先要有机械力量，没有机械力量，农业就发展不起来”，以及解说词“六年来，老吴靠着国家政策的扶持，共购进60台农机设备，国家补贴700万元，他又贷款自筹700万元。这次一号文件提出了农机可以以旧换新，对于老吴这样的农机

大户来说，无疑又是一件天大的好事……这一部分内容除了加大农业补贴力度，改善农村金融服务，还有一个新的亮点，那就是鼓励社会资本投向新农村建设”。

同期声较直接表达了种粮大户吴德显希望借助现代化的农业机械发展农业生产、提升农业产能的话语；解说词通过正面报道国家农机补贴政策产生的积极，间接表达了农民希望国家加大农机补贴、以旧换新、完善相关政策设计方面的话语。

户籍制度改革，是《聚焦三农》样本中关注度较高的内容，也是《聚焦三农》样本反映农民政治制度设计方面话语较集中、较充分的内容。

《三农记忆・三农事：历史性开始——户籍制度改革意见颁布》在讲到当年国家出台户籍改革意见、双轨制户籍制度将实现并轨时，该节目引用了一位进城务工农民的同期声“我们希望国家有这样的政策，能够平等就好了”，表达了农民对户籍制度改革的期盼。该节目还引用了另外两位进城务工人员的同期声，表达了进城务工农民对降低落户大城市的门槛、农村缴纳的养老保险与城市务工时期所交的养老保险实现顺利交接、城里失业时能得到失业帮助等方面的诉求。这些诉求都与户籍制度改革有关。

进城农民对国家推出的户籍改革态度如何、有何话语，《聚焦三农》通过有关报道较客观、真实地呈现了农民的真实想法和话语，如《你接受城市户籍邀请函吗？》《大城市喊你去落户，去还是不去？》等。特别是《大城市喊你去落户，去还是不去？》通过引用多位进城务工农民的同期声，较充分地表明了不同进城务工农民在户籍制度改革方面不尽相同的话语，反映了农民充满纠结和矛盾的心态。

《进城落户农民纳入城镇基本医保体系》表述了进城农民在医疗制度改革方面的诉求；《治村记：伤啥不能伤感情》表述了农民希望从农业保险制度的设计和实施中得到更多保障的诉求，村干部则表达了农村工作不好做、希望国家推广普及农业保险制度的诉求。

其次来看《聚焦三农》所呈现的农民在维护自身合法权益方面的诉求。

《聚焦三农》所呈现的农民在维权方面的话语，主要体现在知情权、参与权、表达权、收益权、监督权，以及保障和延续进城农民在农村的已有福利、待遇和权益等方面。

《江苏昆山 8-2 爆炸事故追踪：不停息的生命接力》在讲述有关部门

积极对在江苏昆山某公司爆炸事件中受伤的进城务工农民进行救治后，在节目末尾以“三农观点”的形式，批评了部分企业在落实安全生产制度上的缺失，表达了要加强对进城务工农民安全知识培训、让进城务工农民真正参与安全生产管理，并在安全监控机制中拥有的话语权。

《治村记：“空心村”变形》呈现了村民要求在拆除自己的“空心房”后另建房作为补偿的话语。该节目用人物同期声和解说词相结合的形式，表达了村民“房子拆除后，地基权不再属于自己怎么办”的忧虑。这些都较真实且清晰地表明了农民维护自身合法权益的话语。

《操纵选举之后》是一则涉及农村基层腐败的舆论监督式报道，披露了山西省高平市陈区镇百兆庄村和河津市赵家庄乡东庄村村干部因贿选和横行乡里被村民举报之事。该期节目通过引用村民的同期声体现了村民在维护知情权、听证权、参与权等合法权益方面的诉求，如东庄村张建民的同期声“村民的听证权、参与权、话语权以对征收土地评估风险权，村民概不知情”，等等。

《大城市喊你去落户，去还是不去？》则呈现了进城务工农民在保留其已有福利待遇和权益方面的话语。

5.6.3.2 《聚焦三农》中农民的经济话语

增加收入、防范风险、城乡融合，是《聚焦三农》经济类报道中呈现的农民经济方面的话语。

首先，发展生产、增产增收是《聚焦三农》呈现的最主要的经济话语。

《调整后是赚还是赔》围绕农业供给侧改革及种植结构调整后农民收益变化，通过引用贵州、山东等地部分农民的人物同期声和解说词呈现了以下图景——马铃薯收入高、前景可观因而贵州农民打算第二年继续种，种大豆比种玉米成本更低、收益更高因而山东农民打算收完小麦后种大豆。其间接表明了农民在发展农业生产、控制成本、增产增收方面的话语。

类似报道还有《产业扶贫在行动　小苹果如何甜了洛川人的心》《大春耕　小串门：老果园里的新春耕》《扶贫周记　大山深处有人家》等。

其次，防范风险、减少自然灾害给农业生产带来的损失，也是《聚焦三农》经济类报道呈现的农民话语。

由于农业生产受气候变化等自然条件和市场行情等因素的制约较大，农业抗风险能力总体不高，我国农民在希望政府加大监管力度、帮助农民提高防范和抵御风险能力，减少外部因素给农业生产造成的损失等方面的话语一直都很强烈。

《直击渤海海冰》表达了养殖户们希望减少因灾造成的经济损失这一话语。《裘皮价格跳水　养殖户该如何应对》通过呈现养殖户因裘皮价格下跌而亏本、赔钱严重之事实，表达了养殖户希望得到政府帮助，以减少自己在经济方面损失的话语。类似的案例还有《棉花种植户的两难选择》《天上掉下来的贷款》《关注卖粮难，玉米降价引发的反应》《村民积压的小麦该怎么办》《鸡蛋价格再追踪》《忧心的长毛兔》等。

最后，城乡融合、融入城市，是进城务工农民的主要经济话语。

《打拼“北上广”还是回家乡（下）》表达了进城务工农民的矛盾心情——在城市生存压力大，想离开又心存留恋；习惯了大城市公平公开公正的环境，后悔离开城市回到家乡。这种矛盾纠结的心态，实际上体现了农民希望政府加快城乡融合步伐、帮助自己尽快融入城市。

类似的报道还有《就业，这么近，那么远》《进城打工　房在哪里》《城乡融合看四川》等。《城乡融合看四川》呈现了城乡融合使农村发生很大变化的图景，同时该期节目引用的返乡创业人员的同期声间接反映了青年农民的想法和话语——大多农村青年人更愿意留在城市，不愿回到乡村创业。

5.6.3.3 《聚焦三农》中农民的社会话语

改善人居环境、加强监管、过上美好生活，是《聚焦三农》社会民生类报道呈现的农民在社会民生方面的主要话语。

首先，农民在改善人居环境方面的话语主要体现在改善农村公路交通、用水、住房等方面。

《缺水村盼来幸福水》以正面报道形式展示了2008年中央一号文件实施以来农村基础设施建设方面取得的巨大成就——我国偏远地区农村公路交通和用水状况得到很大改善，农业增产、农民增收、生活更便利。该期节目通过引用四川省广元市朝天区、甘肃省广河县、陕西省浦城县和海南省澄迈县等地农民的同期声，间接表达了农民在修路和饮水方面的话语。例如，在表达农民修路、改变交通出行难的话语时，该期节目引用了

四川省广元市朝天区平溪乡蔬菜专业合作社社长的同期声“一天能收好几车菜，以前想都不敢想”。和村民的同期声“我们这些地方路稍微差一点，车子就没法去了。原来不方便，没好多车来”。

该节目通过引用农民、记者与农民对话的同期声，运用前后对比的叙事方式，体现了农民对改善农村饮水方面的话语诉求。如：

（村民）两天三天洗一回脸，那洗澡就更没水了。还洗澡？都不知道洗澡怎么洗。看哪天下点雨水，接点雨水，倒到盆里。……（收集起来的雨水）哪样的味都有，有草有虫的，肯定味不好。

（记者）需要每家每户自己来挖那个沟，你参加了吗？

（村民）参加了，高兴得很，特别高兴，一说来安自来水，我激动得眼泪都掉下来了。

（村民）用到啥时候，通到啥时候，一扭哗哗的，方便得很。……这水好用得很，这水流量也好得很，水量也好，味道也好得很，这个水挺甜。

此外，该节目通过解说词“一些吃上水的农民也表示了自己的一些担忧”和村民的同期声“担心害怕以后水管出了故障，没有人修理”“吃不上水要到河里找，害怕水管坏了”，提出要求加强后期供水管理的诉求。

除了交通、饮水外，《聚焦三农》还着力呈现了农民在日常居住、灾后安置和改善人居环境方面的话语。

《“微田园”——别样的农家生活》体现了农民希望在房前屋后可以种菜，达到方便生活和美化环境的话语。《尴尬的扶贫新村》通过披露扶贫新村住房设计中的不足和贫困户不愿入住之事，表达了农民在人居环境上重实用性、希望建筑设计考虑农民生产和生活习惯的话语。类似的报道还有《一波三折搬迁路》等。

其次，农民对政府加强监管方面的话语。《“爱心煤”缘何变为“闹心煤”》和《流向农村的劣质品　过期食品变脸记（上）》，是涉及产品质量监管和农村社会民生的两篇新闻报道。前者反映了山西部分地区供给困难农户的冬季取暖用煤存在质量差、杂质多、含硫量高的问题，表达了农民希望政府加大对扶贫物品监管力度的话语。后者反映了北京部分商场的食品监管乏力，致使劣质过期食品流向农村的问题，表达了农民希望政府加大食品安全监管力度、维护百姓健康的话语。

最后，农民希望过上美好生活方面的话语。《快递员：烈日下的暴走

一族》呈现了进城做快递员的农民辛苦赚钱的图景，表达了进城务工农民希望快递公司完善并落实高温补贴的话语，另外还表现了进城务工农民追求美好生活的话语——“赚到钱后，回老家盖新楼、娶媳妇，或学门技术，能留在北京就留下”。

《寒冬手记——问暖大凉山失依儿童》一方面呈现了大凉山失依儿童的生活困境和社会各界对他们的帮助，同时也呈现了他们对理想和美好生活的向往。例如，四川昭觉县工农兵小学学生阿都澳门说，自己“长大了想当医生，当医生能把奶奶的眼睛治好，想帮助那些没有钱的人”；四川昭觉县竹核小学学生马海阿妹说：“我要好好读书，以后才能让他们过上好日子，我也能见到他们。”

5.6.3.4 《聚焦三农》中农民的文化话语

移风易俗、婚恋生育、家庭教育、高考升学和村规民约等，是《聚焦三农》呈现的农民在文化方面的话语。

首先，移风易俗方面。《清明节前话殡葬》通过批评河北省部分农村殡葬花费高现象，呈现了农民在移风易俗方面的话语，如提倡勤俭节约办丧事，避免土葬污染环境和浪费资源等。

其次，婚恋生育方面。《记者回乡：我的婚姻谁做主》，折射出中老年农民和大龄未婚青年农民在婚恋生育价值观方面的不同话语——父母担心大龄未婚孩子老了没人照料；大龄未婚外出务工人员担心自己婚后不幸福。

再次，家庭教育方面。《偷鸭少年遭体罚事件调查》和《他为何烧掉课本离家出走》两则报道，反映了正常的家庭教育和家庭温暖对农村孩子健康成长的重要性。

《偷鸭少年遭体罚事件调查》重点讲述了家庭变故让一个优秀少年因结识不良社会青年被逼做小偷的真实故事，用同期声的方式展现了涉事少年渴望家庭温暖、想回学校读书的话语。

《他为何烧掉课本离家出走》讲述了某农村留守儿童因长期缺乏父母关爱而沉迷于游戏、厌学直至烧掉课本离家出走的故事。农村孩子表达了希望得到父母陪伴的话语，父母则表达了在家照顾孩子与赚钱养家难以兼顾的无奈。

最后，高考升学方面。《高校增招可否落在农家子弟身上》和《高考

倒计时》均涉及农村学生的高考。《高校增招可否落在农家子弟身上》，通过同期声“如果没有专项计划，贫困地区农村学生无法进清华等重点高校”表达了希望国家通过专项计划增加贫困地区农村学生进入重点高校就读的话语；《高考倒计时》通过呈现农村学生左少洁与妈妈和记者的对话，表达了农村孩子希望通过高考改变命运的诉求。

5.6.3.5 《聚焦三农》中农民的生态话语

研究样本中共有 8 篇报道涉及生态环保。其体现了农民话语具有与经济收入相交织，甚至为了经济收入而不惜牺牲生态的特征。

《聚焦三农》中农民在生态话语方面，首先表现在明知生态环保重要，但为了增加经济收入而将生态环保理念悬置起来的特征。

《海南烧烤槟榔现状调查》呈现了海南省万宁市老达村等地用土法加工槟榔破坏当地生态环境的图景。该节目通过以下三种方式，展现了当地农民为了经济收入不惜牺牲身体和环境。①当地农民的同期声。老达村农民杨辉说：“怎样把槟榔烤干、烤漂亮，卖的钱高一点就可以了。那个什么二硫，二氧化碳我们就不懂了。”“我们搞这个黑果，就好像卖寿命，以后是卖寿，现在是卖钱。”②解说词。“这位村民告诉我们，他的加工厂主要烘烤槟榔黑果，在红岭村像他这样规模的槟榔加工厂就有 8 家。”③记者与村民的对话。例如，（记者）“有感觉吗？”（村民）“有感觉，我们眼睛都弄得挺疼的，受不了，没办法。”（记者）“不为自己健康担心吗？”（村民）“为了生活。”

《福建古雷爆炸事故后的搬迁》，呈现了福建某地因 PX 工厂爆炸，当地政府组织村民搬迁但村民不愿搬迁的媒介图景。通过引用部分村民的同期声，该节目表达了村民在环境污染事件中的担心和话语，如“搬走之后就是喝西北风了，全部都没有了，没有地也没有海”；“到别的地方去，海区海地都是别的村镇的，政府不可能去做工作分一片海地给下垵村，给古雷镇，不可能”。

《浙江：绿水青山就是金山银山》运用村干部的话语表达了村民在经济收入与环境治理方面的矛盾心情。其引用村干部的同期声：“关停矿山，包括有些村民也有不同的意见，包括我们村干部之间，大家也是有不同的意见，觉得这么好收入的一个矿山，怎么就关了呢？”

其次，愿意改变原有传统生产生活方式以减少环境污染，但希望政

府给予经济上的支持或补贴，也是《聚焦三农》生态类报道中呈现的农民话语。

《海南烧烤槟榔现状调查》采用记者与村民对话的同期声形式，表达了村民愿意改造土法烘烤，同时希望得到政府经济补贴的诉求。

（记者）改造白果的烘烤设备，你愿意吗？

（村民）愿意！这个烤得很辛苦，烤白果很轻松，这个赚一百元，那个白的赚 50 元就可以了。

（村民）不知道这个贷款有没有，现在最主要是你要投资 4 万元，厂方才能给你安装。

（记者）你不准备安装吗？

（村民）想是想安装，哪里去搞钱来安装呢？

（村民）把土灶改成烤白果的设备，要是政府补贴下来，我们也是很乐意接受。

最后，普及环保知识，让农民知道环境污染的严重后果及环保与农业生产协调发展的重要性，也是《聚焦三农》生态类报道呈现的农民话语。

《浙江：绿水青山就是金山银山》引用村民的同期声，表明了村民在这方面的话语诉求。

（村民张永耕）生态越来越好，也吸引了外地的客人，他们来了一拨又一拨，老客人带新客人。

（村民魏金荣）茭白这个秸秆的事情，真的是最头痛的。因为一个来说呢，污染环境。第二个，就是老百姓不知道把它烧了后空气污染是很严重的。

（养殖户黄红飞）我按照 0.15 元每斤、300 元一吨的价格收购的话，茭白种植户就感觉这东西能卖钱了，他也不扔掉了，收工的时候把它带回家了。

5.7 《问政江西》中的新型城镇化与农民话语

《问政江西》是目前江西省内影响力最大的网络问政平台，也是江西省政府建设忠诚型、创新型、担当型、服务型、过硬型政府（以下简称

“五型”政府）建设领导小组办公室与江西日报社携手打造的网络问政新平台，并开通了《问政江西》App。

进入中国江西网《问政调查》官方网站，笔者统计后发现，《问政江西》之《问政调查》在2014—2018年共刊出相关报道3581篇。根据本书研究重点和需要，排除无法打开和内容简单重复的网页，获得涉及“三农”的有效样本共计623篇。本节主要通过样本分析，窥探网络媒介中的新型城镇化与农民话语。

5.7.1 《问政江西》与《问政调查》简介[1]

《问政江西》定位于“做政府与网友的桥梁”，起源于江西日报社下属的新闻网站大江网（后改名为“中国江西网”）2011年创办的《江西网事》栏目。

《江西网事》意在通过该平台使网友能发出自己的声音，党和政府也能及时了解百姓诉求、发现问题、解决问题。《江西网事》后更名为《问政江西》，着手进行改版和调试，于2011年8月开始试运行，同年11月正式上线，下设《问政调查》《百姓之声》等子栏目。

《问政江西》采用网络注册登记制，集前期采写、后期编辑和审核发布于一体。从运作流程上看，主要有以下五个基本步骤：网友注册、登录——进入该平台“投诉通道”发帖投诉、表达自己的话语——网站审核、上线发布网友投诉内容——通过打电话、发传真等方式要求涉事单位（部门）及时予以正式回复——经审核后及时公布相关单位（部门）的回复。对于网友发帖的审核，在遵守国家法律法规和宣传纪律的前提下，《问政江西》基本能及时上传发布，对于实名制的发帖更加重视并及时发布。

《问政江西》核发出来的网友发帖，一般是在短期内内通过努力能解决的问题；如涉及一时解决不了的事件或问题，则会被放入《问政江西》下属的子栏目《百姓之声》中。对于《百姓之声》中的发帖，相关部门可以不回复。从表现手段（呈现方式）上看，《问政江西》在初始阶段主要采用文字和图片，现在则综合文字、图片、视（音）频和动漫等多种方式。

[1] 本部分内容由笔者根据2019年9月19日对《问政调查》负责人金其会的访谈和2019年9月27日《问政调查》记者倪晓锋提供的部分材料整理而成。

《问政调查》，是《问政江西》的子栏目之一，其相关报道具有证据充分、点多面广、关系群众切身利益、群众诉求迫切等特点。从生产过程来看，往往是通过记者前期筛选、实地采访、编辑刊发、后期跟进，直至相关部门正式回复为止。

经过几年发展，《问政江西》的规模、层级和社会影响不断扩大。2014 年 5 月，《问政江西》荣获第 16 届江西报刊网络新闻奖（2013 年度）三等奖；2017 年，《问政江西》日均点击量达到“10 万 +”；同年，《问政江西》成为江西日报社下属的独立部门。2018 年下半年，《问政江西》成为江西影响力最大的网络问政平台。

2019 年 1 月 9 日，《问政江西》栏目成为江西省“五型”政府建设领导小组办公室与江西日报社携手打造的网络问政新平台。同年 1 月 27 日，江西省“五型”政府扩大社会参与、加强社会平台建设，首次被写入江西省《政府工作报告》。至此，《问政江西》进入全新发展阶段。此后，《问政江西》对网页进行了优化，栏目定位相对稳定，即做“沟通政府与百姓的桥梁”——既及时体现江西省委省政府的工作重点，又让广大网友合理合规地表达诉求。2019 年 4 月，《问政江西》荣获第 21 届江西新闻奖（2018 年度）二等奖。2019 年上半年，《问政江西》App 下载量接近 30 万人次，共收集到各类社会意见和建议 7460 条，经过梳理后，向相关职能部门转办、交办有效意见建议 3286 条，收到回复 2540 条，回复率为 77.2%。[1]

5.7.2 《问政江西》与《问政调查》的内容特征

首先，来看《问政江西》的内容特征。因《问政江西》栏目组未统计 2014—2016 年的发帖数据，暂无法报告。

运用数据挖掘技术，本书对 2017—2018 年《问政江西》中的网友发帖进行统计分析后发现：2017 年《问政江西》共发帖 88306 条，2018 年共发帖 119557 条。2017 年的帖文之中，涉及基层干部（含村干部）腐败、不作为、乱作为的投诉有 34345 条；涉及教育乱象的投诉有 28278 条；涉及环境污染的投诉有 12986 条；涉及企业违规、欠薪的投诉有 4324 条；

[1] 王剑华．“政府 + 媒体”的全新探索　江西省“五型”政府建设扩大社会参与加强社会监督平台运行半年赢得广泛赞誉［N］．江西日报，2019-08-21（1-2）．

涉及噪声扰民的投诉有 3556 条；涉及物业不作为的投诉有 1123 条；涉及违章建筑、占道经营方面的投诉有 1078 条；咨询求助类有 2616 条；涉及医疗卫生乱象的投诉有 412 条；涉及消费维权的投诉有 406 条；涉及旅游景区的投诉有 401 条；涉及食品药品的投诉有 398 条；涉及扶贫问题有 345 条。2018 年的帖文之中，涉及职能部门、基层干部腐败、不作为、乱作为投诉的投诉有 32569 条；涉及教育乱象的投诉有 31478 条；涉及环境污染的投诉有 18732 条；涉及企业违规、欠薪的投诉有 6546 条；涉及噪声扰民的投诉有 4923 条；涉及物业不作为的投诉，3681 条；涉及违章建筑、占道经营方面的投诉有 3974 条；咨询求助有 1056 条；涉及医疗卫生乱象的投诉有 6127 条；涉及消费维权的投诉有 1943 条；涉及旅游景区的投诉有 1872 条；涉及食品药品的投诉有 5613 条；涉及其他问题有 1043 条。

其次，来看《问政调查》的内容特征。笔者统计发现，《问政调查》2014—2018 年，共刊出相关报道 3581 篇，各年度分布情况如下：2014 年有 1395 条；2015 年有 435 条；2016 年有 214 条；2017 年有 1066 条；2018 年有 530 条。

2014—2018 年，《问政调查》共刊出涉及“三农”的报道 623 篇。根据本书的内容编码规则，排除无法打开网页中的相关条目和重复的内容，各年度《问政调查》涉及“三农”报道数量如下：2014 年共 210 篇，其中时政类 45 篇，经济类 48 篇，社会类 27 篇，文教类 43 篇，环保类 47 篇。2015 年共 80 篇，其中时政类 21 篇，经济类 23 篇，社会类 12 篇，文教类 6 篇，环保类 18 篇。2016 年共 12 篇，其中时政类 4 篇，经济类 4 篇，社会类 3 篇，文教类 1 篇，环保类 0 篇。2017 年共 203 篇，其中时政类 54 篇，经济类 36 篇，社会类 25 篇，文教类 24 篇，环保类 64 篇。2018 年共 118 篇，其中时政类 46 篇，经济类 27 篇，社会类 15 篇，文教类 6 篇，环保类 24 篇。从上述数据可知，2014—2018 年《问政调查》的“三农”报道中，共有时政类报道 170 篇，经济类报道 138 篇，社会类 82 篇，文教类 80 篇，环保类 153 篇。本节主要根据上述 623 篇报道展开相应分析、得出相应结论。

5.7.3 《问政调查》中的新型城镇化与农民话语

《问政调查》是由《问政江西》栏目的记者、编辑，从网友的发帖中

筛选出相关新闻线索后，通过实地调查采写后刊发出来的具有一定深度的新闻报道，重在及时回应网民话语，帮助百姓解决实际问题。

2014—2018年，《问政调查》涉及“三农”的报道有623篇（约占总体样本的17.4%）。据此可知，“三农”在《问政调查》中占有一定比重。从研究样本来看，《问政调查》对农民话语和新型城镇化图景的呈现是有机结合在一起的；对于网友的发帖和举报，《问政调查》主要通过及时向相关职能部门反馈和记者的后期调查、跟进报道，对网友的投诉（农民的话语）予以回应（证实或澄清），并在此过程中实现了对江西新型城镇化媒介图景的呈现。

通过对《问政调查》的个案研究，发现网络媒体等新兴媒体因其定位和互动性强，在反映新型城镇化进程中农民话语和呈现新型城镇化的媒介图景时，具有与传统媒体不同的叙事风格和路径。笔者将《问政调查》呈现的新型城镇化图景和农民话语放在一起，从政治、经济、社会、文化和生态五个维度进行阐述。

5.7.3.1 回应农民政治类话语，呈现强化治理的媒介图景

《问政调查》涉及网友政治诉求的报道数量最多。通过对相关报道的分析发现，这些报道中呈现来的农民话语，主要涉及个别基层组织不作为或履职不力，个别基层干部、职工、农民在日常生产生活中存在违法违纪行为。

《问政调查》通过直接报道农民政治方面的话语、相关部门的回应与整改，间接地向全社会呈现了江西整顿吏治、强化社会治理的媒介图景。这与党的十八大以来，全国范围内开展的整风肃纪、推进社会综合治理能力现代化的大环境相吻合。个别基层组织的不作为或履职不力，以及基层、干部职工的违法违纪主要与干部作风和吏治紧密相关，普通农民在日常生活中存在的违法违纪则属于社会治理范畴。

《问政调查》通过将网友的投诉及时转发给相关部门，要求其及时公开回复，或通过记者对部分典型投诉深入实际进行调查后及时公开报道，并结合实际情况或采取跟踪报道的方式，向全社会呈现国家及时回应群众话语、努力整顿吏治、不断提升社会治理能力和水平的媒介图景。

《问政调查》政治类报道之中的正面报道和中性报道不多，共6篇（分别为《宜春市将从大学生村官中选拔13名副科级干部》《吉安市将从

大学生村官中选拔14名副科级干部》《过去2天江西多地降下暴雨4个水库超汛限》《南昌剑霞：相国故里迎来“恰噶”书记刘伟平》《赣州一拖拉机压司机　村民们板当担架施救》《危房改造该如何申请？南昌县城建局给出详细回复》），其余报道均为具有负面批评色彩的投诉，直接表达了农民的现实话语。其中，共有70篇报道涉及基层干部作风，94篇报道涉及基层社会治理[1]。

《问政调查》政治类报道中呈现的农民话语，主要涉及农民对基层干部作风和其他社会治理方面的投诉。经统计，相关话语指向与报道数量如下。

其一，农民对基层干部的诉求与政府回应。涉及冒领、私办、套取资金（低保、养老金、补贴等）的报道9篇，涉及违规建房、打（伤）人各7篇，涉及贪污6篇，涉及违规设宴敛财、参与（组织）赌博各5篇，涉及办公场所（经费）超标、强征（占）土地、公款吃喝、以权谋私、乱收费乱罚款各3篇，涉及私包（吞）山林、推脱责任、工程质量不达标各2篇，涉及土地流转造假、随意捣毁码头、非法持有枪支、插手工程、办事难、私卖土地、干部素质、应急（供水）、违法办案和执法违规各1篇。

其二，农民对基层社会治理的诉求与政府回应。涉及违规挖采（砍伐、捕捞）的报道23篇，社会治安15篇，违规建房11篇，违规占地8篇，交通管理7篇，审批迟滞5篇，基础设施建设、户籍身份、食品安全、违规经营、环境保护各3篇，学校撤并、敷衍塞责各2篇，土地补偿款分配、劳动力市场、办事手续、工程质量、刑事犯罪、贫困户认定各1篇。

上述诉求，除极少数经相关部门调查核实发现与现实有较大出入、及时予以澄清[2]之外，其余大部分投诉均确有其事或基本属实。二者构建起公众投诉（表达话语）、新闻媒体适当介入、党政部门积极回应，多方合力共同解决问题、强化社会治理的媒介图景。

由上可知，基层社会治理中存在的问题及少数基层干部的腐败，是新

[1] 排除无法打开查阅的链接，仅统计实际可阅读的链接。

[2] 研究样本中，共有3例投诉经当地有关部门核实后予以澄清，分别是《瑞昌五里村村民举报原村支书贪污街道调查澄清》（2014-02-12）、《网曝玉山县一村主任公款吃喝　镇纪委回应：朋友聚餐AA制》（2014-06-17）和《吉安县公安局违法办案？调查结果：办案合乎规范》（2015-05-19）。

型城镇化进程中农民投诉（话语）的热点。《问政调查》以向社会公众公开报道的方式，展现了农民网友权利和监督意识增强、政府社会治理能力提高的媒介图景。

2014 年 1 月 8 日，《问政调查》在中国江西网上刊发了《吉安：遂川一乡干部建别墅摆宴席　邀请村干部赴宴遭举报　吉安市纪委回应称正在进一步核实》[1]一文。

在导语部分，该报道概述了核心事由和有关部门的回应：

1 月 8 日，有网友向中国江西网《问政江西》栏目举报称，吉安市遂川县营盘圩乡政府党委委员、组织员袁群军建私房，并借乔迁之名在浙商大酒店大摆宴席，邀请了多位村干部参加，不少群众对袁群军的行为很不满，且已向吉安市纪委举报了此事。就此事，吉安市纪委回应称，袁群军摆酒宴一事的确存在，但就袁群军是否存在违反有关规定一事，纪委正在进一步调查核实。

在主体部分，该报道如实呈现了网友投诉和当地纪委的回应。关于网友投诉的主要内容，该报道写道：

遂川县营盘圩乡政府党委委员袁群军在珠田乡占地 100 平方米左右建起了一栋 3 层半的别墅。近日，因乔迁新居，在当地的浙商大酒店设宴 19 桌，大概有 100 多人参加，其中还邀请了当地的村干部多名。当地不少群众对袁群军的大摆酒席、建私房的行为很不满，于是向吉安市纪委举报了有关情况。

关于当地纪委的回应，该道写道：

接到该网友反映的问题后，中国江西网记者联系了吉安市纪委，市纪委常委、廉政室主任彭西洪回应记者称，接到群众举报后，吉安市纪委立即组织遂川县纪委相关人员进行了调查，据初步调查了解，袁群军摆酒席一事的确存在，宴席共有 19 桌，100 多号人参加，至于酒宴上是否有其管辖对象相关人员参加，纪委仍在进一步核实中。就有网友举报袁群军存在建私房、兴建别墅一事，彭西洪回应称，目前未发现袁群军存在此行为，具体情况纪委仍在进一步调查核实中。

次日（2014 年 1 月 9 日），《问政调查》以追踪报道的形式刊发了《吉

[1] 谢凌瑾．吉安：遂川一乡干部建别墅摆宴席　邀请村干部赴宴遭举报　吉安市纪委回应称正在进一步核实［EB/OL］.（2014-01-08）［2018-08-20］.http://wz.jxnews.com.cn/system/2014/01/08/012896678.shtml.

安遂川一乡干部建别墅摆宴席遭免职》[1]一文。该报道呈现了记者向涉事人所在地相关部门核实后获得的事件最新进展和相关部门的处理意见，及时回应了网友的关切：

经初步核查，袁群军在遂川县城浙商大酒店举办乔迁宴这一事件基本属实。根据初核情况，2014年1月9日，经中共遂川县委研究，免去袁群军营盘圩乡党委委员、组织员职务。同时，由遂川县纪委对袁群军进行立案调查，待调查结束后，将调查结果向全县通报。

对于失实投诉，《问政调查》会通过刊发当地职能部门或主管单位的调查核实结果及时予以澄清。例如，2014年2月12日刊发的《瑞昌五里村村民举报原村支书贪污　街道调查澄清》[2]，2014年6月17日刊发的《网曝玉山县一村主任公款吃喝　镇纪委回应：朋友聚餐AA制》[3]，等等。

《瑞昌五里村村民举报原村支书贪污　街道调查澄清》一文报道了瑞昌市桂林街道五里村村民反映的该村原村支书金泽贵以权谋私和贪污的情况调查。记者通过深入五里村、桂林街办和县委调查核实后发现，网友的举报投诉与事实不符。此外，该报道还在末尾以一位不愿透露姓名的乡干部的话语，指出了村干部被村民误解的深层次原因和规避之道：

五里村的现象反映出基层管理问题，现在多数村民外出务工，导致许多信息传达不到位。村干部要想避免日后被投诉，村务公开信息就必须及时准确进入每个家庭，让村集体的事情真正做到村民决定。

《网曝玉山县一村主任公款吃喝　镇纪委回应：朋友聚餐AA制》一文针对某网民发布配图网帖爆料称玉山县双明镇桥村村主任违反中央八项规定、利用公款不正当消费之事，引用玉山县双明镇纪委的调查结果进行了澄清，表明了当地党委政府的态度。

2018年1月4日，《问政调查》刊发了《抚州一村民自缢身亡　家属质疑其生前遭殴打　警方介入调查》一文。1月19日，《问政调查》刊发

---

❶ 谢凌瑾.吉安遂川一乡干部建别墅摆宴席遭免职[EB/OL].(2014-01-09)[2018-08-20].http://wz.jxnews.com.cn/system/2014/01/09/012898809.shtml.

❷ 谢凌瑾.瑞昌五里村村民举报原村支书贪污　街道调查澄清[EB/OL].(2014-02-12)[2018-08-20].http://wz.jxnews.com.cn/system/2014/02/12/012939593.shtml.

❸ 付婷.网曝玉山县一村主任公款吃喝　镇纪委回应：朋友聚餐AA制[EB/OL].(2014-06-13)[2018-08-20].http://wz.jxnews.com.cn/system/2014/06/13/013158104.shtml.

后续报道《抚州一村民自缢身亡续：2 人涉嫌故意伤害罪已被刑拘》，起到了解疑释惑、安定民心的作用。

5.7.3.2 回应农民经济类话语，呈现夯实基础的媒介图景

《问政调查》的经济类报道，主要反映并回应了农民网友在经济方面的话语。总体来看，此类报道涉及的农民经济话语具有面广、量多等特点，投诉指向与数量如下：基础设施建设 81 篇，款项发放、收费 33 篇，非法挖采自然资源 11 篇，用（占）地、金融投资各 4 篇，权证发放 2 篇，农产品运输、土（林）地流转、农田租种纠纷、宅基地纠纷、饮用水质和赌博（赌资较大）各 1 篇。通过这些报道，《问政调查》呈现了党和国家以农为本、强本固基的媒介图景。

统计数据表明，基础设施建设、款项发放、非法挖采自然资源、乱收费和用（占）地，是《问政调查》中农民经济话语较集中的内容。

作为我国中部地区经济社会发展欠发达的省份，江西的基础设施建设亟待改善。因此，基础设施建设是网友投诉最多、反映最为强烈的内容，包括路、桥、农田水利、集市等基础性公共设施。

在呈现农民网友在这方面的话语时，《问政调查》既注重较客观、真实地呈现农民网友的话语，也注重及时反馈有关职能部门的回复，包括原因和整改措施等。这些回复和整改措施，既回应了网友和农民的话语，也展现了党和国家重视“三农”、正视尚存不足、以农为本、强本固基的媒介图景。

例如，《上饶县：一条黄土路修了 7 年未完工　回应称资金困难》[1]一文在导语中通过引用网友李先生的直接引语表达村民的话语：“一条路足足修了 7 年，至今为止还是一条黄土路修路本是一件得民心的‘民生工程’，可是却成了‘半拉子’工程，引来百姓连连抱怨。”间接引语“上饶县尊桥乡上潭集团门口至茗龙集团这条乡镇主干道开工后迟迟不见起色，如今成了条‘烂尾路’，给附近居民出行造成不便”“希望政府部门为民着想，早日把路修好”则侧面表达了村民的话语。

接到网友的投诉后，《问政调查》记者联系了当地基层政府负责人，通过引用负责人的话起到了回应诉求、解疑释惑的作用。例如，基层政府

[1] 付婷 . 上饶县：一条黄土路修了 7 年未完工　回应称资金困难 [EB/OL].（2014-10-17）[2018-08-20].http://wz.jxnews.com.cn/system/2014/10/17/013382184.shtml.

负责人的间接引语“上潭集团门口至茗龙集团道路由于投资额较大，仅凭尊桥乡财力难以实施，且该路一直未能申报到项目”解释了道路暂未浇筑的原因和工作进展。

首先，来看农民在加强农村基础设施方面的话语和相关职能部门的回应。

针对涉及农村基础设施方面的话语诉求，相关职能部门基本能积极回应，如《网曝吉安市青原区福田镇一危桥封桥数年无进展区交通运输局回复称已列入改造计划4月已完成设计及批复将于11月4日启动招标》《百亩稻田快渴死了永新象形乡政府：排灌站很快试机使用》《万安五丰镇没有实现“村村通”？老乡别急，9月底通水泥路》《南丰太和下桐大桥被指建设慢　县交通局称将加快进度》《便民水泥路刚通半年就开裂　永丰县鹿冈乡承诺马上修补》《万安枧头镇道路破损3年未修村民很受伤镇政府称本周完成修整》《上饶鄱阳朱家桥乡道路太烂　交通局回应计划12月底前维修完》《万安一路面坑洼　当地政府：已修复平整、工期结束将大修》，等等。

上述内容既体现了广大农民希望当地党政切实改进农村基础设施建设的话语，呈现了当地党政部门重视百姓诉求、及时回应的媒介图景，也呈现了当前农村道路、桥梁、集市等基础设施亟须加强升级改造和质量监管的媒介图景。

其次，来看农民在发放各类补偿款、清欠进城务工农民工资等正当收入和查处乱收费方面的话语。这方面的投诉，直接关系农民经济收入与支出，与农民的经济利益密切相关。统计显示，涉及款项发放和乱收费的报道较多，分别为17篇、9篇。

款项发放，主要涉及土地补偿款、进城务工农民工资、修路补偿款、卖粮款和救灾款等。其中，涉及新型城镇化进程中土地征用补偿款的报道较多，有7篇；涉及清欠进城务工农民工资的报道有3篇；涉及修路补偿款的报道有2篇；涉及卖粮款、救灾款、扶贫款和工伤赔偿的报道，各有1篇。关于乱收费的9篇报道，涉及房产证办理、县乡班车、旅游景区、乡镇自来水安装、办理身份证和婚育证明等方面。

本节仅列举篇目较多的土地征用补偿款的报道，分别是《鄱阳县：谁动了我的危房改造补助款？田畈街镇危房改造办公室回应称，争取在今年2月底之前将补助款发放到每一户手中》《高安市筠阳街办茜头村村小组发

补偿款　小姓只得30%》《村小组千余万元征地款涉嫌账目不清》《鹰潭市纪委责成贵溪市委查清事实》《村小组千余万元征地款涉嫌账目不清，调查近3个月未公布结果》《都昌县左里镇镇政府长期“代管”近200万征地款引质疑》《近300亩水田被租赁还是征用？南昌罗亭镇：征用、已发补偿款》。

《问政调查》在调查核实事实的基础上，既能客观呈现农民的话语，也注意及时呈现相关政府职能部门的回应处置。例如，《高安市筠阳街办茜头村村小组发补偿款小姓只得30%》一文是记者在看到网上帖文《高安市筠阳街道办事处茜头村村民投诉土地补偿款发放没有原则》后，通过实地采访完成的。该报道通过“小姓村民只能领取大姓村民的30%补偿款”“治保主任现场质疑村小组长‘风俗’之说”和“街办驻村干部将入村督促公平发放”三个小标题与相关正文，较客观地呈现了村民的话语和当地政府的回应处置。

最后，来看农民在其他方面的话语。除了前面提到的话语之外，《问政调查》还呈现了农民在打击违规挖采自然资源牟利、占用（破坏）土地和金融投资等方面的话语，以及政府职能部门的回应与处置。

违规挖采自然资源牟利，主要涉及非法挖采矿藏和砂石、盗采林木等，如《丰城市丰水河水域偷采河砂现象猖獗　危及周边大桥》《万安夏造镇稀土资源遭非法开采　镇政府称未发现动工痕迹》《投资商以种植果树为名开采稀土？万安县夏造镇政府表示将严控》；还刊发了《抚州广昌几户村民砍伐生态林　县林业局作罚款处理》《抚州广昌多位村民砍伐生态林（续）：嫌疑人遭严厉处罚》和《南昌一男子非法盗砍林木获徒刑　当场扣押未出售木材7吨》等涉及村民偷采林木的报道。

《投资商以种植果树为名开采稀土？万安县夏造镇政府表示将严控》一文呈现了当地某投资商以种植果树为名，流转了万安县夏造镇流源村坛下组的部分山场，再以经济补偿诱惑村民签约同意其开发稀土，最终被村民举报之事，既体现了村民的话语，也体现了当地政府的态度、做法和后续效果。

5.7.3.3　回应农民社会类话语，呈现力保民生的媒介图景

本书所指的社会话语，主要是指涉及社会民生方面的话语，并与时政、经济、文化和环保等方面紧密相关。为方便研究，笔者将与百姓日常

生活紧密相关但在时政、经济、文化和环保等领域并未深入涉及的内容，归入社会话语。

据此标准，本书发现《问政江西》中的社会类报道，在直接回应农民社会民生类诉求的同时，也间接呈现了党和政府在重视民生、保障民生需求方面所做的努力，其所涉诉求内容与报道数量如下：供水 28 篇，交通出行 11 篇，最低生活保障 7 篇，保险（养老、农保、医保、新农合）6 篇，住房安置 5 篇，违章建筑 4 篇，意外受伤 3 篇，欠薪、讨薪各 2 篇，电网改造、婚姻登记、户口迁移、公厕开放、下岗人员生活保障、留守儿童心理、贫困儿童新衣、村干部补助、孤儿救助、特困救助、工伤赔偿、抚恤金发放、市场管理、暴力伤人各 1 篇，共 82 篇。由此可知，供水、交通出行、最低生活保障、保险、住房安置等是农民反映较集中的问题。

供水，主要涉及农村地区的自来水供应和水质问题。农民在供水方面的话语，主要集中在扩大自来水的供应面、稳定供应、改善水质等方面。

《村民用水得“看天” 上高一山区村庄盼放心水》一文在导语中概述了报道的缘由和农民的话语：

近日，地处偏远山区的上高县蒙山镇浒江村村民向本栏目反映，该村生活用水依赖山泉水，“自来水”系统时常断水、水质浑浊，村民只能到外面挑水。

在主体部分，记者通过引用该村村民、村支书和该县水利局副书记的对相关事实的回应进行了验证和延伸：

这样的饮用水来源不仅易受天气影响，也满足不了饮水安全的要求，当地已投入 600 万元，实施蒙山镇农村安全饮用水工程。工程以蒙山水库为取水水源，近期供水规模为 2000 吨 / 日，最大供水量可达 1 万吨 / 日，完全可以满足附近 15 个村庄、16784 人的用水需求。据介绍，该工程已于今年（2015 年）4 月 5 日动工，计划 2016 年投产。

类似的报道，还有《“民生工程”为何迟迟不开工？宜黄中港镇二村居民用水难》《“白垢井水”没法喝 村民期盼卫生水》《永丰县中村街居民天天喝浑自来水 回应：配套工程建完可改善》《乐安南村乡一村庄用水困难盼解决 乡镇府称年后将改造》《农村村饮水工程问题多 上犹县安和乡成立调查组逐一整改》等。必须指出的是，上述涉及农村饮用水的报道，虽然及时反映了农民在用水方面的话语呈现了当地相关部门的积极回应，但也呈现出我国农村饮水工程建设方面存在的历史欠账较多、基础

较弱、急需夯实的媒介图景。

交通出行条件的改善和便利化，也是《问政调查》中农民反映比较集中的话语，如《五年修不好“和谐大道”网友请赣州政府收拾“烂摊子”》《德兴市张村乡一道路损坏严重1.4万余居民出行苦不堪言》《永新：村民渴望通公交　县交通局称道路改造达标将通车》《客运船停运断了村民“出路”万安交通局称将对码头整改》等。

最低生活保障（简称“低保”），是国家为低保户等特困人员提供的政策性生活保障，在社会民生保障中具有重要意义，也是农民十分关注的社会民生话语点之一。《问政调查》及时反映了网友在这方面的呼声，如《7人低保款被村组42户分，广昌塘坊乡对违规操作的多名干部通报》《低保金涨了　低保户竟被强分一杯羹》《永新象形乡一老人低保被取消　回应：评议会上落选》《高溪乡第四季低保金被指少发　乡政府称不存在克扣现象》等。

村民的投诉和话语，既有与事实相符的部分，也有与事实不尽相符的部分。《问政调查》通过核实后，及时向社会披露或报告，达到了纾解社会情绪、安定社会的积极成效。

5.7.3.4　回应农民文化类话语，呈现规范教育医疗的媒介图景

本书将文教、体育、医疗、卫生、娱乐等统称文化。《问政调查》中涉及农民文化类话语的研究样本共有80篇。其中，与中小学和幼儿教育有关的报道有占绝大多数，仅少量报道涉及医药卫生等其他领域。据此可知，《问政调查》在回应农民文化话语的同时，呈现出社会各界关注并希望国家规范农村教育和医疗的媒介图景。

具体内容与数量如下：学校违规收费20篇，校内食品安全、招生教育各9篇，师德师风、套取经费各4篇，幼儿园无证办学、学校硬件建设、教师吃空饷、拖欠教师工资、灾害影响、卫生防疫各3篇，学校违规用地、虚假宣传各2篇，学校营养餐、文化旅游节、少年宫开放、贫困补助认定、学校撤并、教师编制、需支教老师、教师超生、克扣经费、医疗事故、村医违规用药各1篇，共计80篇。据此可知，学校违规收费（乱收费）、校内食品质量与安全、招生教育、师德师风、无证办学、硬件建设、中小学教师吃空饷、拖欠中小学教师工资等，是《问政调查》呈现的农民在文化教育方面的主要话语；在医药卫生方面，则主要呈现了部分乡

村医院（生）克扣卫生经费、套取国家“新农合”资金、在病害卫生防疫过程中采取过激措施伤害农民利益等现象。

学校违规收费是农民向《问政江西》反映最多、最集中的话语，主要涉及中小学校的乱收费、克扣学生伙食费等方面，如《都昌大树中学乱收费引质疑续：“纪律保证金”已全部退回》《于都县天润实验学校违规收“定位费”》《抚州乐安二中被曝乱收住宿费 困难学生帮扶政策未落实》《禾川中学违规收取军训费 永新县教体局责令退费》《宁都对坊中学“强制”学生举手表决同意补课 校长称家长要求》等。

涉及校内食品质量与安全的报道样本也较多，如《家长反映万安县窑头中学学生在校吃霉米》《南昌县一小学校内小卖部卖“三无”食品经营者是校长夫人》《万安崇文中学食堂早餐有汽油味 县教体局称已责令整改》《南昌县渡头中学食堂证照不齐全 县市监局已责令限期整改》等。

总的来说，这些样本以直接呈现农民的文化类话语期待为主，主要涉及农村中小学、幼儿园日常教育教学和管理中的不规范现象，另有少量报道涉及农村医药卫生系统中存在的失序和失范。在直接回应农民的上述话语时，《问政调查》呈现当地有关职能部门规范教育医疗方面的努力。

5.7.3.5 回应农民环保话语，呈现加强生态建设的媒介图景

《问政调查》环保类报道，呈现了农民在生态环境方面的话语诉求及相关部门的回应，涉及的主题内容和报道数量如下：工业污染 61 篇，养殖（种植）污染 40 篇，垃圾污染 23 篇，采挖污染 11 篇，水质污染 6 篇，滥伐林木 5 篇，损毁道路 2 篇，河道围建、非法捕鸟、破坏湿地、林地造假、非法贩木材各 1 篇。

工业污染，是《问政调查》研究样本中农民投诉最多、反映最集中的话语诉求，主要涉及厂矿企业和小作坊等在日常生产中的违章生产、非法排污，如《余江一小型炼铜作坊污染水源 当地承诺 8 日彻底拆除设备》《金溪县一黑工厂非法排污遭投诉 环保局回应：已责令停产》《婺源一工厂违规排污 县环保局责令整改并立案严查》《南昌县前湖自然村一黑作坊污染环境被勒令整改》《遂川一竹筷厂污染环境 县环保局已责令停厂整顿》《吉安枫田镇改造关停煤矿留“尾巴” 回应称已列入明年计划》等。

农业污染，特别是农业养殖、种植过程中的污染，也是《问政调查》

环保类报道中反映较多的问题，如《高安一养猪场污染水库　村民投诉多年仍在整改》《江西大丰养猪场猪粪直排污染水源　环保部门责令停产》《吉安中村乡猪圈污染熏坏村民　回应：加大力度依法拆除》《吉安青原一灌溉水塘遭猪场严重污染　回应：预计一周清理完毕》《村书记牛蛙养殖场被曝严重污染环境　当地政府责令立即退养》等。

《问政调查》在直接呈现农民的话语和相关部门的回应时，间接呈现了国家重视生态环境建设的媒介图景。下面，笔者以《余江一小型炼铜作坊污染水源　当地承诺8日彻底拆除设备》[1]一文为例作简要说明。

这篇报道在导语段落，以间接引语的方式呈现了村民的投诉帖文和当地乡政府的回应。

日前，有村民向中国江西网《问政江西》栏目发帖反映，鹰潭余江县黄庄乡峨门村附近有家小型的炼铜作坊，每天傍晚生产，烟雾缭绕，风大时甚至能刮到贵溪的地界，现在峨门村唯一的自来水水源，水面都呈现出黑黑的一层。对此，余江县环保局监察大队吴队长回复本网记者称，已经对该作坊下达了停产通知书，这几日没有再进行生产了，1月8日将联合乡政府等部门一起彻底拆除生产设备。

在主体部分，该报道运用直接引语和间接引语的方式，呈现了涉事作坊污染环境的基本事实和网民的反应。结尾部分，该报道呈现了记者调查采访和当地政府职能部门的回应，彰显了国家在治理环境污染、重视生态建设的媒介图景。

[1] 万思.余江一小型炼铜作坊污染水源　当地承诺8日彻底拆除设备[EB/OL].（2014-01-08）[2018-08-01].http://ed.jxnews.com.cn/liujue/2014/w2pd/#page3.

6 规制与形塑：农民与媒介话语互动的理论与进路[1]

我国新型城镇化进程中，农民与媒介话语表达之间存在共性与互动，也存在较大差异。本章基于实证调查和个案研究，从理论和实践两大向度，探讨如何构建起有利于农民话语与媒介话语表达互动的体制和机制，并提出若干对策建议。

6.1 新型城镇化进程中农民与媒介话语之异同

本节重点探讨新型城镇化进程中国内新闻媒体的呈现与农民现实话语之间的同与异，并为本章的后续研究奠定基础。二者吻合度较高的内容主要集中在经济和生态环保类议题上，差异较大的内容主要集中在政治、社会民生和文教体卫类议题上。

6.1.1 新型城镇化进程中的农民话语

对于农民的现实话语，本节主要结合问卷调查和深度访谈获得的数据和资料展开阐述。

6.1.1.1 问卷调查发现的农民话语

经济类的话语是当前农民最重要的话语，主要表现在增加收入方面；文化教育类的话语居第二位，主要表现在培养孩子和技能培训方面；社会

[1] 本章部分内容见陈旭鑫．我国农业电视新闻中的农民话语表达研究——基于公共服务的视角［D］. 武汉：华中科技大学，2013：100–123；陈旭鑫．农业新闻——公共服务与话语创新的理论与实践［M］. 北京：知识产权出版社，2019：166–189。引入本书时，有增删、修改。

民生方面的话语居第三位，主要表现在改善住房、赡养老人方面；政治方面的话语居第四位，主要表现在职务升迁和落户城市方面；生态环保和其他类的话语居第五位。

在上述五个维度之中，农民最希望党和政府解决的问题主要是：党政管理方面，依次是办事公平公正、提高干部素质、强化信息公开；经济建设方面，依次是增加农业补贴、改善基础设施和提供贷款便利；文化教育方面，依次是提高教学质量、加强农民培训和建设文化场所；社会民生方面，依次是放宽医保报销、提高社保标准、合理分配保障房和提高征地补偿标准；生态环保方面，依次是保护饮用水源、清理农村垃圾、治理空气污染和保护山林植被。

6.1.1.2　深度访谈发现的农民话语

其一，受访农民的政治话语，主要体现在相关政策设计、环境营造、政策内容、政策执行和政策宣传等方面。政策设计方面的话语，主要体现在完善现有政策和避免政策制定过程中“一刀切”。政策环境方面的话语，主要体现在营造一个预期稳定和政策可实现的环境，特别是避免因土地流转、政策变化和人事变动等引发的冲突，着力解决历史遗留问题，兑现政府承诺，缩小地区与城乡差异。政策内容方面的话语，主要体现在希望相关政策能更加人性化和更具可操作性。政策执行方面的话语，主要体现在希望政策执行不走样。政策宣传的话语，主要体现在希望增加针对性，加强政策性信息的发布和解读。

其二，受访农民的经济话语，主要体现在经济收入（来源）、金融贷款、基础设施（硬件建设）、农产品检测与推广、征地拆迁补偿、货源保障、农业补贴、土地流转、产业结构调整、土壤检测与改良及脱（扶）贫等方面。

其三，受访农民的社会话语，主要体现在民生保障（社保、医保、低保），居住条件（安置房、城中村和棚户区改造），劳动就业（就业环境、劳动培训），身份待遇（政策性待遇），计划生育及安全保障等方面。

其四，受访农民的文教话语，主要体现在技能培训（新兴产业、电商销售、专业人才、土壤检测、日常管理），农民素质提升，学校教育（孩子就近入学、学校营养餐），农村文化娱乐及农民习惯养成等方面。

受访的乡村干部（主要是村干部）认为，新型城镇化进程中，特别要

重视培养农民良好的行为习惯、社会心态和思想意识。行为习惯方面，主要是要教育引导农民养成爱护公共卫生和遵守公共秩序的行为习惯；社会心态方面，主要是通过教育引导，消除农民心中的怨气和对他人的“眼红病”；增强农民的思想意识方面，部分农民思想上存在着原地踏步、好高骛远、刻板印象、个人主义、经验依赖等不足，要通过文化宣传教育进行引导。

其五，受访农民的生态环保话语，主要体现在整治农村环境卫生（治理脏乱差）、消除工业污染、治理水土流失等方面。

6.1.2 媒介与农民现实话语的相同点

我国新闻媒体的呈现与农民现实话语二者之间的相同之处，主要体现在两大层面：其一，媒体呈现与农民现实话语相同之处的共性部分，即不同媒体的呈现共同涉及或呈现了农民的某方面话语；其二，媒体呈现与农民现实话语相同之处的个性部分，即仅特定媒体涉及或呈现了农民的某方面话语，而其他媒体并未涉及。

6.1.2.1 共性：各媒介呈现的农民话语

从研究样本来看，不同的研究个案均着力呈现了农民的经济话语，尤其是强化农村基础设施（道路交通和水利水电等硬件建设）、增加经济收入、控制成本支出（如农资涨幅）等方面的话语。对农民经济话语的重视，主要体现在相关媒体涉及农民经济方面的报道数量多、涉及面广。

《人民日报》新型城镇化样本中，经济类主题的样本数量最多，共 56 篇，其中涉及“发展模式（道路）转变”的样本有 29 篇，涉及“产业结构转型”的样本有 19 篇，涉及“典型示范”的样本 11 篇，涉及“制度保障”的样本 2 篇。

《农民日报》中的经济报道比例也很大。《农民日报》呈现出来的农民话语，具有一定的共性特征和阶层化特征。就共性特征而言，农民的话语呈现了“经济 > 文化 > 社会 > 政治 > 生态 > 其他”的模式。就阶层化特征来说，《农民日报》相关报道呈现出来的话语模式如下：普通农民的话语排序是“经济 > 社会 > 文化 > 政治 > 生态”，私营业主仅注重“经济”，种养专业户和打工者的话语排序是“经济 > 文化 > 社会”，专业技术人员的话语排序是“经济 > 文化 > 社会 > 政治 > 生态”。由此可知，《农民日报》

着力呈现了农民的经济话语。

《新闻联播》《聚焦三农》《问政江西》中的经济类报道数量及其报道所涉及的内容在前文已有阐述，在此不再赘述。

6.1.2.2 个性：各媒介呈现的农民话语

本部分重点探讨相关媒体新闻报道呈现的农民话语与实证调查所获结果相吻合的部分。这种吻合仅限于特定的研究个案，并非其他个案所共有，属于新闻媒体的呈现与农民实际利益相吻合的个性部分。

研究发现，本部分具有较明显的媒体个性特征，从中可窥视国内新闻媒体的内容生产变化趋势，值得学界和业界关注。

第一，《人民日报》的话语呈现与农民话语的相同之处，主要体现在政治、经济、社会和文教四个方面。政治方面，主要呈现了农民在政策设计、政策环境和政策执行方面的话语，特别是土地流转、落户地市和加强政策执行方面的话语；经济方面，主要呈现了农民在发展现代农业、规范土地流转和促进产业发展方面的话语；社会民生方面，主要呈现了农民在改善住房（人居环境）、方便就近就业和享受市民待遇方面的话语；文教方面，主要呈现了进城务工农民在希望孩子在当地公办学校就近读书和加强技术培训方面的话语。

第二，《新闻联播》的话语呈现与农民话语的相同之处主要通过正面报道体现在政治、经济、社会和生态环保四个方面。政治方面，主要是通过先进典型人物的报道体现出来，运用村民对基层先进典型人物的赞许，间接表达农民对基层干部良好工作作风的渴求；经济方面，主要呈现了农民寻推动产业发展、增产增收等方面的诉求；社会民生方面，主要集中在改善居住条件和提高生活水平方面的话语；生态环保方面，呈现了农民对消除环境污染对日常生产生活负面影响的话语。

第三，《聚焦三农》的呈现与农民现实话语的相同之处，主要体现在政治、经济和社会民生三个方面。政治方面，呈现了农民在希望国家改革完善相关制度（如户籍制度）、落实法律法规赋予的合法权益、惩治农村基层腐败等方面的话语；经济方面，呈现了农民在发展生产、增产增收、减少自然灾害给农业生产带来的损失等方面的话语；社会民生方面，呈现了农民在改善人居环境，特别是改善农村公路交通、用水和住房方面的诉求。

第四,《问政江西》的呈现与农民现实话语的相同之处，主要体现在社会民生和生态环保两个方面。社会民生方面，主要呈现了农民在最低生活保障和住房安置方面的话语；生态环保方面，主要呈现了农民在减少工业污染（工矿企业生产造成的污染）、农业污染（农业种植养殖生产造成的污染）、垃圾污染（生活垃圾和建筑垃圾）和水源水质污染等方面的话语。

6.1.3 媒介与农民现实话语的不同点

我国新型城镇化进程中，国内媒体新闻呈现的农民话语与农民的现实话语之间存在一定差距。

6.1.3.1 实证发现但未进入新闻的农民话语

除上文提及的内容外，农民的部分现实话语还存在并未被纳入国内新闻报道的范围或框架中的情况。这些未进入新闻报道的农民的现实话语，主要集中在政治类议题中，在经济、社会民生、文教体卫等议题中也存在。

（1）政治方面。具体来说，包括以下两个方面：一是问卷调查环节发现的但未进入国内新闻媒体范畴的农民话语，包括农民希望政府在日常管理工作中办事公平公正、提高干部素质和强化信息公开的话语。二是在深度访谈环节发现的但未进入国内新闻媒体范畴的农民话语，包括：政策设计方面，农民希望党和国家完善现有政策，避免政策制定过程中的“一刀切”；政策环境营造方面，农民希望国家和地方各级政府保持相关政策的稳定性和连续性，减少或避免因土地流转、政策变化和人事变动等因素引起的矛盾，妥善解决好历史遗留问题，考虑新型城镇化进程中农民的切身利益，积极兑现承诺，缩小地区和城乡差异；政策内容方面，农民和农村基层干部希望相关部门出台的政策规定能更具人性化和可操作性；政策执行方面，广大农民和基层干部希望执行上级政策文件，特别是中央政策时，能确保政策执行过程中的不走样；政策宣传方面，广大农民和基层干部希望新闻媒体和宣传部门，加强政策宣传的针对性，加强政策性信息和相关解读性信息的发布，使广大农民能及时知晓上级政策。

（2）经济方面。未进入新闻报道的农民经济话语，主要有：增加农业补贴但改变现行补贴发放方式——将国家的农业补贴，由现行的以耕地所

有者为发放对象，转向以实际耕地者为发放对象；帮助农民进行农产品检测与推广、土壤检测与改良；提高征地拆迁补偿标准。

（3）社会民生方面。未进入新闻报道的社会民生类话语，主要有：提高基本民生保障标准（如提高农村养老金和社保金发放标准、放宽医保报销范畴、公平合理评定低保对象）；改善现有居住条件（如公平合理分配政府保障性住房、切实考虑城中村和棚户区居民旧房改造的需要、防止政策规定“一刀切”等）；帮助进城务工农民在城市安居乐业（如消除不必要的行业资格考试、证书审查，在城市营造良好的就业环境，加强对进城务工农民进行劳动技能培训，为进城务工农民提供必要的政策性身份待遇和安全保障）。

（4）文教体卫方面。未进入新闻报道的农民文教体卫类话语，主要有：提高农村幼儿园和中小学的教育教学质量，科学安排教学网点，方便农村孩子就近上学接受教育；强化农民培训、提升农民素质和能力，特别是新兴农业产业、农村电商销售、土壤检测与改良、日常生产管理等急需的专业人才培养；建设农村文化场所，方便农民开展文化娱乐活动；改变农民传统落后的行为习惯和思想意识、帮助农民养成积极向上的社会心态和价值取向（如去除部分农民中存在的小富即安、坐吃山空、原地踏步、好高骛远、刻板印象、个人主义和经验依赖的弊端，使其能适应社会转型和新型城镇化发展的需要）。

以上分析表明，新型城镇化进程中，我国部分新闻媒体的生产管理规制急需结合我国社会发展的新形势，加快宏观新闻管理规制和中观新闻生产机制创新的步伐，以切实增强新闻媒体的服务性和贴近性。

6.1.3.2 进入新闻但鲜被提及的农民话语

本书研究样本中存在但在实证调查时鲜被提及的农民话语，涉及政治、经济、社会民生、文教体卫和生态环保，并突出体现在政治、文教体卫和生态环保三个方面。国内传统主流媒体主要以正面报道的形式间接委婉地体现了农民的话语，与《问政江西》等新兴媒体和实证调查中的农民话语有较大差异。

（1）政治方面。国内传统主流媒体通过间接形式表达农民政治话语，如部分农民希望国家加快出台城市居住证制度方便其在城市购房、加强农村基层党组织的领导、尊重农民意愿、为群众办实事的诉求，在现实中很

少被农民提及。

《聚焦三农》中呈现出来的希望政府帮助农民维护自身的基本权益（知情权、参与权、收益权和监督权）、保障和延续进城农民在农村的已有福利待遇和权益以消除农民进城变市民的现实顾虑等。

《问政江西》之《问政调查》涉及网友政治诉求的报道数量最多，且以直接投诉的方式表达出来。通过对相关报道的分析发现，这些报道中呈现来的农民话语，主要涉及部分基层组织不作为或履职不力，部分基层干部职工和农民在日常生产生活中存在的违法违纪行为。

（2）经济方面。传统主流媒体着力表现的农民在规范土地流转、实现农业机械化、规模化经营和发展现代农业方面的话语，在本书的实证调研中，只在少数种养专业户、基层干部和新型职业农民中才有提及，在普通农民和进城务工农民中则鲜有提及。类似的情况还有：《聚焦三农》经济类报道中呈现的农民防范风险、城乡融合和融入城市方面的话语；《问政江西》经济类报道中呈现出的非法挖采自然资源、乱收费和用（占）地。

（3）社会民生方面。传统主流媒体报道中呈现较多的培育新型农民方面的话语，在实地调研中偶有提及但频次极低。类似情况还有，《聚焦三农》相关报道中呈现出来的希望政府加大对食品安全和日常生产生活用品质量监管方面的话语等。

（4）文教体卫方面。传统主流媒体报道呈现的有关文化推动“三农”发展的积极作用，在实地调研中鲜有受访者提及。类似情况还有，《聚焦三农》相关报道中呈现的移风易俗、婚恋生育观变化、家庭教育、高考升学和发挥村规民约的作用等话语；《问政江西》的相关报道呈现出的文教类话语，在笔者的实地调查中也鲜有人员提及，但并不代表其所涉及的现象和话语不存在。网友的相关投诉和有关部门的回应就很能说明问题。只不过是笔者在实地调研中，由于种种原因，未遇到相关投诉者罢了。

在此，笔者强调以下三点：第一，本书所选个案以中央主流媒体为主，所选媒体刊发的新闻基本体现了近年党和国家的发展“三农”事业方面的总体布局，具有很高的权威性和战略性；第二，本书的实证调研（问卷调查和深度访谈）由笔者亲自负责开展和实施，客观体现了农民的真实想法和话语；第三，实证调研中农民表达出来的话语并非都是合情合理、合法合规的，我国农民的思想意识和现实话语急需引导。同时，国内主流

新闻媒体呈现的农民话语，虽与农民的现实话语有所差异，但总体符合国情，体现了国家意志和我国“三农”事业的发展方向，其权威性和必要性不容置疑。如何发挥国内新闻媒体在引导农民和服务农民、助推新型城镇化建设和乡村振兴中的积极作用，本书拟在后续章节展开必要探讨，在此不再赘述。

6.2 农民与媒介话语间距形成的原因

话语与权力、权利、利益密切相关。我国新型城镇化进程中，以新闻为代表的媒介话语表达与农民现实话语之间存在的差异与间距，与我国现有的宏观新闻宣传理念与规制、媒体内部的新闻生产机制、历史文化传统和社会转型期农民话语的变化等因素紧密相关，并集中体现在新闻媒体管理体制机制之中。

6.2.1 现有的新闻理念与规制

我国现有新闻理念与规制，总体来说仍属宣传理念与规制的范畴。

宣传是“一种典型的现代社会现象”[1]。《苏联大百科全书》将宣传定义为“阐述思想、学说、政治观点和知识，是共产党和工人党对党员群众和全体劳动人民的思想——政治教育工作的组成部分”，并认为“马克思列宁主义的宣传以社会发展规律的知识武装共产党员和全体劳动人民，提高他们的政治警惕性”。[2]对于报纸等新闻媒体的作用和功能，列宁在1901年5月给《火星报》撰写的《从何着手》社论中指出，“报纸的作用并不只限于传播思想、进行政治教育和争取政治上的同盟者，报纸不仅是集体的宣传员和集体的鼓动员，而且是集体的组织者”[3]。

我国现有新闻宣传规制的最大特征在于以下两点：在理论层面，主要表现为将新闻媒体视为执政党意识形态的宣传工具，强调新闻媒体“传达

---

[1] 伯内斯．舆论的结晶［M］．胡百精，董晨宇，等译．北京：中国传媒大学出版社，2013：42.

[2] 苏联大百科全书［M］．北京：时代出版社，1958：1969.

[3] 列宁．列宁全集：第5卷［M］．第二版．马克思恩格斯列宁斯大林著作编译局，译．北京：人民出版社，2013：8.

政令”的政治宣传功能；在实践层面，主要表现为建起立了一套确保新闻媒体履行其宣传工具职责的内容审查、纪律约束和人事保障制度。

我国现行的新闻管理理念与制度实践，与中国共产党夺取和巩固政权所处的生存发展环境密切相关。中国共产党自诞生之日起，就一直处于十分严峻复杂的斗争环境之中。所以，中国共产党一开始就十分重视发挥新闻媒介的宣传作用，将新闻宣传与建党组织工作紧密结合，开展有组织的宣传报道工作。客观地说，我国的新闻宣传体制，在党团结带领全国人民夺取政权、建设和巩固新政权及改革开放各个历史时期均发挥过巨大作用，也应与时俱进、适时改革和完善。

我们曾与县委农工部合作搞过一些自办节目，因为经费问题而停办了。现在我们有自办栏目 4 个，曾想与农工部合作办一个农业栏目，因为领导变动快，领导变动后政府部门的思路和工作重心也相应转移，重视程度会变化、经费也难落实而没有成功。现在我们台里存在“三少”（人员少、经费少、设备少）……现在我们的外宣任务太重，人才缺乏，也存在招人难的问题。❶

前几年，市里的工作重点是城镇化；去年和前年开始到现在，市里的工作重点是工业化，这样报道的重点就会有侧重。……我们重点在改变农民的观念。现在，到农村去看，乱丢乱扔的现象几乎没有了。……对于有特色、有亮点的建设，相关部门也会在第一时间告诉我们。我们知道后，也会在第一时间报道。……❷

新闻管理部门宏观上重正面宣传管控的价值取向，对新闻媒体的业务实践产生了深远影响，具体体现在新闻媒体及其从业人员在报道的选题、主题、采访对象和选择等诸多方面。

我们栏目的选题主要来源有两个：一个是政策性的选题，另一个是记者自定的选题。对于新闻选题，我们有报送审批制度。对于栏目组确定的选题，一般不用报送审批；对记者自定的选题，则要经制片人同意后才能去做。在采访过程中，我们会要求采访对象按照我们事先预设的报道架构走。……在随机采访中，采访对象主要是普通市民，只要他们所说的话契

❶　2012 年 7 月 20 日，笔者对 J 省 D 县电视台党委书记兼副台长、电视台副台长兼新闻部主任的访谈。

❷　2014 年 12 月 10 日，笔者对 J 省 D 县委宣传部某副部长的访谈。

合我们的报道主题，我们栏目一般会如实反映。……从报道基调上来说，99% 的报道都是正面报道，对于突发事件也主要是做正面引导。这就是遵循我们市委宣传部领导一再强调的“做建设性的舆论监督、不给社会添乱”。❶

此后，中国共产党历任领导人都在不同场合强调“正面宣传为主”与批评报道、舆论监督的有机统一。在 2016 年 2 月 16 日在党的新闻舆论工作座谈会上，习近平总书记强调，团结稳定鼓劲、正面宣传为主是党的新闻舆论工作必须遵循的基本方针；舆论监督和正面宣传是统一的。❷

但在现实工作和生活之中，部分地方的领导干部将“正面宣传为主”和“传递正能量”简单理解为单一的“正面宣传”“正面报道”，将“舆论监督”和媒体批评报道、社会各界的批评视为揭短、揭“家丑”。

我曾做过较长时间的民生服务类新闻，感觉做这些新闻的困难主要是新闻产品的成本问题，这是经济上的阻力……二是做农村的民生和服务性新闻，还会遇到一些阻力。❸

我国先后颁布了《中华人民共和国宪法》（以下简称《宪法》）及《出版管理条例》《广播电视管理条例》《中华人民共和国政府信息公开条例》等法律法规，为保障我国农民在内的全体公民的合法权益提供了法律依据。但事实上又存在着上位法与下位法明显抵触、下位法消抵上位法等现象，对媒介公共服务的基本内容、职责要求和保障渠道等缺乏明确的法律规定。

在平衡上下关系方面，我们还是要结合党政中心工作，不能与中心工作相冲突哇！老百姓的诉求不能违法违纪，正常的还是可以报的。……在选择（确定）是否公开报道时，我们考虑最多的还是政治因素，特别是党性和宣传纪律。❹

在我国社会转型和媒介融合加速、公民法治权益意识普遍增强的语境下，党和政府有必要从宏观层面适当改革现有的治理理念和制度架构，以

❶ 2013 年 2 月 2 日，笔者对 J 省 G 市电视台某农业栏目记者的访谈。

❷ 杜尚泽 . 习近平在党的新闻舆论工作座谈会上强调：坚持正确方向创新方法手段 提高新闻舆论传播力引导力 [EB/OL].（2016-2-20）[2016-02-24].http://cpc.people.com.cn/n1/2016/0220/c64094-28136289.html.

❸ 2016 年 8 月 10 日下午，笔者对 J 省 D 市电视台新闻部主任的访谈。

❹ 2015 年 7 月 30 日下午，笔者在 J 省 × 市广播电视台的调研记录。

强化新闻媒体的公共服务功能，在保证国家主流意识形态安全的前提下，发挥新闻媒体的环境守望功能，利用新闻媒体推动国家治理体系和治理能力的现代化。

6.2.2 企业化的媒介管理机制

20 世纪 90 年代中期以后，国内新闻媒体开始了市场化改革，并且是在国家城乡二元体制尚存的语境下进行的。市场化改革后，成本与收益成为新闻媒体从业人员在保证舆论导向正确前提下考虑最多的问题，新闻媒体企业化管理机制中的市场逐利性也日益显现。例如，20 世纪 90 年代中后期以来，国内大多数新闻媒体均将城市作为自己的主要传播场域，将“强势、高端、精英”人士作为自己的目标受众群。

之所以会出现这种现象，原因主要在于当前我国对新闻媒体实施的单一管理体制。在国家对新闻媒体实施“事业单位、企业管理、自负盈亏、照章纳税”的大前提下，新闻媒体有着追求“成本最小化、利益最大化”的原始经济冲动。在我国长期实施城乡二元体制的作用下，城市聚集着大量新闻媒体发展所需的信息资源、经济资源和社会文化资源，能为新闻媒体提供巨额收益，高效便捷的城市交通和通信有助于降低新闻媒体的运营成本。

2005—2007 年，我台与县委农工部合作搞了个自办节目“农村直通车”，在晚 8 点播出，时长 5 分钟（一个栏目）。当时，农工部给了我们每年 2000 元的经费，每周播出 1 期，以字幕形式播出，后因经费问题而停办。2011 年，我台与县农业局合作办了 2 期。当时打算每周播出 1 期，农业局给我们的经费是每年 2 万元，后来还是因为经费问题而停办了。[1]

农村经济社会发展总体不如城市、经济来源和广告收入不稳定等因素，致使一些新闻媒体对于创办农业新闻栏目的积极性不高；即便开办了相关栏目，重视程度也不够，具体体现在硬件建设、人员配备和资金投入等方面。为什么会出现这种情况呢？

现在，市里面主要考虑的是经济收入。但是，现在很多农产品深加工企业，他们的很多产品都是免税的。虽然这些企业对于拉动地方就业等有积极意义，但对市里的 GDP 贡献率却很低，产生的财税也少。……电视

[1] 2012 年 7 月 20 日，笔者对 J 省 D 县电视台党委书记兼副台长、电视台副台长兼新闻部主任的访谈。

台是自负盈亏的，会更多地考虑创收，农业栏目创收能力有限。

从农民角度来看，电视台做的技术类节目讲的技术操作性不强，跟农民的实际不相符。这里面的原因，依我看主要有三个。

第一，是栏目组人员自己想当然地做节目，没有按农民的实际需求来做。……农民真正需要的，是我们记者帮助他们解决现实生产生活中的困难和问题，如贷款等。

第二，虽然我们记者会下乡与农民接触，了解他们的需求，但并不会按农民的需求来做节目，而主要是按自己的思维定式来做。记者也要生存，他们做新闻也会考虑投入和产出比。

第三，我们栏目组也开设了热线电话，但作用不是太大。农民会通过热线电话向我们反映问题，但一年下来经记者采访报道出来的有 10% 就不错了。这里面，我们主要考虑农民的诉求是否合理。如属于无理取闹的，肯定不报道❶。

我们今年的主要任务是经济创收，我们这个栏目存在的理由和目的也是为了创收。我们台里人员较多，这些人都要台里养活啊！所以，每年台里给我们下的创收任务都在增加，我们广告收入上交台里的比例也在年年增加！

对于新闻选题，我们栏目时政类的偏多（约占 80%）。在这方面，我们市委宣传部管得很严，规定得很具体、很仔细的。❷

对农家书屋，政府支持力度很大，但没有很好利用起来……还有一个对接问题，就是书的内容和农民的实际需求不对接。就我们报社来说，报纸的发行就存在一个问题……在农村，一个村委只订几十份，但我们的发行成本却较高，这几十份报纸的发行费都不够我们的开支。❸

6.2.3 传统规训下的农民惯习

受封建传统文化的影响，我国农民臣民意识浓厚。与现代社会的“公民”相比，“臣民”最大的特点在于缺乏独立人格和个人权利观念，依附意识极强。马克思曾对农民的“臣民心理”作过深刻分析，“他们不能代

❶ 2013 年 2 月 2 日，笔者对 J 省 G 市电视台某农业栏目记者的访谈。

❷ 2013 年 2 月 4 日，笔者在 J 省 G 市电视台对某农业栏目制片人和责任编辑的访谈。

❸ 2015 年 7 月 28 日，笔者对 J 省 × 市某报社副总编辑的访谈。

表自己，一定要别人来代表他们。他们的代表一定要同时是他们的主宰，是高高站在他们上面的权威……”[1]

在古代臣属文化中，国家大事由“肉食者谋之”，农村和农业仅仅是统治者用来维持其政权的物质基础，农民只是统治者用来维持其政权的人力资源，统治者通过地方乡绅和保甲连坐制度对农民在政治上镇压、经济上盘剥、文化上抑制，使普通农民从未在政治、经济、文化和社会发展中拥有过真正的权利，而士大夫阶层则充当了农民利益的代言人。

臣属文化并非现代意义上平等的参与型文化。我国封建统治阶级主要通过官方与民间的隔离和科举制度，实现对农民的压迫与控制：官方长期以文言文为主，在词汇、句法和篇章结构等诸多层面与民间行文存在极大差别，从而使官方形态成为身份、地位和权力的表征；科举制度，是官方与民间差序格局固化、社会等级差序形成并巩固的制度性设计，并产生了一大批士大夫阶层。科举制和士大夫阶层的代言，使我国农民“不仅在心理上认同这种等级差序权的存在，把它视作社会生活的常态，而且自觉地维护这种权配置机制”[2]，形成了我国农民“逆来顺受”的心理定式。这种心理定式在部分农民，特别是知识水平较低、与外部世界接触较少的农民中仍然存在。

在问卷调查和深度访谈中，笔者注意到，我国城乡居民的现实需求和表达呈现务实理性又急需引导的特征[3]，主要表现为以下两个方面。

一方面，广大农民对党和国家在改进公共服务、改善民生等方面的政策举措，普遍能予以积极评价，特别是对党的十八大以来党和国家推出的反腐倡廉、改善民生的政策举措（如乡村振兴、精准脱贫等）予以了高度评价，对以习近平同志为核心的党中央领导充满信心并高度评价其工作成效，对国家和民族的未来充满信心，对美好幸福生活充满期待。

另一方面，部分农民对基层管理部门和新闻媒体的做法又心存不满，认为基层在制度操作上与中央要求存在差距。在表达自身现实需求时，部

---

❶ 中共中央马克思恩格斯列宁斯大林著作编译局．马克思恩格斯选集：第 1 卷[M]. 北京：人民出版社，1995：677–678.

❷ 汝绪华．当代中国社会阶层话语权失衡的原因探究——以政治文化为视域 [J]. 辽宁大学学报，（哲学社会科学版），2010（2）：39–45.

❸ 陈旭鑫，曾林浩．集中化、碎片化：当前我国城乡居民的媒介接触与利益诉求——基于实证调查的数据分析 [J]. 声屏世界，2016（6）：53–55.

分农民特别是中老年农民表现出不自信，有人直接拒绝笔者的问卷调查或深度访谈要求。

同时，笔者在实地调研时发现，随着农民文化水平的提高、农民与外部世界接触的增多，农民的法治权益意识日益增强，其思想理念和行为方式与传统农民有了很大差别，绝大部分中青年农民和部分老年农民的媒介使用和话语表达能力有了极大提升。部分中青年农民在接受笔者调研访谈时积极配合，利益诉求与话语表达更直接和理性、务实。这些为我国媒介规制与话语创新提供了土壤和动力。

6.3 农民与媒介话语互动的规制创新

媒介话语是媒介规制的产物，国内现有新闻话语是新闻宣传体制的产物。当前的新闻宣传体制有其必要性与合理性，也面临着社会转型和媒介融合带来的考验和挑战，需适时进行改革创新，强化媒介公共服务是必然趋势。

6.3.1 媒介规制创新的动力

我国当前媒介规制创新的动力，主要体现在两大方面：一是社会转型，二是媒介融合。前者构成了我国媒介规制创新的外部动力，后者则成为我国媒介规制创新的内部动力。

社会转型，主要是指我国从传统农业社会向现代工业和信息社会的转变、过渡。社会转型具有渐进性和整体性，主要表现在器物、制度与思想文化三者的互动演进过程之中，且往往伴随着传统社会与现代社会二者之间的区别与冲突。这些区别与冲突，集中表现为社会结构变迁、社会阶层形成、价值多元化和社会冲突频发等，且在器物、制度和思想文化三大层面都有体现。器物层面主要表现在物质方面，思想文化层面主要表现在思想观念和价值取向方面，制度层面主要表现在规章制度和执行方面。

我国的整体性社会转型始于1840年的鸦片战争。中华人民共和国成立之后，特别是改革开放40多年来，我国社会转型的速度、广度和深度远超以往任何时期。20世纪90年代后，随着我国工业化、信息化和城市（镇）化进程的加速，我国社会已经由传统的“乡土社会”进入现代的

“后乡土社会”，农民也在转型。

“后乡土社会”是国内学者针对改革开放后，我国乡村社会结构发生巨大变迁而提出的概念——改革开放以来，我国乡村社会在经历快速现代化转型的同时，原有的乡土性特征并没有完全消逝，而是以不同形式和形态维持着，由此构成了具有鲜明中国特色的社会变迁与发展特质，使我国进入了“后乡土社会”。

与传统的乡土社会相比，后乡土社会的特征主要在于：首先，封闭稳定的村落共同体已经转换为“流动的村庄”和“空巢社会”；其次，依靠土地和以农业为主的生计模式已经转换为“农业 + 副业”的兼业模式，较多农户的主业已从农业转型为非农业；最后，乡土文化在与现代性文化的交汇融合中走向分分和多元，越来越多的乡土文化成分渐渐远去，变成了社会记忆和非物质文化遗产。❶

后乡土社会的到来，标志着我国农村和农民现代性的增强。这种现代性，除体现在农民生计模式发生巨大转变之外，还体现在以下三个方面：一是当前我国农民的异质性增大、同质性下降，如农民的职业结构和阶层分化日益明显。二是农民的个体自主性和维权意识明显增强，价值观念多元化和生活方式多样化，法治权益意识明显增强。三是社会结构呈现“断裂与失衡”❷之势，不同阶层和群体间的利益纷争等现象有所增加。

社会转型期不同社会阶层在价值观和话语方面的分歧与冲突，对我国新闻宣传的日常工作和规制创新提出了新要求。“后乡土社会”与我国农民现代性的增强，也必然会对我国新闻媒体的公共服务与创新提出新的挑战和要求。

媒介融合，是指新闻媒体突破原有的传播形态和制度束缚，以更丰富多样的传播介质、更便捷高效的传受互动，为公众提供优质服务、既维护公共利益也赢得市场的过程。

媒介融合是社会转型的一部分，既是社会转型的产物，也是社会转型的推动器。党的十八大以来，党和国家对媒介融合的战略布局已由物质层面的表层融合进入全方位的深度融合阶段，并特别体现在习近平同

❶ 陆益龙 . 后乡土中国［M］. 北京：商务印书馆，2017：9–11.

❷ 孙立平 . 中国社会结构的变迁及其分析模式的转换［J］. 南京社会科学，2009（5）：93–97.

志关于推进媒体融合的一系列重要讲话和中央的相关政策举措中。例如，2014 年 8 月 8 日，习近平主持中央全面深化改革领导小组第四次会议审议并通过了《关于推动传统媒体和新兴媒体融合发展的指导意见》。2018 年 8 月 21—22 日，习近平在全国宣传思想工作会议上提出了“县级融媒体中心”的概念，从国家战略层面指明了县级融媒体建设发展的方向。2019 年 1 月 25 日，中共中央政治局集体学习期间，习近平提出了“四全媒体”的重要论断[1]。

媒介融合加速，是我国媒介规制和公共服务创新面临的现实语境。竞争与合作并存是媒介融合的基本特征，并深刻影响和改变着我国新闻传播的媒介生态：一方面，新兴媒体的传播力和影响力不断上升，特别是中青年群体对新媒体的接触率和信任度较高；另一方面，传统媒体的受众老龄化现象日益显现[2]，其阅读率、视听率、传播力和影响力面临许多新问题新挑战。例如，许多中青年农民和部分老年农民已经习惯于通过智能手机等移动终端接受新闻资讯，他们的信息获取能力、权益意识和表达能力已体现出明显的现代性特征。

表面上看，国内传统媒体新闻传播面临的困境是由新媒体的兴起与挑战而起。但从深层次原因来看，在公民权益意识强化、价值取向日趋多元的语境下，忽视与公众话语互动的新闻报道，难免遭遇社会认同危机。

因此，在保证主流意识形态和国家信息安全的前提下，紧密结合当前国内社会转型和媒体融合加速的新形势，以尊重公众知情权和表达权为基础，以推动我国新闻规制创新、强化新闻媒体与社会公众的话语互动为切入点，提升我国主流新闻媒体的传播力、引导力、影响力、公信力与竞争力，应成为当前国内新闻改革创新的当务之急。

6.3.2 媒介规制创新的趋势

媒介规制创新需要一定行为主体去承担与执行具体工作。理论上讲，执政党、政府机构、新闻媒体、社会公众及其他社会组织，都是推动我国媒介规则制新的责任主体。由于不同主体掌握的社会资源不同，加之我国

---

❶ 新华社．习近平主持中共中央政治局第十二次集体学习并发表重要讲话［EB/OL］.（2019-01-25）［2019-01-26］.http://www.gov.cn/xinwen/2019-01/25/content_5361197.htm.

❷《中国视听新媒体发展报告（2013）》发布［EB/OL］.（2013-06-16）［2014-05-12］.http://info.broadcast.hc360.com/2013/06/161156563724.shtml.

现行媒体宏观管理体制的惯性作用，党政机关和新闻媒体成为我国媒介规制创新的两大责任主体。

6.3.2.1 凸显公共性：媒介规制创新的核心追求

新闻媒体具有很强的公共属性。公共性缘起于公共事务、公共需要，集中体现为公共利益，其实质是“利他性、合作性”[1]。

公共性的主体，主要包括执政党及其领导的政府组织和其他社会公共组织，其首要目标是最大限度地提高自身的公共性、满足公共利益的需要，公共物品是其彰显其公共性的主要载体。公共物品有物质和精神两种表现形态，前者表现为与人的物质生活和精神生活相关的具象公共物品，后者，表现为规范人的行为和公共资源调配的思想观念和制度体系。公共性的终极目标和价值在于实现社会公平正义。

当前，随着我国社会转型和媒体融合的快速推进，彰显新闻的公共性应该成为我国新闻规制创新的核心价值追求。新闻的公共性，应提升至与新闻的党性和人民性同等重要的位置。必须指出的是，彰显新闻的公共性原则，其实质就是强调新闻媒体公共服务和维护公共利益的基本社会职责。中华人民共和国成立以来，党和政府以“全心全意为人民服务”为宗旨。《宪法》规定，“中华人民共和国的一切权力属于人民”。2018 年 8 月 21—22 日，习近平总书记在全国宣传思想工作会议上强调新闻媒体要“引导群众、服务群众”。因此，彰显新闻的公共性，与坚持新闻的党性和人民性原则，三者是有机统一的，并无矛盾与冲突。

凸显新闻的公共性，有必要强化新闻的参与性、批判性和公益性。其中，参与性是基础，批判性是手段，公益性是目标。新型城镇化进程中，涉农新闻报道的公共性至少应包括以下内容：一是参与性，即相关新闻要体现并完善农民参与机制，使农民能更便捷、高效地参与公共活动和话语表达。二是批判性，包括批判的理性化，即相关新闻能基于理性和法律要求，“批判性地参与公共活动”[2]；批判的常态化，即能有制度保障和常态

[1] 郭湛，王维国，郑广永 . 社会公共性研究 [M]. 北京：人民出版社，2009：10；王维国 . 公共性及其一般类型 [J]. 新视野，2010（5）：40-42.

[2] 李友梅，等 . 当代中国社会建设的公共性困境及其超越 [J]. 中国社会科学，2012（4）：125-139，207.

化地对伤害农民公共利益的社会现象公开开展理性批判和讨论。三是公益性，即相关新闻应超越特定党派、社会群体和媒体自身的利益，善于“从差异中寻求共同善、具体化为公民的公共权利”[1]，将涉农新闻打造成公共交流的平台，满足农村不同阶层特别是弱势群体的知情权、表达权，满足其对公共事务的参与、评判和监督的权益。

6.3.2.2 维护公共利益：媒介规制创新的原则与目标

保障全体公民平等享有宪法和法律赋予的基本权益、维护公共利益、促进社会公平正义，坚持公共利益至上，应成为我国媒介规制创新的基本目标与价值追求，保障农民权益是其应有之义。

“公共利益至上”原则指导下的涉农新闻，应具有以下五个方面的特征：一是平衡性，客观、平衡地报道“三农”，真实反映“三农”现状和农民话语。平衡性，主要体现为涉农新闻的主题、领域、态度倾向、主体、策略等方面。二是共享性，使农民（无论贫富）平等享有国家法律和政策规定的物质与政治利益。其中，最重要的内容是让农民平等享有知晓权、表达权、参与权和监督权。三是公平性，“平等和公平的待遇是公共利益的基础价值”[2]，涉农新闻应尊重农民的主体地位、公平呈现农民的话语。四是变动性。公共利益会随时空环境和公众需求而变化，涉农新闻应随时代和公众需求变化而及时调整。五是强制性。一方面，要求涉农新闻报道将促进“三农”发展、维护农民利益作为自己义不容辞的职责，并体现在频道（栏目、节目）设置和具体的新闻报道中；另一方面，要求国家通过立法、行政、司法等手段建立起有利于促进“三农”发展、维护农民合法权益的法律制度体系和公共传播体系。

6.3.2.3 保障公民权益：媒介规制创新的基本落脚点

知情权、表达权（话语权）、参与权和监督权（简称“四权”）是公民最基本的权利，也农民合法权益的重要组成部分。

人们对公共利益内涵的认识和理解，经历了“物质利益为主”到“物质利益、政治利益、社会利益和文化利益协调并进”的过程。“四权”，应成为新闻媒体提供公共服务、维护公共利益的基本内涵和实现路径。“四

❶ 詹世友 . 公共领域 · 公共利益 · 公共性 [J]. 社会科学，2005（7）：64-73.

❷ 同❶.

权”之中，知情权是基础，表达权是核心，参与权是路径，监督权是归宿，“四权”合力才能维护公共利益。

丹尼斯·麦奎尔（Denis McQuail）认为，公共利益对大众媒介的要求包括“公众能获取多样性的信息、意见表达的多样性、广泛的传播接触权”[1]，分别对应上述“四权”中的“知情权、表达权、参与权”。近年来，越来越多的国内学者主张，新闻媒体所追求的公共利益“至少应包括公民的知情权、参与权、表达权、舆论监督权”且“宪法和法律所赋予公民的其他各种政治权利也在其范围之内”[2]；传媒领域的公共利益应涵盖多元化、普遍服务、信息品质三大要素，其中的普遍服务，就是指媒介要最大限度地让更多的人接触，以确保他们的媒介接近权、信息知晓权和表达权[3]。

将“四权”纳入新闻媒体维护公共利益的范畴之中，有助于使我国媒介规制创新的实践更具可操作性。

6.3.2.4 党政部门与新闻媒体：媒介规制创新的责任主体

党政部门、新闻媒体和农民是推动涉农媒介规制创新的三大责任主体。政治哲学认为，国家和政府的诞生与存在合法性根植于“社会契约”基础上的公共性和为社会提供的公共服务。

从现实层面上看，为保证新闻媒体能有效履行其公共服务职责，各国往往通过会建立规制机构、行业标准、财政支持、法律法规等具有刚性约束力的制度作为支撑和制约。

在我国，中国共产党及其领导的历届政府坚持“全心全意为人民服务”。特别是党的十六大之后，明确提出了建设“公共服务型政府、完善政府公共服务职能”等目标。因此，在我国媒介规制创新进程中，党政部门是宏观规制创新的责任主体。当前，党政部门应在管理理念、公共财政、法律制度等层面，构建有利于落实农民话语权、维护农民公共利益的媒介宏观体制。

---

[1] 麦奎尔．麦奎尔大众传播理论［M］．崔保国、李琨，译．北京：清华大学出版社，2006：121.

[2] 邵志择．Public Interest：公共利益抑或公众兴趣——市场化媒体的两难选择［J］．新闻大学，2012（1）：67-72.

[3] 张春华．传媒体制、媒体社会责任与公共利益——基于美国广播电视制度变迁的反思［J］．国际新闻界，2011（3）：58-64.

从中观和微观层面来说，国内新闻媒体也应确立公共利益至上和公共服务优先的话语生产与创新理念，重点做好以下几个方面的工作：一是主题的广泛性，即报道主题应平衡涵盖农村政治、经济、社会、文化等诸领域，避免涉及某些议题的话语过多，而某些议题的话语很少甚至集体失语。二是对象的普及性，即要以服务区域内的全体公民为服务对象，而非有意识地将特定人群排除在外，特别应将农民等社会弱势群体纳入自己的服务对象范围内。三是主体的公平性，即在话语表达主体的选择上应体现公平性，对农民群体给予特殊关照，给他们必要的利益表达的渠道和机会。四是内容的相对独立性，即在坚持党性原则和遵守法律法规的框架下，新闻媒体应掌握新闻的选题、编排、播发等内容生产管理上的自主权，最大限度地真实呈现农民话语、排除外部力量的随意干涉，从而维护公共利益。

6.4 农民与媒介话语互动的政府进路

在市场经济条件下，不同主体的利益诉求不同、媒体自身也有逐利冲动，政府有必要承担起公共“守夜人”的基本职责。世界各国媒介管理实践表明，政府宏观规制是维护和保障新闻媒体公共服务的“生命线”。本节主要探讨政府推动国内新闻媒体，特别是地方新闻媒体强化公共服务与创新的现实进路。

6.4.1 宏观规制：强化媒体服务导向

制度经济学认为，规制是国家强制权的应用，是国家为满足产业发展需要、保护全体公众或人数较多的社会集团的利益所作的制度设计和实际操作。[1]媒介规制，是国家基于特定的理念和价值观，通过一定规则体系对其辖区内大众传媒的内容生产、经营管理等日常行为进行的干预和控制。新闻规制，是媒介规制中的重要组成部分，主要涉及大众传媒内容生产中的新闻生产、传播、经营与管理。当前，我国已形成了正式规制和非

---

❶ 施蒂格勒 . 产业组织与政府管制 [M]. 潘振民，译 . 上海：上海人民出版社，1996 : 210-241.

正式规制混合并存、自成一体的媒介规制体系[1]，但也面临改革创新、满足新形势需要的任务。

6.4.1.1 加强顶层设计，推动新闻规制改革创新

党的十八大以来，习近平总书记结合新时代媒介融合和党的新闻舆论工作面临的新形势新任务，特别强调我国新闻舆论工作在体制机制方面的创新。2016年2月19日，在党的新闻舆论工作座谈会上，习近平总书记指出要在新闻理念、内容、业态、体制、机制等方面强化创新以增强新闻传播的针对性和时效性。习近平总书记的一系列重要讲话，为我国创新新闻宏观规制体系、强化新闻媒体的公共服务导向提出了明确要求，指明了方向和路径。

调研中发现，基层新闻单位和宣传部门的干部、工作人员认为，国内现有新闻管理体制在维护国家主流意识形态安全上有明显优势，但也面临着影响力有限的挑战。

及时报道热点事件、及时回应百姓话语很重要，可以及时消除矛盾、拉近与百姓距离。[2]

新闻媒体必须代表本级党政的声音，做党和政府的“耳目喉舌”，这也是中华人民共和国成立之后我们国家的一贯要求。所以，对新闻媒体进行必要的日常管理，也是必需的，目的是保证新闻媒体能传递正能量。……对于新闻宣传的改革和出路，主要还是靠上级，特别要靠顶层设计。[3]

加强顶层设计，主要涉及新闻管理理念、规章制度和行动实践三个基本向度，特别是要在改变各级决策者和领导层的思想意识、考核评估等方面下功夫。

6.4.1.2 健全法律体系，维护公众合法权益

保障公民合法权益已成为维护公共利益的重要内容，加强立法则是促使新闻媒体履行公共服务职责、保障农民权益的有力途径。《宪法》第35条规定公民有言论出版自由，为我国通过立法保障农民权、维护农民权益

---

[1] 陈旭鑫 . 当前我国新闻规制创新的理论内涵与构建路径 [J]. 编辑之友，2017（1）：59-63.

[2] 2014年12月10日上午，笔者对J省D县县委宣传部某副部长的访谈。

[3] 2015年8月7日，笔者对J省N县县委宣传部某副部长的访谈。

提供了法律依据。然而，我国现有的新闻媒体规制体系中，“正式规制与非正式规制并非处于相对均衡的状态”❶，仍有“以政策替代法制”❷的某些特征，主要表现为《新闻传播法》和《广播电视传播法》长期缺失。

现有法律法规对于新闻媒体的规定，总体上呈现出权责不对等的状况。对新闻媒体的约束多于赋权，更多强调新闻媒体对政治意识形态和舆论引导方面的要求，对新闻媒体如何维护和保障包括农民在内的全体公民的公共利益方面却没有明确规定，这主要归因于现有体制设计上的矛盾。我国现有的新闻媒体集宣传工作、事业建设和行政管理“三位一体”，缺乏必要的独立监管机构和公众参与机制。

健全法律体系、保障农民权的基本路径是：在《宪法》的框架下，加快《新闻传播法》《广播电视传播法》等专门法的制定和颁布实施步伐；将近年来党和政府关于保障公民“四权”的政策理念上升为国家意志，形成操作性较强、相对完整的法律体系；在这一法律体系中，应明确界定新闻媒体为公民提供公共服务、保障公民“四权”的基本职责和权限以及党政部门的权责边界。

6.4.1.3　增强可操作性，切实维护公共利益

在我国已将公共服务确定为政府基本职能的前提下，有关部门可适当借鉴国外成功经验，通过加强立法，保证我国新闻媒体履行其公共服务职责、保障农民话语权、维护农民利益、推进“三农”事业发展和国家长治久安。西方发达国家的经验可概括为：将保障公民权和公共服务的理念细化为操作性强的法律法规。

英、美、法、德、日、韩等国基本确立了宪法和法律框架下，保障公民权和电视公共服务的制度体系。他们的普遍做法是：通过宪法，确认公民权和新闻媒体自由报道权；通过专门立法，将宪法精神转化为具体的、操作性较强的法律法规，主要体现为《新闻传播法》和《广播电视传播法》等专门法律法规。宪法和专门法，涉及保障公民权和电视公共服务的基本原则、监管机构、传播体系、财政来源、奖罚机制等诸多内容。

我国的基本国情，决定了我国宏观新闻规制的创新不应也不能照搬外

❶ 强月新，刘莲莲．我国媒介规制的结构、问题及制度性根源［J］．武汉大学学报（人文科学版），2015（3）：105-109.

❷ 陈建云．中国当代新闻传播法制史论［M］．济南：山东人民出版社，2005：234.

国做法，只能在适当借鉴外国经验做法的基础上走自己的路。本书认为，国家有关部门可在坚持“党管媒体”的原则基础上，通过立法和行政督查等途径促使新闻媒体履行其公共服务职责、尊重和保障农民话语权。

立法方面，可由全国人大及其常委会、中共中央宣传部、国家新闻出版广电总局等部门，根据《宪法》的精神，在充分调研、积极吸收各方意见的基础上，提出适应新形势新需要的法律草案，由全国人大及其常委会审定后颁布实施；也可由全国人大及其常委会授权中宣部、国家新闻出版广电总局等部门，制定出行业性法律法规试行并及时修改、充实、完善。

行政督查方面，由全国人大及其常委会授权中宣部、国家新闻出版广电总局等职能部门，组织相关领导、专家学者、业界和农民代表，通过新闻内容评估听证等制度综合考察新闻媒体在公共服务和话语互动方面的做法，并提出改进意见和建议。

6.4.2 资金支持：保障媒体履行职责

市场经济环境下，如缺乏公共资金的支持保障，新闻媒体在维持自身生存和利益最大化的原始冲动下，必然出现忽视社会弱势群体话语的现象。为此，政府应利用公共财政资金、探索建设媒介公共服务体系，为涉农媒介维护农民权益、履行公共服务职能提供必要物质保障。

6.4.2.1 实现公共资金支持制度化、透明化

表达渠道是话语权的核心要素之一。频道（率）、栏目、节目和报道，是保障农民话语权、维护农民合法权益的物质载体和传播渠道。

在我国，电视是新闻媒体对农公共服务的主要传播媒介，但我国电视在对农公共服务方面却存在明显缺陷。如：在信号资源分配上，存在明显“四少”现象（农业频道、栏目、节目少、时间短）；在体系建构上，缺乏一个完整的操作性强的制度体系（其中最关键的是公共资金支持制度缺失）。该缺陷与我国农业大国的基本国情明显相悖，不利于我国新闻媒体为“三农”服务。为此，政府有必要建立起稳定的公共财政支持制度，为新闻媒体维护农民权益、服务“三农”提供必要物质保障。当前，最迫切的就是建立稳定的支持媒体服务“三农”的公共财政制度。

下面，笔者结合实地调研所获材料予以说明。笔者曾先后到J省G市

× 台某涉农频道、H 省某知名农业频道进行实地调研。调研发现，国内多数涉农电视频道的自身经济造血功能普遍不足，适当的公共财政支持已成为维护农业类新闻媒体（频道、频率和栏目）生存的基本保障，如 J 省 G 市 × 台某涉农频道的定位变化就有一定代表性。

2007 年，该台有一档电视栏目《三农天地》（2002 年创办《希望田野》，2004 年改版为《三农天地》，2008 年改名为《新农村》）。2008 年，该台成立科教农业频道。2009 年，因当时 G 市主要领导重视新农村建设，市委农工部决定利用当地电视媒体开展新型农民培训、推动农业转型等工作，并在财政资金等方面都给予了大力扶持，用于支持办科教农业频道，特别是其农业栏目及补贴信号覆盖到县乡村的经费。[1]在经费来源和节目生存有保障的前提下，2009 年该台在原有农业栏目基础上，又新办了两个农业栏目。但在 2012 年之后，因 G 市委主要领导干部的调整、领导思路和重心发生转移，G 市委农工部给该频道的支持资金开始下降。2012 年下半年，因电视台和频道领导班子调整，该涉农频道由农业频道转向政法频道，原有的农业栏目由 3 个压缩到 1 个，保留该栏目还是为了创收。[2]该台涉农频道整体定位和相关栏目的调整，是"事业单位、企业管理"体制下，新闻媒体缺乏必要公共财政支持、面临生存压力的必然选择。

在缺乏公共财政资金支持下，全国新闻媒体普遍存在着资金紧张、生存压力大等现实困难。例如，H 省某知名农业频道 2012 年 8 月开播以来实行公司化运营模式，2013 年的广告收入、产业收入和全媒体服务三块合计产值将达 3 亿元；但在缺乏公共财政支持的情况下，该频道也面临着资金困难。[3]

面对生存压力，新闻媒体难免出现重经济效益、轻公共服务的现象。特别是近几年来受新兴媒体的冲击，国内多家传统媒体普遍感到生存压力巨大，受人力物力和财力的制约、无法无力服务"三农"。

我跟我们这里周边的其他县级电视台的台长们有交流。我们现在感到，我们县级电视台现在面临着一个最大的问题或困难是生存的问题。2014 年开始，我们明显体会到县级电视台进入了运营非常艰难的境地，主

---

❶ 2013 年 8 月 12 日，笔者对 J 省 G 市 × 台涉农频道副总监的网络访谈。

❷ 2013 年 2 月 2–3 日，笔者对 J 省 G 市 × 台涉农频道部分工作人员的实地专访。

❸ 2013 年 1 月 15 日，笔者对 H 省某农业频道党总支书记、副总经理 L 先生的专访。

要体现在广告经营和收入方面。……在平时，我们就是取得了什么成绩就去报道，也没有开辟门性的栏目去报道“三农”。但针对“三农”（如新农村建设、新型城镇化建设和农业发展）的特色性成果，我们开设了临时性的专栏。至于直接针对“三农”或围绕“三农”的专题和栏目，我们以前曾做过，（后来）主要是受人、财、物的制约，我们就停了。❶

总的来说，我们的新闻选题、所开办的栏目，主要面对三类群体：一是服务地方党委和政府。从政治的角度来看，这是我们作为媒体的根本属性所在。二是服务地方职能部门。作为地方主流媒体，在地方政策宣传、新闻事件策划和县委县政府中心工作之中，地方各部门会参与进来，我们把这部分工作作为重中之重。因为地方职能部门的自身职能就是配合县委县政府工作。三是面向市场。我们县级媒体的传播范围有限，新媒体出来后我们的传播范围会更广……我们的节目还是有很强的市场定位。因为我们是县级媒体，所以，我们的文化类节目、情感类节目和资讯类节目都定位于本地自身特色，那就是服务地方本土、特别是当地文化。❷

随着我国综合国力和经济实力的不断增强，我国有必要建立适合我国国情和当前形势发展需要的公共资金支持制度，为新闻媒体维护公民权益、履行公共服务职能提供必要的物质保障。同时，也应加强对公共资金的监管力度、保证公共资金使用上的廉洁高效。

6.4.2.2 建设混合型公共资金保障体系

从世界范围内看，各国对公共电视实行的公共财政支持体系主要有“单一模式”和“混合模式”两种。“单一模式”，因其资金来源单一给国民造成的经济压力较大，已不能适应媒介数字化和新闻媒体发展需要；“混合模式”，因具有资金来源多元、保障有力等优势而日渐被多国采纳。

英国在长期实行“单一模式”后就逐渐采用“混合模式”。2005 年之后，英国通信办公室（OFCOM）建议将“混合模式”作为 BBC 的财源模式，但仍以收视费为主。该资金在 BBC 总收入中仍占相当比例，如 2005

❶ 2016 年 8 月 10 日下午，笔者对 J 省 D 市电视台台长的访谈。

❷ 2017 年 7 月 27 日上午，笔者在 J 省某县电视台的调研记录。

年占70%以上[1]，2010年则占75%[2]。

法、德、日、美等国则以“混合模式”为主，经费来源包括收视费、广告费、赞助费等。各国公共资金在公共电视收费中所占的比重也不尽相同，其资金来源和征收方式也会及时调整。例如，法国从2002年始以“视听接收税”的形式扶持公共广播电视，该笔资金占该类媒体总收入的60%以上。德国的视听接收费，占德国公共广电媒体总收入的80%以上；日本广播协会（NHK）的视听费收入所占比例最高，占其年总收入的96%以上。[3]在韩国，视听接收费占公共媒体总收入的39%左右。[4]美国公共电视的收入来源，则是以社会捐赠、州政府和州立大学的拨款、企业赞助以及财团资助为主，这笔资金占公共媒体总收入的80%以上；联邦政府每年对公共广电媒体的财政支持每年有数亿美元，占公共媒体总收入的10%~15%。[5]

我国在利用公共财政资金建立对农业公共服务体系、维护农民权益方面，可从以下两个方面着手。

第一，建立稳定的“混合模式”公共财政专项制度。由各级政府从公共财政中拨付一定资金专门用于创建、扶持一批农业类电视频道（栏目、节目），农业电视媒体也可通过广告和其他服务壮大自身实力，但公共财政资金应能维护农业电视媒体的基本正常运转需要。

第二，建立覆盖全国的、有机联系的农业新闻传播体系。形成中央、省、市、县四级农业电视新闻传播网络，特别是各省、市应利用公共财政资金建立起至少一个覆盖本级行政区域的农业电视频道或栏目；全国县一级的广播电视台自办新闻栏目，可根据当地城乡发展状况，有规律地制作、播出农业电视新闻节目。

6.4.3 公民文化：提升农民话语能力

公民文化属于政治文化的范畴。政治文化，是一个民族在特定时期流

---

❶ 国家广电总局发展研究中心．国外广电影视体制比较研究［M］．北京：中国国际广播出版社，2007：11.

❷ 李燕吉．解读英国广播公司（BBC）新闻频道的市场战略［J］．电视研究，2011（1）：75–77.

❸ 同❶58–59.

❹ 同❶.

❺ 同❶58–59.

行的一套政治态度、信仰和情感[1]，并受到该民族的历史及其当前所处的社会、经济、政治活动进程的制约。政治文化与政府的公共服务水平之间存在着互动关系，即政治文化会对政府公共服务产生潜移默化的影响，政府公共服务的历史与现状又是政治文化的重要组织部分。

阿尔蒙德将政治文化划分为蒙昧型、服从型和参与型三种。在蒙昧型政治文化中，政府与公民之间的联系十分松散；在服从型文化中，政府与公民之间是一种单向联系，即政府对公民的单向政治输出、缺乏公民的政治输入；参与型政治文化，是理想的公民文化，政府与公民之间存在双向的互相影响、互相参与的关系。农民的权属于政治权利范畴，保障农民权除需要一定的渠道之外，更需要政府从培育公民文化、提高农民的文化知识水平和组织化程度等方面入手，以提升农民的能力和政府公共服务水平。

6.4.3.1　提高农民组织化程度，保障农民合法权益

农民的影响力主要不是依靠其人数规模决定，而是由其组织化程度决定。保障农民合法权益，需要提高农民的组织化程度。

在西方发达国家，公民通过民间组织把自己的利益需求用合法的手段和方式呈现给政府，并在政府选举和公共决策中产生重要影响。当然，在西方发达国家，纯粹意义上的农民所占比例普遍较低，但农民为了保护自身利益普遍成立了形式多样的农民组织。通过这些组织，农民能较好地维护了自身合法权益。例如，美国有农民协会、农民联盟和农场局三大民间团体代表农民，对政府决策显示了强大的影响力；法国有农民工会、农民协会、农会等组织代表农民利益；日本有全国农协联盟代表日本农民利益，日本农业人口不足全国总人口的5%，但控制全国25%的选票，政府的农业政策在很大程度上受到农协制约，任何损害农民权益的行为很可能导致执政联盟的崩溃。[2]

我国国情与西方发达国家不同，但可利用好村级“两委”、各级各类专业合作社等社会组织，提高农民的组织化程度、保障农民的合法权益。

---

❶ 阿尔蒙德，鲍威尔，等．比较政治学：体系、过程和政策［M］. 曹沛霖，等译．上海：上海译文出版社，1987：29.

❷ 刘津．我国农民利益保护问题［J］. 边疆经济与文化，2004（12）：29-32.

6.4.3.2 加强教育培训和引导，提升农民话语意识和能力

我国封建专制统治形成的臣属文化，与阿尔蒙德笔下的服从型政治文化具有较高的相似性。中华人民共和国成立后，我国的政治文化开始了由臣属型向参与型转变的历程，公民文化初现端倪。特别是20世纪90年代中期至今，我国社会阶层结构变迁加速之后，随着阶层利益的分化和固化，我国公民的权益意识、政治参与意识和表达意识明显增强，突出体现在网络等新兴媒体的信息传播和表达之中。

在城乡差距明显、臣属型政治文化传统影响尚存的语境下，我国健全公民文化应从以下几方面入手。

第一，强化政府和新闻媒体的公共服务意识。政府要摒弃“官本位”思想，扩大公民在公共决策的参与度和影响力，新闻媒体要强化自身的公共服务意识，将自己打造成政府与公民双向沟通的信息平台。

电视，关键是要围绕老百姓切身利益的事进行传播。特别是农业技术、“三农”发展中的瓶颈问题等，都可以在电视节目中进行探讨，可以让老百姓和领导、专家共同参与，形成互动，再进行决策。❶

第二，加强对教育培训和引导，提升农民的思想认识水平、法治意识和能力。当前，需要政府和新闻媒体合力提高我国农民的文化和法律知识水平，提升农民的公民意识、参与意识、法治意识，使其有意愿和能力在合法、理性原则基础上积极参与国家公共政治生活。

目前农民普遍存在着视野狭窄、只关心自己利益的问题。媒体培养新型农民，首先，要解决农民的思想问题，这特别重要；其次，是开阔他们的视野；最后，是培养、增强他们的技术和技能。对农民思想引导最关键，现在农民普遍存在着一种事不关己、高高挂起的问题。对他们进行思想引导，主要是使他们心齐、遵守法律和仁义道德。❷

第三，加强对农民社会心态和话语方面的引导，使其话语和表达沿着合法、健康、有序的轨道发展。实地调研中发现，新型城镇化进程存在由于农民心态不平和、要求过高，以及突击抢建违建而引发矛盾和冲突的现

---

❶ 2016年8月9日晚，笔者对J省W县文化广电新闻出版局党委委员、县委驻文广局组织员、某村第一书记的访谈。

❷ 2016年8月9日晚，笔者对J省W县文化广电新闻出版局党委委员、县委驻文广局组织员、某村第一书记的访谈。

象。为此，有必要通过媒体的新闻报道、信息传递，发挥其舆论引导和社会心态的调适作用。

6.5 农民与新闻话语互动的媒介进路

本节从新闻媒体内部运作的视角，探讨国内新闻报道与农民话语良性互动的现实进路。我国新闻话语与农民现实需求间的差距，与国内媒体内部的运作机制不无关系。从媒体内部促进媒介与农民话语的互动，具体可从媒介话语的落点、内容、形态和评估等方面进行。

6.5.1 话语落点：积极回应农民诉求

根据媒介镜像理论，新闻媒体具有强大的现实反映和建构功能。要使媒介镜像对社会主体（社会公众）的自我认知和社会认同产生影响，须经历凝视、认同和幻象三个基本阶段。

"凝视"是第一阶段，即引发社会公众（受众）关注。"凝视"即关注，凝视"既是知觉，也是解释；既是眼前呈现的事物，也是光学的物理世界和人的主观世界的呈现和消逝"[1]。从根本意义上说，新闻报道之所以能引起受众的凝视和关注，最重要的就是要使新闻报道能满足受众的现实利益或心理需求。求知求乐和对美好生活的向往，是当前人们普遍的现实利益和心理需求。

当前，我国已经出现了官方、民间和境外三大话语体系互相博弈又交错互动的复杂局面。在此形势下，重构国内新闻微观机制，首要的是寻找落点，积极回应公众诉求。落点，是指国内新闻报道要在官方、民间及境外三大话语体系中寻求最佳平衡点，其目的在于提升我国新闻的社会关注度和认可度。官方话语主要是政治话语[2]，往往代表了国家在特定年代中的主流价值观。民间话语，主要是以民众情绪、民间言论和议论等方式呈现出来的话语，是特定时空环境下民众生存状态、社会理想和利益诉求的折

---

❶ 富瑞．凝视：观景者的受虐狂、认同与幻象［M］// 吴琼．麦茨，等．凝视的快感：电影文本的精神分析．北京：中国人民大学出版社，2005：64.

❷ 窦卫霖．中美官方的话语比较研究［D］．上海：上海外国语大学，2011：43.

射，在一定程度上对官方话语具有消解、反抗和建构作用。境外话语，主要是指通过境外机构或境外媒体呈现的话语。由于政治制度、意识形态的不同，境内外官方和民间话语常存在异质性和冲突性，但在某些议题上又具有共通性。

就新型城镇化而言，我国农民的现实话语与国内主流新闻媒体的话语呈现之间，既有相同之处也存较大差距，表现在政治、经济、社会、文化和生态等诸方面。据此，我国的官方与民间之间存在着沟通、互动和改进的空间。

改革完善我国现有的新闻体制机制，有必要正视当前国内存在着的三大话语体系之间的博弈与互动态势，将维护公共利益、为农民提供公共服务视为自己的首要职责；并在此基础上，寻找三大体系的最佳平衡点、积极回应农民的公共话语，提升涉农新闻报道的社会认可度。彰显公共性和批判性，是我国涉农新闻寻找平衡点、回应农民话语的基本原则。以农民权为切入点、落实农民“四权”，客观平衡呈现农民在政治、经济、文化、社会民生等领域的话语，同时发挥新闻媒体的引导和服务功能，是涉农新闻寻找平衡点、回应农民需求的基本路径。尤其是涉农新闻在报道相关政策时，应适当加大相关报道的信息量，增强政策透明度、及时回应农民的信息需求。

我们希望并欢迎媒体及时把上级的好政策，及时、详细地报道出来！那样的话，既可以帮老表更好地了解政策，也可避免他们对我们产生误解，我们的工作也更好做。现在总有些人说，上面的政策好处被我们乡里、村里的干部吃掉了。但实际情况，并不是那样。（ID 编号：167）

6.5.2 话语内容：着力形塑农民认同

根据媒介镜像理论，认同是新闻媒体作用于社会主体、促使其采取相应行动的中间环节和必经阶段。认同，是指社会主体在关注媒介镜像时将“他者”视同为“自我”的心理反应，是社会主体对媒介镜像产生的一种自我认同。形塑农民认同，最重要的是新闻媒体精选、平衡话语内容。

根据克里斯蒂安·麦茨的阐述，媒介镜像如同一面镜子，受众可通过对媒介镜像的关注、观看等活动，并通过这种活动具有的“投射”“内投射”双重运动属性实现受众自我认同的层次性——原初认同和继发性认

同[1]，二者有先后之分但关系密切，原初认同（自我的形成）非常清醒和警觉，继发性认同则具有丰富性和延展性特征。受众的认同，主要源于媒介呈现的内容与受众已有的社会认知和欲望诉求。就新型城镇化而言，农民对新闻报道的内容认同，主要取决于国内新闻报道的内容、农民已有的社会认知和利益诉求。受社会个体差异性等因素制约，在此过程中，存在着认同与排斥、强化与弱化、复制与替换、消解与重构等可能。但笔者调研发现，公平正义、政府、社会公共组织及新闻媒体为农民提供良好的公共服务，是当前我国农民的普遍诉求。公共服务、公平正义和社会团结三者之间有必然联系，公共服务是载体和手段，公平正义是价值追求，社会团结是基本目标。

传统新闻理念主导下的我国主流新闻报道，呈现出较明显的“传者本位”和“舆论一律”的特征——基调官方化、主体精英化、角度正面化，等等。这些不足制约了新闻媒体在监视环境、守望公共利益方面的发展空间，致使新闻媒体在一些涉及公共利益、民众关心的重大新闻中丧失了主动权，降低了新闻报道的公信力。[2]

不避敏感话题和深层社会矛盾、全面真实报道社会现实、客观平衡展示社会诉求，是维护公平正义、促进社会团结有序的基本原则。该原则运用到具体的新闻生产中，就是要在确定报道选题和角度时，最大限度地满足农民的知情权、表达权、监督权和参与权；尽可能采访农民等社会公众，引用他们的话语、体现农民的合理诉求。

近年来，中央主流媒体连续开展的“新春走基层”系列报道，值得全国媒体学习借鉴。中央电视台2011—2012年推出的“走基层”系列报道，可成为我国新闻媒体微观机制重构的有益借鉴。该系列报道的最大亮点在于关注“三农”，较真实体现了不同社会群体话语，主要体现在报道题材和角度、节目形态和解说等方面，向世人展示了发展中的、真实全面的中国图景。该系列报道虽然报道了一些“精英人物”，但更多的是基层的普通百姓和干部，尤其是该系列报道中西部农村生活场景和普通农民话语的真实再现。

---

❶ 麦茨．想象的能指［M］// 吴琼，麦茨，等．凝视的快感：电影文本的精神分析．北京：中国人民大学出版社，2005：33-61.

❷ 陈旭鑫．电视媒体维护社会公平正义的理论内涵与基本路径［J］．现代传播（中国传媒大学学报），2013（2）：60-62.

该系列报道对“三农”的关注，具体包括农村及贫困地区孩子的上学难、农村留守儿童的心理需求、青壮年农民外出谋生的艰辛和内心恋家的煎熬、农村孩子求医治病难、整体搬迁时农民的话语和恋土情结。上述五个方面基本涵盖了当前我国“三农”发展中面临的主要问题，真实反映了农村现实、农民的话语，有助于维护社会公平正义。[1]

本章第一节中提及的农民与媒介话语间的差异，为提升新型城镇化进程中新闻媒体与农民话语的互动提供了现实路径，在此不再赘述。

6.5.3 巧做平台：意在引导农民参与

社会治理的理论与实践表明，公众积极有效的参与是提升社会公共事务治理能力与水平的保证。我国新型城镇化建设，必然涉及农民等不同社会群体的利益。在此进程中，新闻媒体应充分发挥自身传播优势，成为沟通农民与各级党政职能部门、其他社会群体的话语平台。巧妙承担并善于做好社会各界共同对话沟通的话语平台、促进各方积极有效地参与到新型城镇化进程，是我国新闻媒体提升自身新闻舆论传播力、引导力、影响力、公信力的客观要求和发展方向。

当前，新闻媒体在话语平台建设方面急需强化以下两方面工作：一方面，引导和促进农民通过正当渠道客观理性地表达自己的合理诉求，积极参与到新型城镇化建设中去；另一方面，引导和促进地方各级职能部门公开及时地回应农民的合理诉求。

在此，笔者拟简要介绍江西日报社在加强平台建设、扩大社会参与方面的做法。江西日报社主要通过中国江西网（原大江网）的《问政江西》《法媒银》等栏目和《江西日报》的《党报帮你办》栏目等作为加强党政职能部门与社会各方沟通的传播平台。

《问政江西》由江西日报社下属大江网（现中国江西网）于 2011 年自主创办，至今已近十年。近十年期间，该栏目一直致力于打造“沟通政府与百姓的桥梁”——既及时体现江西省委省政府的工作重点，又让广大网友能合理合规地表达诉求。为实现此目标，该栏目利用自己的平台资源优势，建立了与省内多家职能部门的联动反馈机制，使广大网友能及时看到

[1] 陈旭鑫 . 电视媒体维护社会公平正义的理论内涵与基本路径 [J]. 现代传播（中国传媒大学学报），2013（2）：60-62.

职能部门的反馈和处理情况。2019 年 1 月，《问政江西》成为江西省“五型”政府建设领导小组办公室与江西日报社联手打造的网络问政新平台。如今，该平台已经建立了良性稳定的工作机制——对一般性诉求，要求 3 日内办结；对重大问题诉求，要求 5 日内办结或给出处理方案，力争“事事有着落、件件有回音”，做到“民有所呼，我有所应”。

在平台运作中，该栏目主要采用“三步工作法”：第一步，开通投诉渠道。例如，在网页上公布了问政热线电话、传真、QQ、电子邮箱等联系方式，设置了“投诉通道”“问政简报”等链接。“投诉通道”中，网友可用实名或昵称登记，但要求如实填写联系电话、电子邮箱以便职能部门核实和媒体反馈；此外，该栏目还用“留言说明”对网友的投诉提出了具体要求，提示网友要遵守相关法律法规并对自己的投诉负责。第二步，及时转交反馈。例如，在接到网友的投诉后，《问政江西》一方面会及时将投诉转发给相关涉事部门、要求其及时公开回复；另一方面还会遴选出部分典型投诉，派记者深入实地进行调查后做出公开报道、及时回应群众合理诉求。第三步，做好督促催办。例如，“问政简报”采取一日一报的形式，在汇总当日收到网民投诉的基础上，简要报告相关职能部门的回复处理、未及时回复引发舆情等方面的内容，其目的督促涉事部门及时回复，实现“件件有落实，事事有回音”。

至今为止，该平台已形成了“网友发帖→平台审核→帖文转办→政府督办→部门反馈→网友评议”的互动机制确保平台健康运行，在探讨“政府 + 媒体”回应群众合理诉求、提升政府治理效能方面开展了有益探索。截至 2019 年 12 月 31 日，该平台收到各类意见、建议 13758 条，转办、交办其中有效帖文 8057 条，得到回复 6672 条，回复率为 82.8%[1]，不少群众合理诉求得到较好解决。

鉴于媒介融合和移动终端时代的到来，该平台构建起了集网（中国江西网 PC）、报（信息日报）、端（问政江西 APP）、微（民生江西微博）、视（访谈等视频栏目）五位一体的立体式传播架构以吸引更多社会公众参与，提升传播效果和社会治理效能。

《党报帮你办》是江西日报社利用《江西日报》省委机关报的优势创办的一个为民服务平台性栏目，意在“既秉承党报主流、权威的传统，又

❶ 2020 年 6 月 18 日，中国江西网新媒体部胡武龙提供。

做贴近百姓的新闻，提升党报的可读性和传播力”。该栏目主要针对城乡居民反映较普遍的行业纠纷、个人利益受损之事，通过“记者调查”“部门回应”“律师说法”“专家建议”等形式帮助群众实现合理诉求、维护正当权益，有效实现了政府与百姓的良性互动。[1]《法媒银》是江西日报社联合江西省高级人民法院和省内 18 家驻赣金融机构，于 2015 年 12 月起打造的“失信被执行人曝光台”，旨在联手“共筑诚信、惩戒失信”。二者的做法，与《问政江西》类似，在此不赘述。

6.5.4 评估标准：重在保障农民权益

作为媒介话语和准公共产品，新闻报道的基本职责在于满足公众的信息需求、维护公众正当权益、促进社会公正正义、推动社会健康发展。为此，有必要建立起一套新闻效果评估机制，促使国内新闻媒体切实履行其基本职责、推动社会健康发展。我国新闻效果评估的宗旨是，根据新闻媒体通过其新闻内容和媒介活动，为社会公众提供的公共产品和服务以及由此产生的公众满意度来评估其绩效，从而确定其新闻生产“对公众负责、提高服务质量的公共责任机制和运行机制”[2]、落实公众权。

新型城镇化进程中，农民与媒介话语互动的效果评估可以满意度理论为依据，建立以维护农民利益、尊重农民权为核心目标，以农民满意度为主要内容的效果评体系，扩大评估主体范围、实现多方参与的评估机制。

满意度理论源于心理学领域、在经济学和社会学领域均有研究，并在经济学领域中形成了较为成熟的顾客满意度理论。[3]该理论模型主要有两种：一是瑞典顾客满意度指数模型 SCSB（Swedish Customer Satisfaction Barometer）；二是美国顾客满意度指数 ACSI（America Customer Satisfaction Index）。满意度理论在社会学领域的研究，受社会学领域现象与问题繁杂多变等影响而显得有些驳杂，可归结为社会满意度和公众满意度两个基本向度，二者的共同点在于研究公民对公共产品和服务的心理感受。1936

---

❶ 陈旭鑫 . 传统媒体提升“四力”的路径选择 [J]. 青年记者，2017（3 / 下）：50–51.

❷ 蔡立辉 . 西方国家政府绩效评估的理念及其启示 [J]. 清华大学学报（哲学社会科学版），2003（1）：76–84.

❸ 赵东霞 . 城市社区居民满意度模型与评价指标体系研究 [D]. 大连：大连理工大学，2010：18.

年，美国行政学者迪马克（M. Dimock）将顾客满意度理论引入公共服务领域，认为“顾客满意标准在政府运作过程中的运用，应当与企业中的运用一样广泛”[1]。虽然顾客满意度理论源于对私人产品的研究，但因其已形成一套成熟的理论、切实可行的衡量指标和标准。

本书结合满意度理论和我国新闻规制与管理现状，构建了我国新型城镇化进程中农民与媒介话语互动的效果评估体系。该体系模型包括6个变量、11个关系和4个层次的指标体系。社会满意度模型的一级指标，是总的测评目标即“社会满意度指数”；二级指标，包括社会预期、新闻质量、感知价值、社会满意度、社会抱怨、社会忠诚；三级指标，是根据新闻公共服务基本要求，由二级指标展开而得到的指标；四级指标，则是三级指标展开后体现在调查问卷上的具体问题。社会预期和新闻质量是形成、制约社会感知价值的两大因素，新闻质量、社会预期、社会感知价值决定社会满意度，社会满意度表现为社会抱怨和社会忠诚两个维度；社会预期影响新闻质量，社会抱怨影响社会忠诚，而新闻质量与社会抱怨、社会预期与社会忠诚之间又存在双向互动关系。

在该话语互动评估模型中，“社会预期—新闻质量—社会评价”是三大构成要素。其中，社会预期是基础，社会评价是结果，新闻质量处于核心地位。互动效果评估主体，包括“社会公众”和“新闻媒体”两大部分。其中，“新闻媒体”由新闻媒体自身组成，“社会公众”包括党政主管部门、专家学者、农民和第三方评估机构。公共服务的基本评估标准，包括经济效益、服务质量、公众满意度和公平标准。其中，经济效益是基础，服务质量、满意度和公平标准则是在效益标准基础上衍生出来的重要标准。效益标准，是国际通行的衡量公共服务的基础性指标，以投入与服务或产品的产出比为参照，以公共服务或与公共服务的目标吻合度为尺度，包括产出质量、预期目标等。服务质量标准是衡量公共服务水平的关键，包括有形、可靠、响应、安全和移情五个维度。[2]公众满意度，已成为当前世界普遍采用的基本标准。该标准认为，只有满足用户需要并为用户认可和满意的公共服务才是有效的。公平标准，则要求接受服务的团体

---

[1] 罗森布鲁姆，克拉夫丘克仁．公共行政学：管理、政治和法律的途径［M］.5版．张成福，等校译．北京：中国人民大学出版社，2002：28.

[2] PARASURAMAN A，ZEITHAML V A，BERRY L L. Guidelines for Conducting Service Quality Research［J］.Marketing Reaearch，Dec.，1990，pp.34–44.

和个人都受到公平的待遇，并对弱势群体给予特别的关照和优惠。

上述标准，在评估涉农新闻的公共服务时同样适用，具体包括以下几个方面。

第一，在效益标准方面，将落实农民“四权”、维护农民利益作为农业新闻生产和评估的基础。该效益标准与传统标准最大的不同之处在于兼顾我国新闻媒体的意识形态宣传与公共服务功能，并将公共服务置于更加突出的位置。

第二，在服务质量方面，以新闻内容为载体，突出其公益性价值取向。具体来说，就是在节目内容上应体现出多元、创新、有实质意义和独立等基本特性。[1]多元，是指在新闻报道的领域、地域、主题、对象、主体、观点表达、节目形态等方面丰富多元，兼顾不同社会阶层人员、大众和小众的利益需要和观看兴趣，并在节目内容、播放时段等方面予以呈现；创新，主要是指在节目的立场观点、表现形态上常办常新，可以从自制节目与外购节目的比例方面进行衡量；有实质意义，是指在新闻类节目中提供有一定深度且与公众切身利益密切相关的报道，在评论类节目中则能既提供观点又提供充足信息为观众释疑解惑；独立，是指能公正客观、不偏不倚地进行报道、评论和活动策划，其目的不仅是官方或既得利益集团的“吹鼓手”，更是农民等弱势群体利益的“呼吁者”“维护者”。

第三，在满意度方面，以落实农民知情权、表达权、参与权和监督权为切入点，全面报道我国农民在政治、经济、文化、民生等方面的话语，使农民亲身感知、体会到新闻媒体在维护农民利益、提供公共服务方面的努力与价值。社会转型期我国农民的话语，笔者在前文已有详述，在此不再赘述。

对农民的满意度评估，可采取专题问卷调查、深度访谈等方式，从客观和主观两个方面来衡量——客观评估，主要以农民的媒介接触行为为标准；主观评估，主要评估农民收视后产生的心理反应、态度和行为改变为标准。

在质量评估方法上，我国可适当借鉴BBC的“欣赏指数”进行定性和定量研究。“欣赏指数”，使用“兴趣”和“享受”2个维度6个等级用

---

[1] CROTEAU D，HOYNES W. The Business of Media：Corporate Media and the Public Interest[M].California：Pine Forge Press. 2001，pp.150.

以测试观众对节目的看法，具体包括“极度有趣 / 享受”“非常有趣 / 享受”“颇为有趣 / 享受”“普通 / 享受”“不大有趣 / 享受”“完全不有趣 / 享受”等。20 世纪 90 年代后，“欣赏指数”被修改成 0 ~ 100 分的量表工具，请受访者自主给分。

用“欣赏指数”方法评估涉农新闻报道时，可考察受访者对相关内容的知晓度、满意度和具体评价；在实施过程中，要考虑到不同评估主体的权重比例，即政府部门、媒体自身、社会公众（农民、专家学者和其他阶层）的比例。当前，特别需要强化农民在评估主体中比重，提升农民的评估在整体评估结果中的权重系数。

第四，在公平标准方面，包括两方面的内容：一是指新闻报道内容上的公平，包括地域公平、阶层公平、民族公平；二是指在内容评估操作上的公平，包括操作过程、结果公布和奖罚方面做到公开、公平、透明。

在新闻内容上，地域公平包括城乡之间和乡村之间的公平，即在新闻报道的内容、引语（同期声）的采用、报道篇幅、节目时长、报道数量等方面，充分考虑到地域因素，体现涉农新闻的地域平衡；阶层公平，是指相关新闻在主题内容、主体、时长、态度倾向的选择等方面，充分考虑不同社会阶层的利益；民族公平，是指对不同民族的农村人口提供同等质量和数量的涉农新闻，对民族地区播出的节目要使用民族语言，体现民族特色，传承民族文化，维护当地农民利益。

在内容评估操作方面，操作过程上的公平，主要是指评估的目标、主体、方法和结果形成的所有过程，都要坚持公平公开、规范透明的原则；评估结果出炉后，应及时向全社会公布，接受并及时回应社会公众的批评监督；基于评估结果建立内部反思和奖惩制度，反思重在探讨“社会抱怨”形成的缘由、内容和改进办法，奖惩的目的在于发挥评估结果的导向价值，二者的标准与实施均要公平透明、接受并回应社会批评监督。

7 结　语

7.1 本书的发现与结论

新型城镇化，是党的十八大以来，党和国家在经济社会发展转型升级进程中为全面建成小康社会、促进城乡融合、全方位提高人民生产生活而提出的宏伟战略。城市（镇）化，包括物质和精神两大向度。前者，主要指人口、土地、住房、道路交通、经济活动等有形层面；后者，主要指管理制度、价值理念、行为方式、文化习俗等抽象层面。二者之间存在着互为表里的内在联系。

新型城镇化，有别于中外传统的城镇化。传统的城市（镇）化，是以土地和城区扩张为核心导向、单向性和区隔性色彩强烈的城镇化；新型城镇化，是以人的幸福安居为核心导向、全方位协同推进的城镇化，旨在统筹城乡发展、实现城乡一体化，进而切实提升人民群众的获得感和幸福感。

此外，新型城镇化更强调城乡一体化和人口素质的现代化，特别是农村人口在价值观念、伦理道德、法治意识、教育程度、思维方式、行为习惯等综合素质方面的现代化。从这个意义上讲，新型城镇化进程中，我国新闻媒体能够而且应该发挥积极的社会功能，即发挥新闻媒体作为农民现代化和新型城镇化的“助推器”功能。

农民是新型城镇化的主体，新型城镇化必然涉及农民的利益和城乡博弈。新型城镇化进程中，包括农民在内的全体公民的利益诉求多元化、法治权益意识增强、表达意识和能力上升，已是不争的事实。为此，在保证国家主流意识形态安全的前提下，一方面，有必要将我国新闻媒体打造成为表达农民合理诉求、纾解社会矛盾的公共服务平台；另一方面，也有必要运用新闻媒体加强对农民诉求的教育引导，使广大农民具有健康的社会

心态、良好的行为习惯，能遵循正当合法的话语和表达之道，使新闻媒体成为助推我国新型城镇化进程、提升广大人民群众幸福感和获得感的“倍增器”。

本书以中央确立的政治、经济、社会、文化和生态“五位一体”协同推进的原则为研究视角，结合社会分层理论，运用实证研究和文本分析等方法，根据笔者在江西、广东、湖北、广西、安徽、河南、黑龙江等10个省区调研获得的大量第一手数据材料，较深入细致地考察了我国新型城镇化进程中，农民对新型城镇化的认知与利益诉求、利益诉求形成机制、媒介接触情况、媒介内容对农民日常生产生活、思维和行为方面的影响机制，弥补了此前国内相关研究中的不足，有助于为党和国家相关部门推动新型城镇化进程、科学决策提供参考。

从总体来看，增加收入、培养孩子、改善住房、赡养老人和技能培训，已经成为新型城镇化进程中农民主要的利益诉求；而随着党和国家持续重视“三农”和各种现实利益的考量，农民落户城市的意愿并不强。当然，农民的利益诉求也与其年龄、性别、文化程度等人口学特征有一定相关性。

新型城镇化进程中，办事公平公正、增加农业补贴、提高农村中小学教学质量、放宽医保报销限制、保护饮用水源等，是农民目前最希望党和政府着力解决的问题。这些诉求，也与其年龄、性别等人口学特征有关。

新型城镇化进程中我国农民的利益诉求形成机制如下：

$$\sum_{(农民利益)}=0.716Y_{政治}+0.547Y_{经济}+0.681Y_{社会}+0.793Y_{文化}+0.693Y_{环保}$$

$$Y_{政治}=0.119X_{年龄}+0.068X_{健康状况}-0.147X_{个人年毛收入}$$

$$Y_{经济}=-0.08X_{文化程度}+0.069X_{年龄}+0.057X_{收入来源}-0.06X_{个人年毛收入}$$

$$Y_{社会}=-0.086X_{性别}$$

$$Y_{文化}=-0.101X_{文化程度}+0.098X_{健康状况}+0.104X_{家庭人数}+0.071X_{年龄}$$

$$Y_{环保}=0.094X_{收入来源}-0.059X_{以前户籍}$$

上述公式表明，新型城镇化进程中，农民在文化、政治、环保和社会民生方面的诉求，已经超过其在经济方面的诉求。特别是其文化和政治方面的诉求，表现得较为突出，相关性系数分别为0.793和0.716；生态环保和社会民生方面的诉求比较接近，相关性系数分别为0.693和0.681。

媒介接触方面，电视和互联网（电脑、手机）是新型城镇化进程中我国农民获取新闻资讯的主渠道，农民关注的新闻资讯主要涉及突发事件、

社会保障、教育培训、产品质量、天气（气候）变化、物价变化、环境保护和基础设施建设。

受产业布局和外出打工等影响，农村居民对涉农新闻的接触率和关注度很低。换言之，农业新闻在农民中的传播力、影响力和公信力均有待提升。

涉农新闻的常态化受众中，手机移动客户端和各类专业 App 已成为其获取涉农新闻资讯的主渠道，国家政策法律法规、“三农”形势变化和致富技术是他们获取相关资讯的主要目的。

媒介内容中，新闻报道对农民的影响明显超过广告、影视剧和传统曲艺。具体而言，非涉农新闻的影响，主要体现在对农民思想观念方面；涉农新闻的影响，主要体现在对农民知识技能方面；广告的影响，主要体现在对农民购物消费方面；影视剧和传统曲艺的影响，主要体现在对农民娱乐休闲方面。

在此基础上，本书还进一步研究并发现了新闻报道、广告和影视剧对农民思想观念和日常行为的具体影响和影响机制，发现媒介内容影响农民思维和行为方式的机制（∑）如下：

$\sum=0.095\ Y_{\text{社会民生类新闻的正向行为效应}}+0.088\ Y_{\text{新闻的教育示范效应}}+0.073\ Y_{\text{新闻的公众信心效应}}+0.049\ Y_{\text{影视剧的心理效应}}+0.046\ Y_{\text{广告的行为效应}}+0.045\ Y_{\text{媒体的利益纾解效应}}+0.042\ Y_{\text{新闻的负向行为效应}}+0.039\ Y_{\text{媒介内容的宗教信仰效应}}+0.036\ Y_{\text{广告的恒常效应}}$

$Y_{\text{社会民生类新闻的正向行为效应}}=0.167\ X_{\text{年龄}}+0.065\ X_{\text{健康状况}}-0.059\ X_{\text{2013年11月以前的户籍}}+0.064\ X_{\text{婚姻状况}}$

$Y_{\text{新闻的教育示范效应}}=-0.091\ X_{\text{性别}}$

$Y_{\text{新闻的公众信心效应}}=0.221\ X_{\text{年龄}}-0.093\ X_{\text{2013年11月以前的户口}}-0.087\ X_{\text{性别}}+0.075\ X_{\text{常年居住地}}-0.089\ X_{\text{文化程度}}+0.081\ X_{\text{婚姻状况}}+0.07\ X_{\text{家庭人口}}+0.055\ X_{\text{健康状况}}$

$Y_{\text{影视剧的心理效应}}=0.096\ X_{\text{年龄}}+0.085\ X_{\text{现在户籍}}-0.083\ X_{\text{2013年11月以前的户籍}}$

$Y_{\text{广告的行为效应}}=-0.084\ X_{\text{年龄}}$

$Y_{\text{媒体的利益纾解效应}}=0.095\ X_{\text{年龄}}+0.084\ X_{\text{现在户籍}}-0.092\ X_{\text{性别}}-0.068\ X_{\text{2013年11月以前的户籍}}$

$Y_{\text{新闻的负向行为效应}}=0.097\ X_{\text{文化程度}}-0.091\ X_{\text{性别}}$

通过深度访谈和扎根研究，本书发现：新型城镇化进程中，农民的政治诉求主要表现在政策设计、环境营造、政策内容、政策执行和政策宣传等方面；农民的经济诉求主要体现在经济收入（来源）、金融信贷、基础

设施建设、农产品检测与推广、征地拆迁补偿、农业补贴、土地流转、产业结构调整、土壤检测与改良等方面；农民的社会诉求主要体现在基本民生保障（社保、医保和低保）、居住条件（安置房、城中村和棚户区改造）、劳动就业（就业环境和劳动培训）、身份待遇（政策性待遇）、计划生育和安全保障等方面；农民的文化诉求主要体现在强化致富技能培训、提升农民素质、提高农村教育教学质量、方便农村孩子就近入学入园、增加农村文化娱乐设施，以及加强对农民良好行为习惯、健康心态和思想意识的引导、培养等方面；农民的生态诉求主要表现在加强农村环境卫生整治、消除工业污染、治理水土流失、培养农民良好卫生习惯等方面。

在个案研究部分，本书以《人民日报》《农民日报》《新闻联播》《聚焦三农》，以及江西新闻网《问政江西》为个案，运用媒介镜像理论和内容分析、话语分析的方法，以个案中的涉农报道为研究对象，重点分析新闻媒体呈现的我国新型城镇化图景和农民诉求。

个案研究表明，新型城镇化进程中，国内不同新闻媒体均着力呈现了农民的经济诉求，特别是体现了农民在强化农村基础设施、增加经济收入和减少支出等方面的话语，体现出重视经济的报道框架；报道地域，均以东部发达地区的为主；报道主题，凸显了国家意志和主流意识形态，着力呈现了新型城镇化建设取得的积极成效；叙事框架，以对比为主，兼及因果和点面叙事。上述媒体之中，除《问政江西》之《问政调查》以直接方式呈现农民话语之外，其余传统媒体均以间接的方式呈现农民的诉求，并体现出了较明显的媒介差异。

在实证调查和个案分析的基础上，本书分析了农民与媒介二者话语表达的同与异，结合国内外新闻规制的理论与实践，运用社会转型、公共服务和媒介镜像等理论，从历史、现状和未来发展趋势的视角，对新型城镇化进程中改革创新我国宏观新闻规制、微观内部管理机制、引导农民表达等理论和现实问题，提出了相应对策建议。本书认为，我国现有的新闻规制体系具有明显的意识形态宣传属性，体现了党性和人民性的有机统一，对于维护国家主流意识形态和信息安全具有极其重要的作用。同时，在社会转型和媒介融合加速，官方、民间和境外话语角力博弈的新形势下，我国宏观层面的新闻规制体系、中观层面的媒介运营和农民教育引导、微观层面的日常新闻报道等，都有必要在保证国家主流意识形态和信息安全的前提下进行适当的改革创新，以增强我国新闻媒体生产与人民群众合理话

语之间的互动性，进而提升我国新闻媒体的传播力、引导力、影响力、公信力，发挥新闻媒体在新型城镇化建设中助推器和建构者的作用。

7.2 本书的不足与打算

本着实事求是、加强反思以提升水平的原则，本书尚存以下不足。

第一，受客观原因限制，本书主要研究了我国城市化进程中农民与媒介话语的互动，未涉及国外城市化进程中农民与媒介话语互动方面的材料。如有可能，笔者拟在日后出国（境）访学时进行研究。

第二，受本人学识和能力限制，本书主要运用面访式实证调查法（抽样调查问卷和深度访谈法）研究了传统主流媒体，在运用数据挖掘等新技术、新方法对新兴媒介与农民话语的互动研究方面有待强化。

本书的深度访谈人数较充足，所获资料较丰富，但抽样调查的问卷数量略显不足，调查范围主要以中部地区为主。如适当扩大在东部和西部地区的实证调查，则更能使本书结论具有代表性。

研究内容方面，特别是对策建议部分尚存较多不足。本书主要从国家宏观和媒介中观层面研究了我国新型城镇化进程中农民与媒介话语表达的互动，但未涉及微观层面（农民个体或特定阶层）的研究，即未深入探讨农民个体与媒介话语的互动状况。媒介话语如何影响农民的思想、态度与行为，无疑具有重要的学术和应用价值。笔者拟在日后研究中予以关注，更欢迎学界同行研究、批评指正。

参考文献

一、中文专（译）著

[1] 中共中央宣传部．习近平新闻思想讲义（2018 年版）[M]. 北京：人民出版社，学习出版社，2018.

[2] 毛泽东．毛泽东选集：第 4 卷 [M]. 北京：人民出版社，1991.

[3] 皮雷纳．中世纪的城市 [M]. 陈国樑，译．北京：商务印书馆，1985.

[4] 哈贝马斯．合法性危机 [M]. 刘北成，等译．上海：上海人民出版社，2000.

[5] 贝克．风险社会 [M]. 张文杰，何博闻，译．南京：译林出版社，2018.

[6] 布尔迪厄．关于电视 [M]. 许钧，译．沈阳：辽宁教育出版社，2000.

[7] 孟德拉斯．农民的终结 [M]. 李培林，译．北京：社会科学文献出版社，2005.

[8] 麦茨，等．凝视的快感：电影文本的精神分析 [M]. 吴编中，译．北京：中国人民大学出版社，2005.

[9] 迪克．话语・心理・社会．[M] 施旭，冯冰，编译．北京：中华书局 .1993.

[10] 迪克．作为话语的新闻 [M]. 曾庆香，译．北京：华夏出版社，2003.

[11] 麦奎尔．麦奎尔大众传播理论 [M]. 崔保国，李琨，译．北京：清华大学出版社，2006.

[12] 赫茨勒．世界人口的危机 [M]. 何新，译．北京：商务印书馆，1963.

[13] 阿尔蒙德，鲍威尔，等. 比较政治学：体系、过程和政策 [M]. 曹沛霖，等译．上海：上海译文出版社，1987.

[14] 罗杰斯，伯德格．乡村社会变迁 [M]. 王晓毅，王地宁，译．杭州：浙江人民出版社，1988.

[15] 钱纳里，塞尔昆 . 发展的型式 [M]. 李新华，等译 . 北京：经济科学出版社，1988.

[16] 亨廷顿 . 变化社会中的政治秩序 [M]. 王冠华，刘为，等译 . 上海：三联书店，1989.

[17] 施拉姆 . 大众传播媒介与社会发展 [M]. 金燕宁，等译 . 北京：华夏出版社，1990.

[18] 英克尔斯，史密斯 . 从传统人到现代人——六个发展中国家中的个人变化 [M]. 顾昕，译 . 北京：中国人民大学出版社，1992.

[19] 施蒂格勒 . 产业组织与政府管制 [M]. 上海：上海人民出版社，1996.

[20] 马歇尔 . 经济学原理 [M]. 朱志泰，译 . 北京：商务印书馆，1997.

[21] 辛格尔特里 . 大众传播研究：现代方法与应用 [M]. 刘燕南，译 . 北京：华夏出版社，2000.

[22] 罗森布鲁姆，克拉夫丘克仁 . 公共行政学：管理、政治和法律的途径 [M]. 5 版 . 张成福，等校译 . 北京：中国人民大学出版社，2002.

[23] 弗雷德里克森 . 公共行政的精神 [M]. 张成福，等译 . 北京：中国人民大学出版社，2003.

[24] 李普曼 . 公众舆论 [M]. 阎克文，江红，译 . 上海：上海人民出版社，2006.

[25] 彭特 . 美国城市设计指南——西海岸五城市设计政策与指导 [M]. 庞玥，译 . 北京：建筑工业出版社，2006.

[26] 卡尔索普，富尔顿 . 区域城市——终结蔓延的规划 [M]. 叶齐茂，倪晓晖，译 . 北京：中国建筑工业出版社，2007.

[27] 麦瑞尔姆. 质化方法在教育研究中的应用：个案研究的扩展 [M]. 于泽元，译. 重庆：重庆大学出版社，2008.

[28] 斯科特 . 弱者的武器 [M]. 郑广怀，张敏，何江穗，译 . 南京：译林出版社，2011.

[29] 伯内斯 . 舆论的结晶 [M]. 胡百精，董晨宇，等译 . 北京：中国传媒大学出版社，2013.

[30] 藤竹晓 . 现代大众传播理论 [M]. 1 版 . 东京：放送出版社，1968.

[31] 谢列兹涅夫，等 . 心理战——战争与意识形态斗争 [M]. 张俊英，译 . 长春：吉林人民出版社，1981.

[32] 吉登斯 . 现代性的后果 [M]. 田禾，译 . 南京：译林出版社，2011.

[33] 陈向明 . 质的研究方法与社会科学研究 [M]. 北京：教育科学出版社，2000.

[34] 陈建云. 中国当代新闻传播法制史论 [M]. 济南：山东人民出版社，2005.

[35] 程贵铭 . 农村社会学 [M]. 北京：知识产权出版社，2006.

[36] 费孝通 . 乡土中国生育制度 [M]. 北京：北京大学出版社，1998.

[37] 方晓红 . 大众传媒与农村 [M]. 北京：中华书局，2002.

[38] 方汉奇 . 中国新闻传播史 [M]. 3 版 . 北京：中国人民大学出版社，2014.

[39] 辜胜阻 . 非农化及城镇化理论与实践 [M]. 武汉：武汉大学出版社，1999.

[40] 高佩义 . 中外城市化比较研究 [M]. 天津：南开大学出版社，2004.

[41] 国家广电总局发展研究中心 . 国外广电影视体制比较研究 [M]. 北京：中国国际广播出版社，2007.

[42] 郭建宁 . 利益协调与社会和谐 [M]. 天津：天津人民出版社，2008.

[43] 郭彦森 . 变革时代利益矛盾与社会和谐 [M]. 北京：知识出版社，2008.

[44] 郭湛，王维国，郑广永 . 社会公共性研究 [M]. 北京：人民出版社，2009.

[45] 黄汉平 . 拉康与后现代文化批评 [M]. 北京：北京大学出版社，2005.

[46] 洪远朋 . 利益关系总论 [M]. 上海：复旦大学出版社，2011.

[47] 侯杰泰，温忠麟，成子娟 . 结构方程模型及其应用 [M]. 北京：教育科学出版社，2004.

[48] 胡玉鸿 . 城镇化研究成果综述与评析 [M]. 苏州：苏州大学出版社，2016.

[49] 金耀基 . 从传统到现代 [M]. 北京：中国人民大学出版社，1999.

[50] 李淮春 . 马克思主义哲学全书 [M]. 北京：中国人民大学出版社，1996.

[51] 刘传江 . 中国城市化的制度安排和创新 [M]. 武汉：武汉大学出版社，1999.

[52] 刘富华，孙维张 . 索绪尔与结构主义语言学 [M]. 长春：吉林大学出版社，2003.

[53] 罗荣渠 . 现代化新论——世界与中国的现代化进程 [M]. 北京：商务印书馆，2004.

[54] 刘祖云 . 社会转型解读 [M]. 武汉：武汉大学出版社，2005.

[55] 卢斌 . 当代中国社会各利益群体分析 [M]. 北京：中国经济出版社，2006.

[56] 梁波 . 当代中国社会利益结构变化对政治发展的影响 [M]. 兰州：兰州大学出版社，2007.

[57] 李晓翼 . 农民及其现代化 [M]. 北京：地质出版社，2008.

[58] 刘学义 . 话语权转移——转型期媒体言论话语权实践的社会路径分析 [M]. 北京：中国传媒大学出版社，2008.

[59] 刘祖云，田北海，戴洁 . 转型期的中国社会分层 [M]. 武汉：湖北人民出版社，2009.

[60] 李书藏 . 冲突、妥协与均衡：英国公共广播电视体制的生成与探源 [M]. 北京：中国社会科学出版社，2011.

[61] 刘起军，等 . 诱发群体性事件的利益矛盾研究 [M]. 长沙：湖南师范大学出版社，2016.

[62] 陆益龙 . 后乡土中国 [M]. 北京：商务印书馆，2017.

[63] 聂波 . 城中村土地房屋征收中的利益冲突与协调研究：以中国特色社会主义利益观为视角 [M]. 北京：社会科学文献出版社，2016.

[64] 裴文 · 索绪尔 . 本真状态及其张力 [M]. 北京：商务印书馆，2003.

[65] 潘慧玲. 教育研究的取经：概念与应用 [M] . 上海：华东师范大学出版社，2005.

[66] 邱皓政 . 量化研究与统计分析 [M]. 重庆：重庆大学出版社，2013.

[67] 孙立平 . 断裂：20 世纪 90 年代以来的中国社会 [M]. 北京：社会科学文献出版社，2003.

[68] 王浦劬 . 政治学基础 [M]. 北京：北京大学出版社，1995.

[69] 魏永征 . 新闻传播法教程 [M]. 北京：中国人民大学出版社，2002.

[70] 王秀梅 .《诗经》译注 .[M]. 北京：中华书局，2006.

[71] 王伟光 . 利益论 [M]. 北京：中国社会科学出版社，2010.

[72] 谢炜 . 中国公共政策执行中的利益关系研究 [M]. 上海：学林出

版社，2009.

[73] 杨国枢，等. 社会及行为科学研究法 [M]. 台北：东华出版社，2001.

[74] 于建嵘. 岳村政治：转型期中国乡村政治结构的变迁 [M]. 北京：商务印书馆，2001.

[75] 郁鸿胜. 城市化研究国际理论前沿 [M]. 上海：上海社会科学出版社，2017.

[76] 中国大百科全书编辑委员会. 中国大百科全书 · 哲学卷 [M]. 北京：中国大百科全书出版社，1982.

[77] 赵家祥，李清昆，李士坤. 历史唯物主义原理 [M]. 北京：北京大学出版社，1992.

[78] 周一星. 城市地理学 [M]. 北京：商务印书馆，1995.

[79] 中正大学教育学研究所. 质的研究方法 [M]. 高雄：丽文文化公司，2000.

[80] 张玉堂. 利益论 [M]. 武汉：武汉大学出版社，2001.

[81] 中国社会科学院农村发展研究所. 中国农村发展研究报告 NO.2[M]. 北京：社会科学文献出版社，2001.

[82] 张江河. 论利益与政治 [M]. 北京：北京大学出版社，2002.

[83] 曾庆香. 新闻叙事学 [M]. 北京：中国广播电视出版社，2005.

[84] 郑永廷. 人的现代化理论与实践 [M]. 北京：人民出版社，2006.

[85] 张鸿雁. 城市化理论重构与城市化战略研究 [M]. 北京：经济科学出版社，2012.

[86] 广东、广西、湖南、河南辞源修订组. 辞源（合订本）[M]. 北京：商务印书馆，1988.

二、中文论文

[1] 阿苏勒. 中国城镇化：理论与现实 [J]. 文化纵横，2013（8）.

[2]B · N. 詹，钱文宝. 马来西亚的阶级斗争和种族冲突 [J]. 南洋资料译丛，1976（4）.

[3] 卜卫. 试论内容分析方法 [J]. 国际新闻界，1997（4）.

[4] 陈平. 话语分析说略. [J]. 语言教学与研究，1987（3）.

[5] 陈光庭. 再论汉译马克思著作中的“城市化”一词系误译 [J]. 城市问题，1998（5）.

[6] 蔡立辉 . 西方国家政府绩效评估的理念及其启示 [J]. 清华大学学报（哲学社会科学版），2003（1）.

[7] 陈力丹，陈俊妮 . 论传媒在“新农村”建设中的作用 [J]. 当代传播，2006（3）.

[8] 崔露什 . 从拉康的镜像理论看电影及其他媒介影像的镜子功能 [J]. 社会科学论坛，2009（2・下）.

[9] 陈莹，邓家鑫 . 大众传媒在农村城镇化过程中的影响作用探究 [J]. 哈尔滨师范大学社会科学学报，2012（5）.

[10] 仇保兴 . 新型城镇化：从概念到行动 [J]. 行政管理改革，2012（11）.

[11] 陈旭鑫 . 电视媒体维护社会公平正义的理论内涵与基本路径 [J]. 现代传播（中国传媒大学学报），2013（2）.

[12] 陈旭鑫 . 社会冲突论视域下我国群体事件电视新闻的话语特征与创新路径——以广东“乌坎事件”为例 [J]. 江西农业大学学报（社会科学版），2013（4）.

[13] 陈旭鑫 . 城镇化进程中国内电视新闻涉农群体事件的多模态话语分析——以广东“普宁高铁事件”为例 [J]. 南昌工程学院学报，2016（5）.

[14] 陈旭鑫、曾林浩 . 集中化、碎片化：当前我国城乡居民的媒介接触与利益诉求——基于实证调查的数据分析 [J]. 声屏世界，2016（6）.

[15] 陈旭鑫 . 当前我国新闻规制创新的理论内涵与构建路径 [J]. 编辑之友，2017（1）.

[16] 陈明星，等 . 中国新型城镇化在十九大后发展的新态势 [J]. 地理研究，2019（1）.

[17] 戴元光，赵为学 . 大众传媒如何构建和谐社会 [J]. 国际新闻界，2005（6）.

[18] 单卓然，黄亚平 .“新型城镇化”的概念内涵、目标、规划策略及认知误区 [J]. 城市规划学刊，2013（2）.

[19] 丁明秀 . 城镇化进程中农民利益表达的困境及其原因探析 [J]. 农业经济，2014（7）.

[20] 丁汉青，苗勃 . 网络时代新闻从业者职业认同危机研究 [J]. 当代传播，2018（4）.

[21] 风笑天 . 方法论背景中的问卷调查法 .[J] 社会学研究，1994（3）.

[22] 费孝通 . 小城镇的发展在中国的社会意义 [J]. 瞭望周刊，1984

(32).

[23] 费孝通. 论中国小城镇的发展 [J]. 中国农村经济，1996 (3).

[24] 费孝通. 我看到的中国农村工业化和城市化道路 [J]. 浙江社会科学，1998 (4).

[25] 费孝通. 城镇化与21世纪中国农村发展 [J]. 中国城市经济，2000 (1).

[26] 费孝通. 中国城乡发展的道路 [J]. 中国乡镇企业，2001 (8).

[27] 范铁中. 城市化进程中失地农民利益保障问题 [J]. 江淮论坛，2007 (5).

[28] 范今朝. 从城市本质论中国的城市化道路与城乡统筹发展 [J]. 浙江社会科学，2013 (3).

[29] 高佩义. 国外关于城市化理论研究的概况 [J]. 北京社会科学，1990 (4).

[30] 郭道晖. 论表达权和言论自由 [J]. 炎黄春秋，2011 (1).

[31] 高红波. 新媒体对农民现代化观念提升的作用与价值 [J]. 新闻爱好者，2013 (7).

[32] 何舟. 中国政治传播研究的路向 [J]. 新闻大学，2008 (2).

[33] 何舟，陈先红. 双重话语空间：公共危机传播中的官方与非官方话语互动模式研究 [J]. 国际新闻界，2010 (8).

[34] 黄琳. 手机媒体助推新型城镇化的作用与发展方向 [J]. 传媒，2015 (5，上).

[35] 黄绍丽、徐旭开. 新媒体议程设置功能在新型城镇化建设中的运用 [J]. 青岛行政学院学报，2017 (1).

[36] 姜爱林. 中国城镇化理论研究回顾与述评 [J]. 城市规划汇刊，2002 (3).

[37] 贾雯，夏长勇. 媒体在城镇化过程中的角色和传播策略 [J]. 青年记者，2013 (8，中).

[38] 凌建侯. 话语的对话性——巴赫金研究概说 [J]. 外语教学与研究，2000 (3).

[39] 刘津. 我国农民利益保护问题 [J]. 边疆经济与文化，2004 (12).

[40] 李斯颐. 传播与人的现代化研究：源流、认识与评价 [J]. 新闻与传播研究，2004 (1).

[41] 李锦顺 . 城乡社会断裂和农村生态环境问题研究 [J]. 生态经济，2005（2）.

[42] 李良荣 . 公共利益是中国传媒业立足之本 [J]. 新闻记者，2007（8）.

[43] 李良荣，张春华 . 论知情权与表达权 [J]. 现代传播，2008（4）.

[44] 李蕾 . 城市社会学芝加哥学派主要理论述评 [J]. 天津职业院校联合学报，2009.

[45] 李燕吉 . 解读英国广播公司（BBC）新闻频道的市场战略 [J]. 电视研究，2011（1）.

[46] 郎咸平 . 中国的逆城市化之殇 . 城市研究 [J]. 2012（6）.

[47] 李友梅，等 . 当代中国社会建设的公共性困境及其超越 [J]. 中国社会科学，2012（4）.

[48] 厉以宁 . 中国道路与新型城镇化 [J]. 唯实，2013（1）.

[49] 路璐 . 人的城镇化：新媒体使用与农民社会认同 [J]. 传媒观察，2013（11）.

[50] 李咏梅 . 农村生态环境治理中的公众参与度探析 [J]. 农业经济，2015（12）.

[51] 李尧磊 . 农村生态环境治理中环保与生计的博弈——以华北 A 村为例 [J]. 广西民族大学学报（哲学社会科学版），2018（4）.

[52] 毛晓刚 . 城乡一体化要以保障农民利益为核心 [J]. 理论参考，2010(12).

[53] 潘孝军 . 城市化理论研究综述 [J]. 广西经济管理干部学院学报，2006（1）.

[54] 彭广林 . “喉舌论”不应丢弃“耳目”——兼论“喉舌论”的传播学意义 [J]. 新闻知识，2007(8).

[55] 彭小兵，曾国平，户邑 . 城市拆迁缔约中的博弈问题及政府的管制行为 [J]. 管理现代化，2005(4).

[56] 彭小兵 . 城市拆迁的制度性问题及政策设计 [J]. 求索，2007（4）.

[57] 祁新华，叶士琳，程煜，等. 生态脆弱区贫困与生态环境的博弈分析 [J]. 生态学报，2013（19）.

[58] 强月新，刘莲莲 . 我国媒介规制的结构、问题及制度性根源 [J]. 武汉大学学报（人文科学版），2015(3).

[59] 汝绪华 . 当代中国社会阶层话语权失衡的原因探究——以政治文

化为视域 [J]. 辽宁大学学报（哲学社会科学版），2010（2）.

[60] 尚国敏 . 中国社会现代化的“运河路径”——《中国现代化报告——社会现代化研究》要点解读 [J]. 民主与科学，2006（2）.

[61] 邵志择 .Public Interest ：公共利益抑或公众兴趣——市场化媒体的两难选择 [J]. 新闻大学，2012（1）.

[62] 孙立平 . 警惕上层寡头化、下层民粹化 [J]. 中国与世界观察，2006（3）.

[63] 孙立平 . 中国社会结构的变迁及其分析模式的转换 [J]. 南京社会科学，2009（5）.

[64] 孙玉娟，等 . 社会冲突视阈下失地农民利益表达的错位和缺失 [J]. 福建农林大学学报（哲学社会科学版），2008（6）.

[65] 盛广耀 . 新型城镇化理论初探 .[J]. 学习与实践，2013（2）.

[66] 苏玉娥 . 新型城镇化背景下我国失地农民利益诉求研究 [J]. 山东农业大学学报（社会科学版），2015（3）.

[67] 沈费伟，刘祖云. 农村环境善治的逻辑重塑——基于利益相关者理论的分析 [J]. 中国人口·资源与环境，2016（5）.

[68] 宋思邈，王平 . 农民网络利益表达的有效性问题探析 [J]. 青年记者，2017（2，中）.

[69] 苏颖 . 守土与调适：中国政治传播的制度结构及其变迁 [J]. 甘肃行政学院学报，2018（1）.

[70] 唐维海，陈亮 . 试论中国民间话语及其嬗变 [J]. 湘潭师范学院学报（社会科学版），2006（2）.

[71] 童兵 . 城镇化：涉农传媒必须面对的潮流 [J]. 新闻爱好者，2003（3）.

[72] 童兵，潘荣海 .“他者”的媒介镜像——试论新闻报道与“他者”的创造 [J]. 新闻大学，2012（12）.

[73] 覃琮 . 农民维权活动的理法抗争及其理论解释——两起征地案例的启示 [J]. 社会，2013（6）.

[74] 王维锋 . 国外城市化理论简介 [J]. 城市问题，1989（1）.

[75] 王锡苓 . 质性研究如何建构理论——扎根理论及其对传播研究的启示 [J]. 兰州大学学报（社会科学版），2004（3）.

[76] 吴毅 .“权力—利益的结构之网”与农民群体性利益的表达困境——对一起石场纠纷案例的分析 [J]. 社会学研究，2007（9）.

[77] 王洪伟 . 当代中国底层社会“以身抗争”的效度和限度分析：一个“艾滋村民”抗争维权的启示 [J]. 社会，2010（2）.

[78] 王党飞，李登叶 . 媒介的“镜像理论”分析 [J]. 十堰职业技术学院学报，2010（5）.

[79] 王维国 . 公共性及其一般类型 [J]. 新视野，2010（5）.

[80] 王瑞 . 我国当前的政治诉求问题探析 [J]. 传承，2011（26）.

[81] 王金红，黄振辉 . 中国弱势群体的悲情抗争及其理论解释 [J]. 中山大学学报（社会科学版），2012（1）.

[82] 王平 . 作为弱者武器的传媒：农民利益表达与抗争的策略选择 [J]. 人文杂志，2012（4）.

[83] 王桂新 . 我国城市化发展的几点思考 [J]. 人口研究，2012（2）.

[84] 王桂新 . 城市化基本理论与中国城市化的问题及对策 [J]. 人口研究，2013（6）.

[85] 王千，赵俊俊 . 城镇化理论的演进及新型化的内涵 [J]. 洛阳师范学院学报，2013（6）.

[86] 吴敬琏 . 城镇化效率探因 [J]. 金融经济，2013（11）.

[87] 汪小红 . 共识与分歧：转型期我国失地农民利益表达研究综述 [J]. 中南林业科技大学学报（社科版），2014（4）.

[88] 王少剑，方创琳，王洋 . 京津地区城市化与生态环境交互耦合关系定量测度 [J]. 生态学报，2014（7）.

[89] 王燕 . 农民利益表达现状及意蕴研究 [J]. 齐齐哈尔大学学报（哲学社会科学版），2015（11）.

[90] 王新志、王亮 . 新型城镇化进程中农民的进城意愿与利益诉求 [J]. 经济动态与评论，2016（2）.

[91] 王伟，王瑛，等 . 1998—2015 年我国城市化理论研究演进的特征与趋势——基于 CiteSpace 的文本计量分析 [J]. 城乡规划，2017（2）.

[92] 吾淳 . 重新审视芮德菲尔德的“大传统”与“小传统”理论 [J]. 上海师范大学学报（哲学社会科学版），2017（1）.

[93] 吴彬，黎吉秀 . 当代农民的利益表达能力实证研究 [J]. 信阳师范学院学报（哲学社会科学版），2018（4）.

[94] 徐勇 . 中国发展道路：从“以农立国”到“统筹城乡发展”[J]. 华中师范大学学报（哲学社会科学版），2010（4）.

[95] 于建嵘 . 当代农民维权抗争活动的一个解释框架 [J]. 社会学研究，2004(2).

[96] 杨正喜，唐鸣 . 论新时期农民利益表达机制的建构 [J]. 政治学研究，2006(2).

[97] 杨正喜，唐鸣 . 农民非制度化利益表达原因探微 [J]. 兰州学刊，2006（3）.

[98] 姚士谋，等 . 中国新型城镇化理论与实践问题 [J]. 地理科学，2014（6）.

[99] 叶俊 . 宣传的概念：多维语境下的历史考察 [J]. 新闻与传播研究，2015（8）.

[100] 俞兆程 . 农村生态环境主要问题及对策研究 [J]. 环境与发展，2019（1）.

[101] 詹世友 . 公共领域 · 公共利益 · 公共性 [J]. 社会科学，2005（7）.

[102] 张蓉，等 . 试论农民利益表达渠道中大众媒介的缺位 [J]. 新闻知识，2007（4）.

[103] 张春华 . 传媒体制、媒体社会责任与公共利益——基于美国广播电视制度变迁的反思 [J]. 国际新闻界，2011（3）.

[104] 张振华 . 新世纪 10 年新闻传播理念的诸多变革 [J] 中国广播电视学刊，2011（3）.

[105] 周天勇，张弥 . 城乡二元结构下中国城市化发展道路的选择 [J]. 财经问题研究，2011（3）.

[106] 张鸿雁 . 中国新型城镇化理论与实践创新 [J]. 社会学研究，2013（1）.

[107] 张占斌 . 新型城镇化的战略意义和改革难题 [J]. 国家行政学院学报，2013（1）.

[108] 张可 . 我国新型城镇化研究——新型农村社区建设中的农民利益保护问题 [J]. 现代经济信息，2014（1）.

[109] 张远索、仲济香 . 新型城镇化背景下的农民利益保护 [J]. 云南农业大学学报，2014（1）.

[110] 赵燕菁 . 土地财政：历史、逻辑与抉择 [J]. 城市发展研究，2014（1）.

[111] 郑雄飞 . 职业化与成员权：新型职业农民的社会利益关系及其协

调路径优化 [J]. 山东社会科学，2018（5）.

[112] 陈旭鑫 . 我国农业电视新闻中的农民话语表达研究——基于公共服务的视角 [D]. 武汉：华中科技大学，2013.

[113] 邓庄 . 城市化进程中的大众传媒——以佛山报业为例 [D]. 武汉：武汉大学，2010.

[114] 窦卫霖 . 中美官方话语的比较研究 [D]. 上海：上海外国语大学，2011.

[115] 范铁中 . 构建社会主义和谐社会进程中的利益协调问题研究 [D]. 吉林：东北师范大学，2008.

[116] 胡际权 . 中国新型城镇化发展研究 [D]. 重庆：西南农业大学，2005.

[117] 雷寰 . 北京市郊区城市化进程中失地农民利益研究 [D]. 北京：中国农业大学，2005：91–92.

[118] 李仕权 ."三农" 报道中农民主体地位的考察与分析（2004—2009 年）[D]. 北京：中国社会科学院，2010.

[119] 罗松华 . 基于以人为本的中国新型城镇化道路研究 [D]. 武汉：武汉大学，2014.

[120] 孟祥林 . 城市化进程研究 [D]. 北京：北京师范大学，2006.

[121] 王勇 . 城市化进程中失地农民的利益表达 [D]. 武汉：华中师范大学，2007.

[122] 杨友国 . 农民利益表达：寻求国家与乡村的有效衔接 [D]. 南京：南京农业大学，2010.

[123] 赵东霞 . 城市社区居民满意度模型与评价指标体系研究 [D]. 大连：大连理工大学，2010.

[124] 郑涛 . 城镇化进程中失地农民利益诉求问题研究 [D]. 武汉：华中师范大学，2013.

[125] 董淑莉 . 我国城市化进程中的农民利益研究 [D]. 杭州：浙江大学，2011.

[126] 王聪 . 我国官方话语与民间话语的新博弈 [D]. 长沙：湖南师范大学，2012.

[127] 刘培功 . 农民在新型城镇化进程中的主体地位 [D]. 无锡：江南大学，2014.

三、外文（专著、译著、论文）

[1]BRIAN J L BERRY. Urbanization and Counterurbanization[M]. London: SAGE Publications, Incorporated, 1976.

[2]CORBIN J M, STRAUSS A L. Basics of Qualitative Research : Techniques and Procedures for Developing Grounded Theory[J]. Thousand Oaks Ca Sage Tashakkori A &Teddlie C, 1998, 36（100）.

[3]CROTEAU D, HOYNES W. The Business of Media : Corporate Media and the Public Interest[M].California : Pine Forge Press, 2001.

[4]LERNER D. The Passing of Traditional Society : Modernizing the Middle East[M]. Illinois : The Free Press, Glencoe, 1958.

[5]SMITH D, HINKELES A. The OM Scale : A Comparative Socio-Psychological Measure of Individual Modernity [J].Sociomety, 1966, 29（4）.

[6]ROGERS E M. Modernization Among Peasants : the Impact of Communication[M].New York : Holt , Rinehart & Winston, Inc., 1969.

[7]BARBBIE E. The Practice of Social Research.[M]. Fifth Edition. Belmont, CA : Wadsworth, Inc., 1989.

[8]LIPPMANN W. Public Opinion[M].New York : Hacourt, BraceAndCo., Inc., 1922.

[9]WODAK R, MEYER M. Methods of Critical Discourse Analysis.[M]. London : Sage Publications, 2001.

[10]JAMES R MARTIN. Positive Discourse Analysis : Solidarity and Change Resource[J].Revista Canaria de Estudios Ingleses, 2004（49）.

[11]KENT P SCHWIRIAN, JOHN W PREHN. An Axiomatic Theory of Urbanization[J]. American Sociological Review, 1962, 27（Dec.）.

[12]WIRTH L. Urbanism as A Way of Life[J]. The American Journal of Sociology, 1938（1）.

[13]LI, LIANJIANG, KEVIN J O BRIEN. Villagers and Popular Resistance in Contemporary China[J].Modern China, 1996（1）.

[14]PARASURAMAN A, ZEITHAML V A, BERRY L L. Guidelines for Conducting Service Quality Research[J].Marketing Reaearch, 1990.（Dec）.

四、网络文献

[1] 习近平：决胜全面建成小康社会 夺取新时代中国特色社会主义伟大胜利——在中国共产党第十九次全国代表大会上的报告[EB/OL].(2017-10-27)[2017-10-28]. http://www.xinhuanet.com/politics/19cpcnc/2017-10/27/c_1121867529.htm.

[2] 习近平.在庆祝改革开放40周年大会上的讲话[EB/OL].(2018-12-18)[2018-12-19]. http://politics.gmw.cn/2018-12/18/content_32190606.htm.

[3] 新华社.习近平主持中共中央政治局第十二次集体学习并发表重要讲话[EB/OL].(2019-01-25)[2014-05-12]. http://www.gov.cn/xinwen/2019-01/ 25/content_5361197.htm.

[4] 胡锦涛.在党的十七大上的报告[EB/OL].(2007-10-24)[2014-11-01]. http://politics.people.com.cn/GB/1024/6429094.html.

[5] 胡锦涛.在中国共产党第十八次全国代表大会上的报告[EB/OL].(2012-11-17)[2014-11-01]. http://www.xinhuanet.com/18cpcnc/2012-11/17/c_113711665.htm.

[6] 杜尚泽.习近平在党的新闻舆论工作座谈会上强调：坚持正确方向创新方法手段 提高新闻舆论传播力引导力[EB/OL].(2016-02-20)[2016-02-24]. http: //cpc.people.com.cn/n1/2016/0220/c64094-28136289.html.

[7] 国家新型城镇化规划(2014—2020年)[EB/OL].(2016-05-05)[2016-05-10]. http://ghs.ndrc.gov.cn/zttp/xxczhjs/ghzc/201605/t20160505_800839.html.

[8] 吴良镛：求解“城乡规划”[EB/OL].(2016-07-14)[2016-07-15]. https://mp.weixin.qq.com/s?_biz=MjM5Nzc3MjYwMQ%3D%3D&idx=1&mid=2650640658&sn=80fe18b4fe0994b84c0019ea741c636c.

[9] 张洪忠.转型期的中国传媒公信力[EB/OL].(2013-05-10)[2014-05-12]. http://bnu.cuepa.cn/show_more.php？doc_id=795097.

[10] 中国现代化战略研究课题组，中国科学院中国现代化研究中心.2006中国现代化报告[EB/OL].(2006-02-08/)[2014-10-2]. http://www.china.com.cn/chinese/ch-06shxdh/index.htm.

[11]《中国视听新媒体发展报告(2013)》发布[EB/OL].(2013-06-16)[2014-05-12]. http://info.broadcast.hc360.com/2013/06/161156563724.shtml.

附录一　新型城镇化进程中农民与媒体话语互动的调查问卷

（农民 / 进城务工农民部分）

ID 编号：______ 调查时间：_____年_____月____日_____时至_____时

调查地点：____省____市 / 县 / 区____乡 / 镇 / 区___村 / 居委会 / 厂区

亲爱的朋友：

您好，感谢您抽出宝贵时间支持、配合本调查！近年来，国家出台了一系列政策推进新农村和新型城镇化建设，新闻媒体也开展了宣传报道。为了解新型城镇化进程中进城务工农民的话语及其与新闻媒体的互动情况，我们特组织本调查供上级有关部门决策参考。根据随机抽样原则，我们选择您作为调查对象。

本调查纯属学术研究，您的回答对我们很有价值。请您将真实想法和情况提供给我们，回答没有对错之分。我们将遵守有关法律，尊重并保护您的个人隐私。

答题说明与要求：（1）除有特殊说明的题目外，均为单选题。（2）每个选项都有一个数字代号，在数字旁边的“□”内打“√”，如遇表格则直接在数字上打“√”；少数问题，需要您把自己的实际情况或想法写在横线上。（3）部分题目后面有文字说明，请按文字说明进行。除有说明可以跳过或不填的题目外，要求全部填写、不能遗漏或乱填，否则无效。

调查员承诺：严格按操作规范进行调查、保证数据真实有效；未经课题组负责人同意，不向任何组织和个人泄露本调查数据；严格遵守法律，尊重并保护受访者的个人隐私。否则，本人愿承担相应责任。 调查员（签名）： 调查员联系电话： 年　　月　　日

本课题调查组

2014 年 11 月

一、现实需要

Q1. 下列说法，符合您目前的真实想法 / 需要吗？（请在相应表格中打“√”，以下同）

说　法	很不符合	不太符合	无所谓	比较符合	非常符合
V1. 真正民主选举干部、人大代表、政协委员	1	2	3	4	5
V2. 加强社会治安（如打击偷盗财物、拐卖人口等）	1	2	3	4	5
V3. 媒体多报道农村真实情况、反映农民真实需要	1	2	3	4	5
V4. 加强政府信息公开（如人事、财务信息，等）	1	2	3	4	5
V5. 加快农村土地、山林确权登记	1	2	3	4	5
V6. 允许农民小产权房自由买卖	1	2	3	4	5
V7. 土地是我的命根子，没了土地我无法生活	1	2	3	4	5
V8. 用个人钱款为农村修路、修桥	1	2	3	4	5
V9. 禁止农民小产权房自由买卖	1	2	3	4	5
V10. 放宽农民进城落户条件限制	1	2	3	4	5
V11. 提高农民社保、医保的额度	1	2	3	4	5
V12. 给进城务工农民提供更多公寓、廉租房、公租房	1	2	3	4	5
V13. 允许进城务工农民的子女随父母在城里就近上学	1	2	3	4	5
V14. 提高农村中小学教学质量	1	2	3	4	5
V15. 为农民提供免费就业技术培训	1	2	3	4	5
V16. 增加农村文化娱乐设施	1	2	3	4	5
V17. 保护农村古树、古建筑（如古寺庙、祠堂等）	1	2	3	4	5
V18. 清理农村垃圾、保持清洁卫生	1	2	3	4	5
V19. 保护山林植被、防止水土流失	1	2	3	4	5

Q2. 目前，您最想解决的问题 / 困难？（请在相应□中打“√”，以下同）

□ 1. 职务升迁　□ 2. 增加收入　□ 3. 改善住房　□ 4. 培养孩子

□ 5. 赡养老人　□ 6. 落户城市　□ 7. 技能培训　□ 8. 其他（请填）________

Q3. 目前，您最希望党和政府做好的事情是什么？

Q3.1 政府管理方面

□ 1. 提高干部素质　□ 2. 办事公平公正　□ 3. 强化信息公开

□ 4. 放松新闻管制　□ 5. 其他（请填）__________

Q3.2 经济建设方面

□ 1. 改善基础设施　□ 2. 增加农业补贴　□ 3. 提供贷款便利

□ 4. 减轻私企负担　　□ 5. 其他（请填）________

Q3.3 文化建设方面

□ 1. 提高教学质量　　□ 2. 保护传统技艺　　□ 3. 建设文化场所

□ 4. 加强农民培训　　□ 5. 其他（请填）________

Q3.4 社会保障方面

□ 1. 提高社保标准　　□ 2. 放宽医保报销　　□ 3. 提高征地补偿

□ 4. 合理分配保障房　□ 5. 其他（请填）________

Q3.5 生态环保方面

□ 1. 清理农村垃圾　　□ 2. 保护饮用水源　　□ 3. 保护山林植被

□ 4. 治理空气污染　　□ 5. 其他（请填）________

Q4. 以前遇到困难 / 利益纠纷时，您求助过新闻媒体吗？（注：如选1，则做 Q5，跳过 Q6–Q9；如选 2 则跳过 Q5，做 Q6–Q9）

□1. 没有

Q5.1 您不求助新闻媒体的原因？（注：如 Q4 选 1，则做本题）

□ 1. 不知道这办法　　□ 2. 不知怎样联系　　□ 3. 觉得没用

□ 4. 别的办法效果更好　□ 5. 其他（请填）________

Q5.2 您解决困难 / 利益纠纷的常用办法？

□ 1. 妥协忍让　　□ 2. 找亲朋好友　　□ 3. 找当地干部 / 村干部

□ 4. 越级上访　　□ 5. 法律解决　　□ 6. 其他（请填）________

□ 2. 有

Q6. 您求助新闻媒体的目的和方式

Q6.1 您求助新闻媒体的主要目的（注：可选 3 项）

□ 1. 推广经验成绩　□ 2. 展示特长优势　□ 3. 解决实际困难

□ 4. 帮助他人、表达爱心　　□ 5. 宣传好人好事

□ 6. 检举坏人坏事　□ 7. 讲述亲身经历　□ 8. 其他（请填）________

Q6.2 您求助新闻媒体的方式（注：可选 3 项）

□ 1. 网上留言、发帖　□ 2. 给媒体打电话　□ 3. 给媒体寄材料

□ 4. 接受记者采访　□ 5. 上门找媒体　□ 6. 其他（请填）________

Q7. 把您求助过的新闻媒体排序（注：根据求助次数排序，写出媒体名称，如 ×× 报社 / 电台 / 电视台 / 网站等。如无，可不填。）

第一位__________ 第二位__________ 第三位__________

Q8. 上述第一位的新闻媒体主要通过什么方式帮您解决实际困难？

☐ 1. 刊发新闻 ☐ 2. 协调有关方面 ☐ 3. 媒体捐款 / 捐物

☐ 4. 其他（请填）__________

Q9. 新闻媒体帮您解决困难 / 纠纷的效果（注：将效果代号填到横线上，每根横线限填 1 个代号）

效果代号：①很不好 ②不好 ③一般 / 说不清

④ 较好 / 还可以 ⑤很好

媒体类别：1. 报纸__________ 2. 杂志__________ 3. 广播__________

4. 电视__________ 5. 互联网__________

Q10. 今后遇到困难 / 利益纠纷时，您会向新闻媒体求助吗？

☐ 1. 不会 ☐ 2. 说不清 / 看情况 ☐ 3. 会

二、日常思维和行为方式

Q11. 下表中的思维方式，符合您目前的实际情况吗？

思维方式	很不符合	不太符合	说不清	比较符合	非常符合
V1. 遇到利益纠纷时，我会想从不同媒体寻找出路。	1	2	3	4	5
V2. 我会用不同媒体的新闻报道验证同一事情 / 道理。	1	2	3	4	5
V3. 对新闻中感兴趣的事，我会有意识地想办法多了解。	1	2	3	4	5
V4. 新闻提到某件事时，我会反思这事发生的原因或条件。	1	2	3	4	5
V5. 我会尝试把新闻里技术、办法应用到自己的工作中去。	1	2	3	4	5
V6. 看新闻报道时，我常会联想到类似的人或事。	1	2	3	4	5
V7. 我常通过打比方等方法，把新闻中的道理讲给别人听。	1	2	3	4	5
V8. 谈到为人处世的道理时，我会想到新闻中的有关事例。	1	2	3	4	5
V9. 我会从不同的新闻报道中悟出共同的道理。	1	2	3	4	5

Q12. 下表中的观念或行为，符合您目前的实际情况吗？

观念或行为	很不符合	不太符合	说不清	比较符合	非常符合
V1. 中央惩治贪官的新闻报道，使我更加信任党和政府。	1	2	3	4	5
V2. 中央强调依法治国的新闻，使我自觉依法维护权益。	1	2	3	4	5
V3. 一些食品有问题的新闻，使我对国内食品监管很担心。	1	2	3	4	5
V4. 国内经济成绩方面的新闻，使我对国家发展更有信心。	1	2	3	4	5
V5. 国家提高种粮补贴的新闻，让我更安心种粮卖粮。	1	2	3	4	5
V6. 房屋价格行情的新闻，会影响我购买房屋的决定。	1	2	3	4	5
V7. 农村基础设施改善的新闻，让我觉得城乡差距缩小了。	1	2	3	4	5
V8. 节假日"旅游热"的新闻，让我接受了花钱旅游的观念。	1	2	3	4	5
V9. 建公租房、廉租房的新闻，使我觉得穷人改善住房有戏了。	1	2	3	4	5
V10. 允许社保异地缴存的新闻，我外出打工就不担心养老了。	1	2	3	4	5
V11. 强制企业为工人买劳保的新闻，让我外出打工更安心。	1	2	3	4	5
V12. 农民参加文艺比赛常获奖的新闻，说明农民文化生活丰富。	1	2	3	4	5
V13. 最美医生、教师等的新闻报道，让我觉得世上还是好人多。	1	2	3	4	5
V14. 看了科普类新闻和纪录片后，我还是会信神/信教。	1	2	3	4	5
V15. 空气质量变差的新闻，会使我戴上口罩出门或减少出门。	1	2	3	4	5
V16. 保护环境卫生的新闻，会使我不乱扔垃圾。	1	2	3	4	5
V17. 看了某景点环境不好的新闻，我会不去该景点旅游。	1	2	3	4	5
V18. 在工作生活中，我会用到新闻中的新词、说法。	1	2	3	4	5

Q13. 下表中的观念或行为，符合您的实际情况吗？

观念或行为	很不符合	不太符合	说不清	比较符合	非常符合
V1. 看了革命历史影视片，我更能体会到共产党英明伟大。	1	2	3	4	5
V2. 一些革命历史影视片太夸张了，我看了觉得好假。	1	2	3	4	5
V3. 看了都市生活影视片后，我觉得城里人的生活真好。	1	2	3	4	5
V4. 看了乡村生活影视片后，我觉得乡村生活比城市的好。	1	2	3	4	5
V5. 通过电视观看传统戏曲艺术，我喜欢上了我国传统文化。	1	2	3	4	5
V6. 古代宫廷影视剧，让我知道了人心险恶、争权争利。	1	2	3	4	5
V7. 反映亲情友情的伦理片，让我体会到与人和谐相处的好处。	1	2	3	4	5
V8. 买日用小商品（如牙刷、牙膏）时，我才会受广告影响。	1	2	3	4	5
V9. 买重要物品（如种子、化肥、农药）时，我不会受广告影响。	1	2	3	4	5
V10. 不管买什么东西，我会或多或少地会受到广告影响。	1	2	3	4	5

三、接触新闻的情况

Q14. 新闻报道涉及以下内容时，您会关心吗？

项　目	很不关心	不太关心	无所谓	比较关心	很关心
V1. 时事政策（如方针政策、法律法规等）	1	2	3	4	5
V2. 民主选举（如选干部、人大代表、政协委员等）	1	2	3	4	5
V3. 领导人活动（如领导视察、考察、出访等）	1	2	3	4	5
V4. 产品质量监管（如打击假冒伪劣产品等）	1	2	3	4	5
V5. 突发事件（如地震、交通事故、战争等）	1	2	3	4	5

续表

项目	很不关心	不太关心	无所谓	比较关心	很关心
V6. 信贷投资（如利息变化、股票涨跌等）	1	2	3	4	5
V7. 物价变化（如农资、食品、住房价格等）	1	2	3	4	5
V8. 基础建设（如修桥、路，通水、电、汽等）	1	2	3	4	5
V9. 社会保障（如医保、社保、劳保等）	1	2	3	4	5
V10. 教育培训（如孩子上学、农民培训等）	1	2	3	4	5
V11. 发明创造（如新技术、新发明等）	1	2	3	4	5
V12. 先进典型（如好人好事、先进人物等）	1	2	3	4	5
V13. 文化建设（如送戏、送电影下乡等）	1	2	3	4	5
V14. 娱乐八卦（如奇闻趣事、名人绯闻等）	1	2	3	4	5
V15. 环境保护（如植树造林、治理污染等）	1	2	3	4	5
V16. 气候变化（如气候变暖、异常等）	1	2	3	4	5
V17. 天气变化（如雨雪霜冻等）	1	2	3	4	5

Q15. 您主要通过哪种媒体接触新闻报道？

☐ 1. 报纸 ☐ 2. 杂志 ☐ 3. 广播 ☐ 4. 电视 ☐ 5. 互联网

Q16. 平时您接触新闻报道，最主要的目的是？

☐ 1. 休闲娱乐，放松身心 ☐ 2. 更新思想观念，跟上社会潮流

☐ 3. 结交朋友，扩大交际圈 ☐ 4. 增长见识，赢得尊重

☐ 5. 了解最新信息，指导生产生活 ☐ 6. 其他（请填）________

Q17. 您接触最多的新闻媒体（注：请写出媒体和版面 / 频道 / 频率 / 栏目的名称，如：央视 × 套《××××》）

1. 报纸________ 2. 杂志________ 3. 广播________

4. 电视________ 5. 网站________

Q18. 您接触较多的新闻报道有什么特点？（注：最多选 3 项）

1. 有趣好玩 ☐ 2. 新鲜及时 ☐ 3. 信息量大

☐ 4. 真实可信 ☐ 5. 与自己有关 ☐ 6. 其他（请填）________

Q19. 您接触涉农（农业 / 农村 / 农民）新闻的情况（注：如平时不接触涉农新闻，跳过 Q19−21）

Q19.1 您接触涉农新闻的程度（注：将代号填入相应横线上，每根横线上只填 1 个代号）

程度代号：①根本不接触 ②基本不接触 ③偶尔接触（1–2 次 / 周）
④经常接触（3–4 次 / 周）
⑤几乎天天接触（5 次及以上 / 周）

媒体种类：1. 报纸__________ 2. 杂志__________ 3. 广播__________
4. 电视__________ 5. 互联网__________

Q19.2 您每天接触涉农新闻的时间长度（注：将代号填入相应横线上，每根横线上只填 1 个代号）

时长代号：① 0–5 ② 6–10 ③ 11–15
④ 16–20 ⑤ 20 以上（单位：分钟 / 天）

媒体种类：1. 报纸__________ 2. 杂志__________ 3. 广播__________
4. 电视__________ 5. 互联网__________

Q19.3 您接触最多的涉农新闻媒体（注：请写出媒体和相关版面、频道、频率、栏目的名称，如：央视 × 套《××××》；如平时不接触或接触较少，可不填）

1. 报纸__________ 2. 杂志__________ 3. 广播__________
4. 电视__________ 5. 互联网__________

Q20. 您接触涉农新闻的主要目的是？（注：最多可选 3 项）

□ 1. 了解国家政策法规 □ 2. 更新思想观念
□ 3. 采购、推销农产品 □ 4. 寻找、推广致富技术
□ 5. 了解、宣传农村文化 □ 6. 了解“三农”变化
□ 7. 带动本地综合发展 □ 8. 其他（自填）__________

Q21. 您认为，目前涉农新闻存在的主要不足是？

□ 1. 不符合实际 □ 2. 跟本地无关 □ 3. 不维护农民利益
□ 4. 跟自己关系不大 □ 5. 其他（自填）__________

Q22. 今后您会关注涉农新闻报道吗？

□ 1. 不会 □ 2. 说不清、看情况 □ 3. 会

Q23. 平时您喜欢看哪种题材的影视剧？（注：最多选 3 项）

□ 1. 历史战争 □ 2. 武打动作 □ 3. 青春偶像 / 励志
□ 4. 都市生活 □ 5. 乡村生活 □ 6. 反腐倡廉
□ 7. 侦探、破案 □ 8. 红色革命故事 □ 9. 惊险恐怖
□ 10. 其他（自填）__________

Q24. 平时您喜欢看些什么传统戏曲艺术？（注：最多选 3 项）

□ 1. 地方戏（如京剧等） □ 2. 相声

□ 3. 小品　　□ 4. 评书　　□ 5. 杂技
□ 6. 其他（自填）________

Q25. 下列项目对您的影响程度

项目	没有影响	影响很小	说不清	影响较大	影响很大	项目	没有影响	影响很小	说不清	影响较大	影响很大
1 新闻报道	1	2	3	4	5	3 广告	1	2	3	4	5
2 影视剧	1	2	3	4	5	4 传统曲艺	1	2	3	4	5

Q26. 新闻报道、影视剧、广告、传统曲艺对您的具体影响（注：将相应代号写在指定位置上，每根横线限填 1 个代号。）

代号：①思想观念　②言语交谈　③购物消费　④娱乐休闲
⑤择业、就业　⑥投资理财、经济收入　⑦知识技能
⑧社会关系（如交友、婚配、邻里关系等）
⑨其他（自填）________

具体影响：1. 普通新闻________　2. 涉农新闻________　3. 影视剧________
4. 广告________　5. 传统曲艺________

Q27. 下列词语中，您熟悉且能说出大概意思的词有哪些？（注：每小题最多可选 3 项）

Q27.1 时事政治类

□ 1. 和谐　□ 2. 中国梦　□ 3. "打老虎"　□ 4. 其他（自填）________

Q27.2 经济建设类

□ 1. 国民生产总值　□ 2. 居民消费指数　□ 3. 涨停板
□ 4. 其他（自填）________

Q27.3 社会生活类

□ 1. 社保体系　□ 2. 幸福指数　□ 3. "白富美"　□ 4. 其他（自填）________

Q27.4 科教文卫类

□ 1. 广场舞　□ 2. "埃博拉"　□ 3. 非物质文化遗产
□ 4. 其他（自填）________

Q27.5 生态环保类

□ 1. 酸雨　□ 2. 循环利用　□ 3.PM2.5（粉尘颗粒）

□ 4. 其他（自填）_________

Q28. 您平时使用最多的词语情况

Q28.1 上一题（Q27）的词语中，平时您说得最多的是（在横线上简要填写）

Q28.2 您常说、使用上题中词语、句子的原因或目的？

□ 1. 学着好玩而已　□ 2. 表明自己不落后　□ 3. 工作中用得着

□ 4. 生活中用得着　□ 5. 维护自己切身利益　□ 6. 缓和矛盾、冲突

□ 7. 习惯成自然了　□ 8. 其他（自填）_________

四、媒介拥有与使用

Q29. 您家拥有的媒体数量（注：在空格中用数字标明数量；如无，就填“0”。）

1. 订报纸（份）_______　2. 订杂志（份）_____　3. 收音机（台）_______

4. 黑白电视（台）_____　5. 彩电（台）_______　6. 台式电脑（台）_______

7. 笔记本电脑（台）___　8. 平板电脑（部）___　9. 手机（部）_______

10. 上网线路（条）_______（注：有线上网、手机上网各算 1 条上网线路）

Q30. 您会用手机上网吗？

□ 1. 不会　　□ 2. 会（注：如选 1，则跳过 Q31、Q32）

Q31. 您用电脑、手机上网，主要是做什么？

□ 1. 娱乐休闲　□ 2. 浏览新闻　□ 3. 找就业、致富信息

□ 4. 聊天、交朋结友　□ 5. 查阅、传送资料　□ 6. 推销产品和服务

□ 7. 发微博、微信　□ 8. 其他（请填）_________

Q32. 您上网时使用最多的社交工具？

□ 1.QQ　□ 2. 微信　□ 3. 微博　□ 4. 陌陌　□ 5. 其他（请填）_________

五、对新型城镇化的认知

Q33. 您对“新型城镇化”的了解程度（注：如选 1、2，则跳过 Q34）

□ 1. 根本不了解　□ 2. 不太了解　□ 3. 了解一点点

□ 4. 了解较多　□ 5. 了解很多

Q34. 您最早通过什么渠道、方式知道“新型城镇化”？（注：如 Q33 选择 1、2，则跳过本题）

□ 1. 熟人、亲戚、朋友　□ 2. 地方干部（含村干部）

□ 3. 文件、公告、海报　□ 4. 报纸　□ 5. 杂志　□ 6. 广播

□ 7. 电视　□ 8. 电脑上网　□ 9. 手机上网　□ 10. 其他（请填）________

Q35. 您认为，国家开展新型城镇化建设的目的是什么？（注：最多可选 3 项）

□ 1. 改善农村基础设施（如修路、修桥等）

□ 2. 促进产业转型升级（如发展现代农业、服务业等）

□ 3. 拉动经济增长（如旧房改造等）

□ 4. 使农民享受市民待遇（如进城落户、就业、上学等）

□ 5. 改善农村生态（如垃圾、污染治理等）

□ 6. 保护农村优秀文化（如保护古建筑、技艺、习俗等）

□ 7. 加强农村管理（如社会治安等）

□ 8. 其他（请填）________

Q36. 您认为，农民进城定居需要具备哪些素质 / 能力？（注：最多可选 3 项）

□ 1. 有文化爱学习　□ 2. 会交朋结友　□ 3. 讲究诚信

□ 4. 重视团队合作　□ 5. 有一技之长　□ 6. 时间观念强

□ 7. 讲文明礼貌　□ 8. 维权意识和能力　□ 9. 参政意识和能力

□ 10. 宣传意识和能力　□ 11. 其他（请填）________

Q37. 您认为，新型城镇化 / 新农村建设中新闻媒体的主要作用是什么？（注：最多可选 3 项）

□ 1. 宣传政策法律、实现舆论导向

□ 2. 提供实用信息、帮助农民致富

□ 3. 报道工作成就、宣传好人好事

□ 4. 揭发坏人坏事、批评不正之风

□ 5. 反映百姓心声、维护百姓利益

□ 6. 普及科学文化、破除封建迷信

□ 7. 提供休闲娱乐、增加生活乐趣

□ 8. 其他（请填）________

六、个人信息

Q38. 性别

□ 1. 男　□ 2. 女

Q39. 户口

Q39.1　现在

□ 1. 农业　□ 2. 非农业

Q39.2　2013 年 11 月以前

□ 1. 农业　□ 2. 非农业

Q40. 年龄（周岁）

□ 1.16–25　□ 2.26–35　□ 3.36–45

□ 4.46–55　□ 5.56–65　□ 6.66（含）以上

Q41. 常年居住地所处（注：指连续居住一年及以上；以实际地理位置为准）

□ 1. 农村　□ 2. 乡镇 / 圩镇　□ 3. 郊区　□ 4. 城中村

□ 5. 市区 / 县城　□ 6. 其他（请填）__________

Q42. 在本地连续居住时间

□ 1. 不足 1 年　□ 2.1–3 年　□ 3.3–5 年　□ 4. 五年以上

Q43. 文化程度

□ 1. 小学及以下　□ 2. 初中　□ 3. 高中 / 中专 / 职高

□ 4. 大专　□ 5. 本科及以上

Q44. 婚姻状况

□ 1. 未婚　□ 2. 已婚有配偶　□ 3. 离异未再婚　□ 4. 丧偶未再婚

Q45. 健康状况

□ 1. 较差　□ 2. 一般　□ 3. 良好

Q46. 家庭人口（注：指常年住在一起的核心小家庭人口；在横线上填数字。）

Q47. 主要收入来源

□ 1. 政府救（接）济　□ 2. 亲人赡养、接济

□ 3. 家庭种植、养殖收入　□ 4. 专业种植、养殖收入

□ 5. 个体技术收入（如做泥工、木工等）

□ 6. 个体经商收入（如开店、办厂、经商等）

□ 7. 普通职工工资（含打工）

□ 8. 管理干部工资（含村干部）

□ 9. 离（退）休工资、社保

□ 10. 其他（请填）__________

Q48. 去年总收入（注：指毛收入；在横线上填数字。）______万元本人；全家______万元。

Q49. 您对本调查的评价、建议______________（在横线上简要填写）

Q50. 您愿接受我们进一步访谈吗？（如愿意，请留下联系方式，我们酌情付报酬。）

□ 1. 不愿意　　□ 2. 愿意 __________（请写姓名、联系电话）

本次调查到此结束，再次感谢您的支持配合！祝您全家幸福、万事如意！

附录二　访谈提纲

（一）对农民的访谈提纲

1. 向受访者介绍研究者的身份、访谈的目的、资料用途和可能去向。

2. 了解并记录受访者个人基本信息（姓名、年龄、文化程度、家庭住址或工作单位、主要职业、收入来源、联系方式）。

3. 深入了解受访者的现实话语（内容、原因、渠道、最终结果、感受、改进意见或建议，要求受访者结合具体事例谈）。

4. 深入了解受访者的信息接受情况（渠道、方式、内容、目的、感受、改进意见或建议，要求受访者结合具体事例谈）。

（二）对新闻媒体和媒体从业人员的访谈提纲

主要请其介绍相关栏目、节目的定位、日常生产、管理制度（特别是新型城镇化进程中相关方针政策、涉及农民利益事件的报道规定）和应对媒介融合方面的情况，并请其谈谈相关思考建议。

（三）对新闻管理部门相关人员的访谈提纲

主要请其介绍利用本地新闻媒体推动新型城镇化建设的做法、经验、规定和思考建议。

附录三　内容分析编码手册（节选）

为方便操作，特制定本手册，包括《内容分析编码表》和《媒介内容分析编码规则》，请严格遵照执行。

编码员：

ID 编号：_______（注：以单篇稿子为单位，ID 编号唯一）

Q1. 刊发媒体 _______　　Q2. 刊发时间：______年____月_____日

Q3. 栏目（版面）_______Q4. 标题：_______

Q5. 所涉地域:_________（省 / 直辖市 / 自治区）

Q6. 篇幅：总字数__________（纸媒、网页）；总时长:______秒（视听媒体）

Q7. 主题类别（请在相应□内打√，以下同）

□ 1. 时事政治　　□ 2. 财经金融　　□ 3. 教科文卫体

□ 4. 社会民生　　□ 5. 生态环保　　□ 6. 其他（请填）

Q8. 报道体裁

□ 1. 消息　　□ 2. 评论　　□ 3. 通讯 / 深度报道

□ 4. 特写（稿）　　□ 5. 专题（访）　　□ 6. 其他（请填）

Q9. 总体态度

□ 1. 正面（表扬）　□ 2. 中性　　□ 3. 负面（批评）

Q10. 总体叙事框架________（注：看完整期内容后概括，如：1. 因果；2. 点面；3. 对比，等等。）

Q11. 具体分析

Q11.1 位置	Q11.2 主体	Q11.3 方式	Q11.4 话语内容	Q11.5 利益呈现	Q11.6 框架	Q11.7 态度倾向

媒介内容分析编码规则（节选）

《内容分析编码表》中的基本内容和格式不能改变，但可根据需要增加行与列，增加的列放在后面；在上表中除填入必要文字外，还可在相应位置中根据下列内容中的相应代号，以提高效率便于后期统计分析。其他操作说明和要求如下：

A. 话语位置其分类与代号为：

1. 导语（开头） 2. 主体 3. 背景 4. 结尾

B. 话语主体根据新闻报道中出现的人物及相关提示进行判断，主要人员及其代号如下：

1. 农业种、养户（散户） 2. 农业种、养户（专业户）
3. 企业普通打工者 4. 私营业主、店主、老板
5. 专业技术人员 6. 普通行政人员
7. 企事业单位管理干部 8. 党政单位管理干部
9. 记者、媒体 10. 其他（请填写）

C. 话语方式（填写说明略）

D. 话语内容（填写说明略）

E. 利益呈现（填写说明略）

F. 话语框架和叙事框架（填写说明略）

G. 态度倾向（填写说明略）